Mirror Thinking
How Role Models Make Us Human

ミラーリングの心理学
人は模倣して進化する

フィオナ・マーデン
Fiona Murden
大槻敦子 訳

原書房

ミラーリングの心理学

目次

序章　ミラーシステムはなぜ重要なのか

大切にしている一枚の写真がある。まばゆい初夏の日、写真のなかのわたしは二歳の小さな頭にぶかぶかの祖父の中折れ帽をかぶり、縁の厚いメガネを斜めに鼻にのせて、ピクニックシートに座っている。祖父はさくらんぼの刺繡のついたわたしの小さな黄色い帽子をちょこんと頭にのせて、そんなわたしを見つめ返している。その帽子はわたしが祖父を笑顔にしたくてのせたらしい。祖母の死後、祖父が声を上げて笑ったのはそれが初めてだったという。それが本当で、かくも幼い年齢で祖父の悲しみを一瞬でも和らげる方法がわかるほど自分が賢く、また思いやりを持っていたのだと思うといい気分になる。だが現実には、おそらくわたしはほかのすべての子どもと同じように、自分が見たものを手本にして、何も考えずに祖父の行動をそっくりまねて——ミラーして——いただけだったろう。それが祖父を笑わせたのだ。

模倣は人間だけの能力ではない。「同族」の行動を見てまねることはあらゆる学習に不可欠だ。母猫の毛づくろいを見ていた子猫が、まだできないにもかかわらず同じ行動をとろうとしているのに気づいたことがあるだろうか？　あるいはラッコが石で貝を割っているようすを見たことがあるかもしれない。幼い子ラッコは貝割り行動を実際に見て、何度か自分で試してみて、それからようやく貝を割れるようになる。模倣するからこそ、哺乳類はさまざまな場面でどのように行動すればよいかがわかる。ときに意識して、たいていの場合は知らず知らずのうちに、わたしたちは観察、模倣、習得、反復しているのである。

一見すると、この行動形式はごく基本的なもので、幼いときにのみ行われるように感じられるが、模倣がなければ、個体として、また種全体としての存続が危うくなる。実際、このミラーリングの力こそが今日にいたる人類の進化を可能にしたのだ。そして、意識的なミラー・シンキングは人類の未来の可能性を開くカギとなりうる。そのためには、脳の奥深くに埋め込まれているミラーニューロンシステムの驚くべき機能をうまく操る方法を身につけなければならない。

脳と進化

ヒトの脳が現在の大きさに進化したのは、社会的な相互作用の効果を上げるためだった。一段と多くの事例がその可能性を指し示すようになってきている。はるか昔の祖先が生きていた時代、他者との関わりが生き残りのチャンスを高めた。大きな集団で暮らしていれば、大型の獲物を狩り、幅広い選択肢のなかから繁殖の相手を選んで、多数の目でライオンなどの敵を見張ることができると同時に、子どもを育てたり守ったりする責任を分担することができる。脳が大きくなると、集団の異なるメンバーについてより多くの情報を蓄え、複雑な相互関係を記憶して、だれがだれと何をしているのか、また避けるべき相手と味方になるべき相手を見きわめることができるようになる。それらはみな、他者と協力してうまくやっていくために重要なものごとであり[1]、この先で詳しく述べるが、すべてミラーニューロンシステムに頼っている。

この脳の進化によって、人類は高度な社会性を持つようになったのにくわえて、ほかのいかなる生物種もおよばないレベルで、学習したものごとを共有できるようになった。知識の継承がもともとは社会性のメカニズムを通して生まれたものだと考えることは理にかなっている。知識は、見る、行動する、語る、心のなかでイメージすることで、世代から世代へと引き継がれていく。知識の継承がなければ現在のわたしたちは存在しなかった。スマートフォン、水道、感染症を治療する抗生物質、あるいは世界を飛び回るための飛行機もなかった。それらはみな、もっとも初歩的なレベルから始まった何千年にもわたる集団学習の積み重ねの上に作り上げられたものである。家の建設にたとえるなら、まず基礎を作らなければ屋根をかけるどころではない。骨組みがなければ垂木《たるき》は組めない。

大きな脳は当初、たとえば火のおこし方といった、もっとも基本的なものごとの知識を共有するために用いられていた。火の力を利用できるようになった人類は、ほかの動物よりも大きな進歩を遂げた。ヒトという種全体が、それまで食べられなかったものに火を通して食料源を増やし、密生した下生えを焼き払ってそれまで住むことのできなかった土地を手に入れ、捕食動物を追い払って、明かりと温もりを得た。たったひとりの人間がひとつの場所で火をおこせるようになっても、だれもそれをまねしなければ、その偶然の発見はその後何百年ものあいだ繰り返されないままかもしれない。知識を共有して積み重ねていかなければ、たんなるひらめきで終わってしまう。わたしたち人間は今も同じように、反復による知識の継承を行っている。荒れ野で生き延びる方法は必要ないけれども、つねに社会規範や集団の変化について知識を習得して、周囲の人々に引き継いでいるのである。

その知識の習得を動かしているのはわたしたちの脳であることから、まずは脳の構造を理解しておくとよいだろう。わたしにとって、脳の説明でもっとも役立つモデルは、一九六〇年代後半に提案されたものである。ポール・マクリーンは、進化の始まりからその変化が止まった五万年前までのあいだに脳の構造がどのように発達したのかを示そうと「脳の三位一体説」を考案した。マクリーンは、脳が現在の大きさと容量に進化しながらも、その内側ではなおも昔のふたつの基本的な構造が層になって保たれていると考えた。その三層はきわめて特異な構造と化学的性質を持っており、互いにつながっているにもかかわらず、刺激に対してまったく異なる反応を見せる。[2]

脳幹と呼ばれる第一層は爬虫類のものに似ていて、およそ三億二〇〇〇万年前に進化した。この部分は心拍数、呼吸、体温といった基本的な機能を監視している。

辺縁系として広く知られている第二層は、およそ一億六〇〇〇万年前に爬虫類が哺乳類に進化したときに発達した。これは、食べる、寝る、身を守る、子孫を作るといった基本的な欲求を司っており、大まかには脳の感情的な部分と述べてよいだろう。

新皮質として知られる第三層はおよそ五万年前に進化した脳の最後の部分である。この外側の層こそが人間をもっともきわ立たせている部分だ。そこは自分を取り巻く世界から得る経験で満たされるようになっていて、生まれてくるときは白紙の状態である。わたしたちは人生の最初の数年で、その神経回路網に、それぞれの社会や文化に特化した情報をすみやかに植えつけていく。そうすることで、周囲の人々の文化、価値観、考え方に「溶け込み」、社会で暮らしていくことができるようになるのである。

最初の二層のおもな目的は、人間でもほかの動物と同じだ。すなわち、繁殖と自身の生存である。本書の目的に合わせて、ここではそれを「反応脳」と呼ぶことにする。この部分の脳の機能はおおむね無意識で、環境の刺激にすばやく反応する。たとえば、だれかが自分にものを投げつけると、わたしたちは何が起きているのかを実際に考えるより早く身をすくめる。そのため、投げられた物体をよけることができる。反応脳はまた、意外にも日常生活のさまざまな側面を支配している。その影響力は食べることや寝ることなど多岐にわたるが、なかでも重要なことに、どこかに属したい、生き残るために集団の一員になりたいという欲求がそこに根づいている。ゆえに、人はおそらく自分が思っている以上に、社会性と情動の環境に注意を払って順応したいという欲求を抱えている。欧米の文化は個人主義に向かって進もうとしてはいるものの、わたしたちはじつは相互に大きく依存しながらつながっているのである。わたしたちは本能的に、自分がだれなのか、どのように行動すべきかを決めるためにニュアンスを理解しようと、いつも辺りを見回して社会環境のなかで何が起きているのかを観察しているのだ。

人生の複雑な部分は、刺激に対する反応は遅いけれどもよく考えてから行動を促す新皮質が受け持っている。本書の目的のために、ここではそれを「観察脳」と呼ぶことにする。観察脳が司っている領域には、人生に目的を見つける、あるいはみなが気持ちよく暮らせるよう社会に貢献するなど、より進化した行動が含まれている。新皮質はまた反応脳から送られてくるメッセージを解釈するほか、さまざまな感情の裏にある原因を探ったり、疑問に答えたり、言語を組み立てたりすることを可能にしている。

ほぼまちがいなく、熟考してから行動を促す観察脳を使ってものごとを考えるほうが、はるかに有益だと言ってよい。ところが、脳の全体構造は、はるか昔の祖先の時代からほとんど変わっていないため、観察脳を使って「論理的に」反応したいと思われるようなさまざまな状況でも、今なお強力な生存本能が優位に立ってしまう。簡単な例をあげるなら、体重を減らそうとしているのに必要以上に食べてしまう場合がそうだ。根底にある食べたいという欲求が、時間をかけて「やせたい」という理論づけを打ち負かす。人類が驚異的な進歩を遂げた今日でさえ、なおもそうなってしまうのである。

つまり、観察脳と反応脳の相互作用だけでなく、あらゆる場面で、知らないうちに、いかに反応脳がわたしたちを動かしているかを理解することがきわめて重要だ。たとえば、だれもがささやき声で話しているところへ入り込んだとしよう。あなたはいつもの声で話すのか？　それともいつもより静かに話すだろうか？　テーブル越しに話し相手を見たときに、相手の腕、頭、手があなたとまったく同じような位置関係にあるのを見つけたことが何度あるだろう？　だれかがつま先をぶつけたときに思わずひるんだり、自分には直接影響がないにもかかわらず胸が痛むような話を聞いて涙したりしたことはないだろうか？　あなたが話しているときに友人ふたりが交わした表情を見て心配になったことがあるだろうか？　それらはみな、わたしたちが他者に反応するときに絶えず行っている、持続的でさりげない観察や模倣である。自覚していると思う人もいるかもしれないが、ほとんどの人はおそらく気づいていない。さらに、そうした小さな行動は、積み重なると習慣やいつもの行動として定着し、やがてあなたという人間の一部となって、性格や考え方、価値観を徐々に変えていく。実際、現代社会が複雑でめまぐるしいために、わたしたちはますますそれに気づかなくなってきており、結果はさらに予測しにくくなるだろう。毎日の小さな影響が、わたしたちが着るもの、買いものをする店、選ぶ車、インスタグラムでフォローする相手、視聴するテレビ番組、運動に費やす時間、食べるものに作用する。そして、もとをたどればそれらはみな観察や他者とのやりとりに基づいている。それがミラー・シンキングだ。

ロールモデリング

ロールモデルの定義は「他者から手本として仰がれる人物」[3]である。一九五〇年代にその言葉を生み出したのは、著名なアメリカ人社会学者ロバート・K・マートンだった。今ではその表現が世界各国の日常語としてすっかり浸透している。本書ではロールモデリングとミラー・シンキングの相互関係を見ていこう。また、ロールモデルはヒーローあるいはヒロインで、手の届かない存在、絶対に正しい人間であるという、よくある誤解についても取り上げる。現実には、わたしたちは善悪両方のロールモデルに囲まれている。そして、わたしたち自身も日々他者に影響をおよぼしているロールモデルだ。

マートンの時代に外側に見えていたもの——観察と模倣の行動——は、現在では脳内に見ることが可能で、行動の裏に隠されたメカニズムについて驚くような事実が判明している。頭のなかを見ると、ロールモデリングがたんなる観察と模倣ではなく、内面の影響も受けているとわかる。想像、共感、ストーリーテリング、内省。それらはみなミラー・シンキングの一部であり、わたしたちが体験する社会や精神世界をよりよいものへと高める神経プロセス生成の基礎をなしている。

猿まね

ミラーシステムの研究はまだ始まったばかりだが、偶然だった当初の発見からは格段に進歩している。一九九二年、イタリア、パルマ大学の神経生理学者ジャコモ・リッツォラッティ率いる研究チームは、脳がどのように手の筋肉を動かしているのか、つまり、手でものをつかんだり持ちあげたりできるのはなぜかを解明しようとした。マカクサルの脳に挿入した電極を用いて、チームは脳の最小単位であるニューロン（神経細胞）をモニターすることに成功した。研究者らがとりわけ関心を抱いていたのは、そうしたニューロンが脳のほかの場所や体に情報を伝える、つまり「発火する」瞬間だった。ある日、チームがサルと同じ部屋で昼食をとっていると、サル自身は何の動作も行っていないにもかかわらず、ニューロンが発火した。科学者のひとりが食べものを口に運ぶところを見ていたサルの脳内で、食べものを口に運ぶときに働くニューロンが活性化したのである。科学者にはすぐにこれが「猿まね」だとわかった。リッツォラッティらは発見したものを「ミラーニューロン」と名づけて発表した。そのミラーニューロンに大きな関心が集まるようになったのは、二〇〇〇年になって神経科学者で作家のヴィラヤヌル・スブラマニア・ラマチャンドランがその結果を広く知らしめるようになってからである。その機能に魅せられた彼は、「これまで謎に包まれていた、実験不可能な多くの精神機能を説明するさいに」一元化された枠組みをもたらすという点で、「心理学にとってのミラーニューロンは、生物学にとってのDNAと同じだ」[4]と主張している。彼が取り上げた能力と行動には以下が含まれている。なぜ人は他者の行動をまねるのか、文化規範はどのように集団に広まるのか、人はどうやって他人の行動の意図を理解するのか、子どもはどのように音楽を学習するのか。さらに、次に何が起こるのかという期待――他者の行動あるいは次の動作の予想――さえもがミラーニューロンの影響を受ける。[5]

知名度が上がるとよくあることだが、すぐに批判の声が上がった。ほかの神経科学者らは、その特別なニューロンでは人間の学習に関わる複雑な状況すべてを説明することはできない、人間のニューロンシステムはマカクサルよりも広く分散していて複雑だと主張した。もしかするとこう述べるのが正しいのかもしれない。まだすべてが解明されているわけではなく、それを調べるのが神経科学者の仕事だと。ほかの科学分野に比べれば神経科学はまだ新しい分野だが、そこからわかっていることと、日常生活を理解するにあたって利用できそうな情報は貴重な足がかりになる。本書は神経科学理論の正誤を証明するものではない。むしろ、行動を幅広く理解できるよう、ひとつの概念として、これまでに明らかになっている科学の情報を利用するものである。その概念がミラー・シンキングである。

ミラー・シンキングは社会で生き残るためのカギである

わたしが一三歳のとき、家族が遠方に引っ越して転校しなければならなくなった。わたしは周りの生徒たちが勉強熱心だった比較的恵まれた環境をあとにした。前の学校では、成績がよいことは胸を張るべきことで、勤勉が高く評価された。一〇代の少年少女によくあるように長い夏休みのあいだに起きた心身の変化が原因だったのかもしれないが、その年の秋に新しい学校に転入したとき、わたしの世界は一変した。おそらく学期が始まって二週間目だったと思うが、生物の時間が記憶に焼きついている。先生はクラスの生徒たちが宿題をやろうとしないと叱っていた。ただし、わたし以外を。「フィオナ、すばらしいできばえでした」。全員の目がわたしの席に向けられた。ふいに世界がぐるぐる回り始めて、わたしは気分が悪くなった。それはあまりに恥ずかしくて、そう簡単には忘れられないできごとだった。何と言っても、第一印象は記憶に残る。思春期のホルモンの関係でそもそもグループ意識の強い環境に溶け込もうとしている転校生としては、いい子ちゃん、ガリ勉、よそ者のレッテルを貼られたいわけがない。仲間になりたければ何とかしなければならない。それもすぐに。

生き残りをかけて、わたしは自分を定義し直した。わたしの努力はよい成績をとることではなく、うまくやり過ごすためにいかに勉強しないかに向けられた。それまではスポーツが得意だったけれども、あらゆる手を使ってチームに選抜されないようにし、未成年でありながらバーやクラブに潜り込むこつを身につけた。まもなくわたしは以前ほど自分が部外者とは感じなくなった。たいへんな環境だったわけではない。それでも溶け込むのが困難だったことは、ほぼまちがいない。仲間になり、受け入れてもらうために、わたしが順応できたのはミラー・シンキングのおかげだった。

ミラー・シンキングを通した観察や模倣は、人間の行動や感情のニュアンスを知る唯一の方法であることが多い。考えてみよう。靴ひもを結んだり、泳いだり、自転車に乗ったりする方法をどうやって学んだのか覚えているだろうか? 自分の価値観はどこからきたのだろう? 今の仕事を教えてくれたのはだれだったか? 場合によっては、特別な技能を習得した状況、あるいはものごとを教えてくれた人々を正確に思い出すことができることもあるだろう。しかしながら、あなたも、わたしも、だれでも、人生に最大の影響を与えているものには、まったく気づいていないことが多い。それは周囲の人々の行動である。テニスでだれかがボールをサーブするところを見たことがなければ自分ではサーブできないのと同じように——実際に目で見ずに言葉で指示されるだけでは、正しく行うことはほとんど不可能——理解して吸収するためにはロールモデルの社会的また情動的な側面を見なければならない。ただ、それがあまりに自然な行動であるために、わたしたちはそれに気づいていない。

そのメカニズムを理解して、周囲の状況を意識的に「観察」すれば、わたしたちはどのような行動を取り入れ、どのように応じればよいかを選択できる。わたしの場合、大きな精神的ショックを受けたことで、それに気づき、どうにかしようと心に決め、総力をあげて努力した。最適な判断を下せるほど発達していないティーンエイジャーの脳ではよくあることだが、全部が全部正しい決断だったとは言えない。ポイントは、わたしが問題を意識したことによって、自分である程度コントロールできるようになったことだ。つまり意識するということが大事なのである。

こわいのは、ものごとに気づいていなければ、それを理性的に判断することができず、したがって受け入れるか拒むかを決められないことである。単純にその行動を自分のなかに取り入れてしまうのだ。たとえば、二〇〇七年にニューイングランド・ジャーナル・オブ・メディシン誌で発表された、三二年にわたって一万二〇〇〇人以上の参加者を観察した調査では、交流のある人々の体重が増加すると、調査対象の人々の体重も増加する傾向にあった。太ったのが親友だった場合には、対象者が太る確率は驚いたことに一七一パーセントも上がった。わたしたちは周囲の人々、とりわけ近い関係にある人々の行動を、ほとんど知らないうちに少しずつ取り入れている。体重の増加だけではない。ほぼすべての行動がそうだ。だが、それがわかっていれば、理性でそれを判断して、その行動を取り入れるかどうかを決めることができる。そうすれば人生は大きく変わる。

注意を向ける方向と取り入れる行動は人生の成り行きを大きく左右する。学校でよい成績を収めるのか、それとも行く先は刑務所なのか、健康でいられるか、それとも医者の世話になりっぱなしか、出世するか、それとも職場のピラミッドの最下層にとどまるか、社交上手か、見過ごされて無視されるか、というほどの差を生む。

収入、社会的地位、余命、生活の質、子どもの数、結婚生活の満足度にも影響がおよぶだろう。社会レベルなら、選挙ですぐれた代表を選ぶのか、お粗末な代表を選ぶのか、世代をまたいだ虐待の連鎖を断ち切るのか、保つのか、テロリズムを抑えるのか、あおるのか、心と体の健康状態がよくなる方向へ手を差し伸べるのか、悪化を助長するのか、などいくらでもある。これらがみなロールモデリングの結果として生じるのである。

成人してから、深く踏み込んだ心理プロファイリングを生業にしてきたわたしは、さまざまな人生の紆余曲折を目にしてきた。人生の物語のなかで人々が苦痛と喜びに遭遇するところを見てきた。うまくいったものごととうまくいかなかったものごと、よいときと悪いとき、転機を目撃した。周囲の人の行動がいかに影響をおよぼすのか、また少年期から青年期、そして現在へと、人生が形作られてきたようすを目にした。すると、その個々の事例と科学が指し示しているものとが同じ状況を描いていた。すなわち、人はみな人生で出会う複数の人々の行動によって形作られているのである。気づいていようがいまいが、わたしたちにはみな、よきにつけ悪しきにつけ、人生のロールモデルがいるのだ。何かをできるようになるためには、まず見なければならない。わたしたちは観察することによって行動を理解し、それを自分の活動に取り入れる。ロールモデルは周囲のいたるところにいて、絶えず脳の神経回路網に刷り込みを行っている。人は一生のあいだに平均で八万人に出会うと言われている。そのひとりひとりが自分に影響を与え、また自分から影響を受けている。わたしたちは文化規範や意味合いを伝える役割、周囲の人間にどのように行動すべきか、すべきでないかを教える役割を果たしている。だれもが人類を形作る一端を担っているのである。

この先では、自分に最大の影響を与える人とはどういう人なのかを見ていこう。それは自分と心の結びつきがあり、自分が信頼を寄せ、接している人々だ。つながり、信頼、接触は、学んだり模倣したりする相手の土台となる三つの基本要因である。[6] つながりは、家族、友人関係、学校や職場、あるいは人々が語る物語や耳にする音楽、人々が用いる言葉など、さまざまな方法を通して築くことができる。本書ではそのひとつひとつのつながり、そしてそれが脳に驚くべき影響を与え、生きているあいだずっとわたしたちを形作っている状況について探っていこう。人類はまだ、学習の手段としての個人レベルでも、また社会レベルでも、ミラーシステムを十分に活用するところまでたどり着いていない。ときにはミラーシステムが期せずしてわたしたちを手玉にとってしまうこともあるにちがいない。考え方はシンプルだ。そしてわたしたちには選択肢がある。自分や他者の人生を劇的に改善するためにミラー・シンキングを活用したいと思うなら、まずミラー・シンキングを理解して利用しようと意識して決断を下さなければならない。日々の交流がいかにわたしたちの脳の働きに影響を与えているかをしっかりと自覚すれば、ミラー・シンキングから得られるものごとについて、またその活用方法について理解を深めることができる。より深く理解すれば、自分の想像を大きく超えてものごとを達成し、思いどおりの未来へと進んでゆけるだろう。

第一部　人生におけるさまざまなミラー

第1章　生まれたときから始まるミラーリング

誕生日。祝うかどうかは別として、それはあなたの心に永久に刻み込まれている。パスポート、運転免許証、ローン、診察予約など、あらゆる機関でこの世に生まれた日を求められる。親しい間柄なら毎年覚えておいてくれるし、またあなたもそう期待している。その日は人生の一大記念日である。その理由には、あなたの誕生を家族が歓迎してくれた日、あるいはさまざまな行政機関が年齢を記録している日だからだけでなく、じつはもっと深い意味がある。この世に生まれたその瞬間に、周囲の人から情報を得て、あなたの脳が形作られ始めたのだ。基本的な脳のメカニズムがすべての人、すべての行動、すべてのやりとりをミラーし始めたのである。周囲の人に形作られる神経経路は、助産師があなたを取り上げて母親の腕に抱かせた瞬間、父親があなたの目を覗き込んだ瞬間から発火し始めた。実際、一億八〇〇〇万個という驚異的な数の新しい神経結合[1]は生後三分以内に形成され、その大部分は他者、なかでも親の行動をミラーする能力を駆使している。

脳内の神経結合は自分という人間を作り上げている基盤である。神経結合があるからこそ、脳は細胞間で電気的また化学的な信号を送って通信することができ、わたしたちは周囲の世界を理解したりそれに反応したりできる。神経結合の構造が学習と、そのもとになる記憶の土台になっている。神経回路網は生まれる前から作り始められるが、成人期になってもなお作り続けられている。実際には、発達初期の数年を超えてしまうと難しくはなるが、現在、神経の可塑性によって脳は一生を通して変化また順応できるとわかっている。

脳は下位部分から上位部分へと作られていき[2]、基礎となる単純な構造の上に、より複雑な回路網が時間をかけて築かれる。反応脳――脳の構造のうち哺乳類の親戚と同じ部分――は足場の役割を果たす神経回路網である。それを足がかりに、観察や周囲の環境とのやりとりから学習する行動など、ミラーシステム内のより複雑な行動が形成される。感情に基づく基本的な欲求には食べる、苦痛を感じる、社会性のあるつながりを形成する、危険に直面したときに恐怖を感じることなどが含まれる。人それぞれのちがい、あなたならでは、わたしならではの特徴は、遺伝など生まれつきの性質と環境の両方の影響を受ける。それらは脳のうち人間だけに見られる新皮質、つまり観察脳に存在し、自分を取り巻く人々や世界を観察、学習することによって埋められていく。だれもが持っている恐怖といった初歩的な感情は、その人だけの特別な体験が原因で助長されることもある。そのため、人によって若干異なる意味合いを持つ「個人差」ができる。たとえばある人はクモがこわい（反応脳―基本的動因）が、母親がこわがっているためにより強い恐怖を感じる（観察脳―経験によって形成）。別の人はハチがこわい（反応脳―基本的動因）が、子どものころに刺されたことがあり、心配した両親にハチから離れるよう促されているため、より強い恐怖を感じる（観察脳――経験によって形成）。

もしかすると意外ではないかもしれないが、これには、もっとも単純なミラーリングを土台に徐々に積み重ねられていくミラー・シンキングのようすが映し出されているとも考えられる。[3] わたしたちはまず行動あるいは感情の動きを観察してからミラーする。脳内で動きを繰り返してから自分自身で試してみる。そうすることで、動きの練習、改善、発達が促され、同時にミラー・シンキングも上達する。赤ちゃんが母親や父親の顔をじっと見ていると親が微笑む。すると、それが引き金になって顔、特に口周りの動きと結びつく脳内のミラーニューロンが活動する。そのあとで赤ちゃんも笑おうとするかもしれない。すると両親が微笑み返すというプラスの効果を生んで、それがまた脳内でミラーされる。そこで赤ちゃんはまた笑おうとして……と続く。このやりとりが繰り返されるたびに、それが小さな学びとなって、赤ちゃんが自分を取り巻く社会における微笑みの意味を理解する助けとなり、より強力な神経経路ができあがる。

行動あるいは行動のやりとりが報われたり反復されたりすると、神経の結合が強くなる。それは、同じ泥の小道を少しずつ繰り返し水が流れる状態に若干似ている。水がまったく同じ道筋を流れ続ければ、いつしか溝になって「もっとも抵抗のない」経路ができ、さらに水が流れやすくなる。親子のやりとりは、脳の発達とそうした神経回路網の形成にきわめて重要な役割を果たしている。推定によれば、欧米諸国の乳児は起きている時間の大部分にあたる六五パーセントを親と過ごしているのみならず、顔と顔と合わせている。[4] 興味深いことに、触れ合いのようすは文化によって異なることがわかってきた。たとえば、アメリカでは、母親は赤ちゃんの感情表現に対して一瞬の間をおいてから、自分の顔の表情と声で応じる傾向がある。日本の母親も赤ちゃんの感情表現に対して一瞬の間をおくが、それに応えてから近寄って赤ちゃんに触れる。これらのやりとりが文化のちがいを生んでいると考えられる。アメリカの母親は独立を促し、日本の母親はそれとは正反対に相互依存を促しているのである。[5]

人間らしさを学ぶ

人間であるわたしたちは、神経回路があまり「固定」されていない状態でこの世に出てくる。言うなれば、ほかの動物よりもあらかじめプログラムされている部分が少ない。つまり、ひとりでは何もできず、主たる保育者に完全に依存している。したがって、生き延びるためには、周囲の世界とそこでうまくやっていく方法についてすみやかに学ぶ必要がある。生まれてから最初の数年は、毎秒一〇〇万個を超える新しい神経結合が形成される。[6] その学習のほとんどは、介助を減らすことが中心で、依存度を減らすことではない。生き残って成長するためには強い社会的な結びつきに依存しなければならないためだ。はるか昔の祖先の時代がそうだった。そして今なおそうである。人が学ぶことの大部分はいかに相互依存して社会でうまくやっていくかに焦点が当てられており、それはみな親とのやりとりで形作られるミラーシステムに原点がある。それほどまでに親の影響が大きいとどうしてわかるのか？　発達状態を調べたいからといって子どもを母親や父親から引き離すことはできないため、検証は途方もなく難しい。しかしながら、親がいない状態で育つとどうなるかという興味深い疑問の答えは野生児に見ることができる。

「野生（feral）」という言葉は、カール・フォン・リンネというスウェーデンの植物学者、医師、動物学者が生みの親だ。一七五八年、彼は社会で暮らしている人間、すなわちホモ・サピエンスと、人と触れ合わずに育った者とを区別して、後者をホモ・フェルスと名づけた。社会化の謎を解くカギだと考えられる野生児は、いつの時代にも哲学者、心理学者、科学者を魅了してきた。人類に文化があるのは社会があるからこそなのか、それとも社会があるにもかかわらずなのか？　人は交流からどれほどたくさんのことを学んでいるのか？　人は他者との協力を通して何を学ぶのか？　どの程度まで周囲の人間の行動を模倣するのか？[7]　子どもが自分ひとりで生きていかなければならない状況に放っておかれるなど断じて許されないと思われるが、実際にはそのような事例があり、先に述べた疑問に正確な答えを見つけるべく調査が行われている。そのひとつが、一九八三年にウクライナの荒れ果てた小さな村で生まれたオクサナ・マラヤの事例だ。両親はいずれもアルコール依存症で、ある晩「泥酔した」ふたりは三歳のオクサナを外に置き去りにした。おそらく温もりと安全を求めたのだろう、オクサナは近所を歩き回っていた野良犬の群れに潜り込んだ。話によれば、だれも彼女がいなくなったことに気づかず、探しにも行かなかったため、それから五年のあいだ、近隣住民の通報で当局によって発見されるまで、オクサナは犬の群れの一員として暮らしていた。八歳までに、オクサナは野生児と呼ばれる状態になっていた。話すことはできず、四つ足で歩き、生肉を食べ、食べものを求めてゴミをあさり、犬のように吠えた。野生での数年間、彼女は犬の行動を模倣して育った。ミラーリングの対象となる親を欠いていたため、オクサナは人づきあい、意思の疎通、会話、歩行、あるいは人間らしく食べる能力さえ身につけていなかった。そこに、脳内のシステム、とりわけ社会システムの働きをはっきりと見ることができる。発達を促すためにはまず、環境内に手本が必要なのだ。「普通の」状況なら、親などの保育者が赤ちゃんの顔を見ながら応じたときにミラーリングが始まり、それが反復されていくはずである。

生まれてまもなく、きょうだい、いとこ、あるいはメロメロになった親戚が、赤ちゃんに向かって舌をぺろりと出してみせる。それはおどけた表情で、まだ話すことも言葉を理解することもできない小さな存在と触れ合うひとつの方法だ。するとおそらく、生まれたばかりの赤ちゃんも舌を出して愛想よくそれに応じるだろう。調査によれば、生後四一分という生まれたての赤ちゃんがこの種の模倣をするという。[8]その小さな遊びはミラーニューロンが活動している最初の証しだ。他者が舌を出しているのを赤ちゃんが見ると、ミラーニューロンが発火して、脳内でそれがリハーサルされ、それから実際の行動として現れる。科学者によれば、ミラーニューロンによる模倣が生まれる前からプログラムされているのか、特定の条件によって誕生直後に「ミラー」する行動が始まるのかはまだわかっていない。[9]しかしながら、もっとも重要な点は、ミラーニューロンの関与がほぼ確実で、繰り返し活性化されるとその能力が発達するということである。[11]

生まれてからの数年間、赤ちゃんが保育者と過ごすあいだ、ミラーリングはざっと一分に一度起きている。[12] つまりその期間は、観察と模倣による学習に膨大な時間が費やされる時期で、ミラーニューロンの形成と発達にとってはまたとないチャンスだ。生後一〇週までに、ミラーリングは舌を出すというような単純なジェスチャーから、親が示すうれしい表情や怒った表情の無意識な模倣へと発展する。[13] 言葉を話せるようになるまでの人生の最初の一年に、親と子は観察によるコミュニケーションしかとることができないため、この能力は発達にとって不可欠である。カリフォルニア大学ロサンゼルス校（UCLA）デヴィッド・ゲフィン医科大学院の精神医学・生物行動科学教授であるマルコ・イアコボーニの研究からは、いかに親子のやりとりが赤ちゃんと母親双方のミラーニューロンを活性化させる引き金となって、成長に欠かせない双方向の模倣を引き起こしているかがわかる。イアコボーニらは、母親が自分の行動を赤ちゃんの顔の表情に同調させ、赤ちゃんがそれに応えていることに気づいた。そこで、そのやりとりのあいだに母親の脳をスキャンして脳の関係領域を特定したところ、ミラーニューロンの発火が引き金となって（反応）脳の感情中枢である辺縁系が活性化することがわかった。ミラーニューロンが実際に行動（この例では顔の表情）を起こしたときに反応する脳の領域と結びついていたのである。母親が赤ちゃんをミラーしたときにも、実際に行動したときと同じ感情が辺縁系からもたらされるため、母親は赤ちゃんの気持ちを理解して応じることができるのだ。[14] それが愛着とミラーリングの好循環をもたらし、ひいては赤ちゃんのミラーシステムの発達につながって、最終的には社会関係の理解と形成を可能にする下地を作る。とりわけ興味深いのは、赤ちゃんの感情を理解してミラーするという母親の能力が、他人の子よりも自分の子に対して強く働くことだ。つまり、血のつながった親でも育ての親でも、親はミラーリングにおいてほかのだれよりも大きな役割を果たしているのである。赤ちゃんの感情を「共有する」というこの親の能力は、社会性と情動の発達に絶対に欠かせないものだと考えられている。[15]

長い時間をかけて、ミラーした行動のひとつひとつ、反応のひとつひとつが何千回も観察され、リハーサルされ、反復されてようやく、歩行のような一見単純な行動が脳内の既定の神経経路として組み込まれるようになる。すべては舌を出すというような単純なジェスチャーに、うれしい笑顔、拍手、大喜びの「見てごらん」で応えるところからスタートしている。ほとんどの親はあえて教えようと意気込んではいない。キャッチボールのように意図的な遊びを通す学習もあるが、教えるという行為はほとんどの場合、偶発的な状況で行われる。保育者は意図せずして話す、着替える、歯を磨く、食事をとる、ありがとうと言う、周囲の人に親切にする、いちいち指示されなくてもトイレを使えることまでやってみせているのである。熱心な新米の親はみな子どもの学習進度をあげようと躍起になっているが、おそらくうまくいかないだろう。たとえば初めて寝返りを打つ日、初めて言葉を話す日、初めて歩く日でわが子が一番になるように――少なくともビリにならないように――どれほどおだてても、それはたんに強制できるものではないからだ。そうしたありふれた発達の状況、社会性と情動の能力を取り巻く要因は、子どもの、少なくとも脳の、準備が整ったときに、その子が親のすることを見て、聞いて、まねることで学習される。ミラーリングとミラーニューロンはまさしく、初期の発達の大部分を可能にする重要なリンクとなっているのである。

赤ちゃんの口から

ひとつの段階から次の段階へと移る脳の「準備が整う」ためには、土台となるミラーニューロンが完成して、次のレベルのニューロンの発達に向けた調整が済んでいなければならないと考えられている。最初はミラーリング時に親の動きを見る視覚の基本的なミラーニューロンから始まって、より複雑な行動の側面がそれに続く。特に、言語能力を助けるミラーニューロンだ。片言から最終的に話せるようになるまでの学習、つまり言葉のレパートリー、声の抑揚、自分や親の居住地域に合わせたアクセントの学習は、何の努力もなく自然に行われているように見える。けれどもそれらは、長い時間をかけて練習し続けて習得するものである。二歳になるころから、幼児はおよそ日に最大で一〇語ほど、親から聞こえてくる音をミラーして言葉を覚える。[16] オクサナの事例のように保育者がいない場合、言語はまったく発達しない。また、研究によれば、バイリンガルの環境で育てられた子どもがそれぞれの言語を学習するスピードは、その言語にさらされている時間に左右される。接している時間が長ければ長いほど、言葉の発達も速くなるのだ。つまり、子どもの母親がスペイン語を話し、父親が英語を話すとき、その子が父親と過ごす時間のほうが長ければ、スペイン語を覚えるよりも早く英語が話せるようになる。[17] ミラーリングはそれほどまでに直接の影響をおよぼすのである。

言語はまた、人間のさまざまな特徴を加速させるための土台を作り、多くの社会的かつ認知的なものごとを学ぶための前段階となる。神経学レベルで見ると、言語は脳内の複数の領域とメカニズムが関連する途方もなく複雑な現象である。たとえば、聞こえてくる音が言語かどうかを判断するためには、音そのものが「何」の音か「どこ」の音かを区別できなければならない。さらに細かく分けると、「何」かの音のなかで、音節、音の高さ、話し言葉、言語のちがいといった抑揚のある音、また声とそれ以外の雑音を聞き分ける能力が必要だ。わたしたちは声が特定の人のものであることを区別できる。友人がいつもとちがう電話番号からかけてきても、二言話せばそれがだれだかすぐわかる。[18] よちよち歩きの幼児でさえ、電話で母親の声がわかる。[19] たとえば複数の人と一緒にいるときには、だれが何を言っているのかを聞き分けなければならないのだから、これは社会で暮らすうえで欠かせない能力である。ほかの多くの要因と同じように、これも生まれたばかりの赤ちゃんが母親の声を認識するところから始まり、それが土台となって、その上に生涯を通じて学習が積み重ねられていく。社会性と情動の能力を維持しようと思うなら、その学びは大人になってからも深めていかなければならない。

話すことを学び、言語を理解するためには、話すときの音を模倣するしかない。その能力を可能にしているのは、前頭葉のブローカ野と呼ばれる領域にあるミラーニューロンである。[20] それは人間にしかない（観察）脳の一部で、言語を生成する役割を担っている領域だ。[21] 親が「おしゃべり」だと子どもの言語能力が発達するが、認知能力の成長も影響を受ける。イギリス、ヨーク大学のゾフィー・フォン・シュトゥム教授らの二〇一九年の研究では、一日一六時間、二～四歳の幼児一〇七人の服に小型の録音機が縫いつけられた。その結果、「子どもが耳にする大人の話し言葉の量は子どもの認知能力と明らかに関係があり」、また「親がすぐに応じて探究心や自己表現を促すような前向きな子育てをしている場合、子どもの落ち着きのなさ、攻撃性、反抗的な行動が少ない傾向にあった」。つまり、たとえ模倣とは直接関係がないように見えても、ミラーニューロンを介する学習はすぐに、より複雑なほかの行動へと発展することがよくわかる。それとは逆に、たとえば育児放棄にあった子どものように言葉がまったく、あるいはほとんどない場合は、そうした土台が築かれず、社会的また認知的スキルの基礎が期待どおりに形成されない。そうなると、生活、学校、大人になってからの社会や職場で問題を抱えることになる。[22] 親などの乳幼児期の保育者のミラーリングが、人生の基盤を作っているのである。

自分を形作っているもの

子どもは親や保育者を選べず、そこからミラーして学ぶ価値観、考え方、行動も選べない。母国語は何か、文化規範はどうなっているのか、何を信仰するのかも決められない。もちろん、人生のもっとあとで別の言語を学習したり、改宗したりすることはできる。けれども、幼いころに学んだ基礎の部分は、神経回路網の基礎として永久に残る。あなたにとってそれは何だろう？　どのような考え方や価値観とともに育ったのだろう？　もしかすると何の疑問も抱かずに？

少し大きくなると、子どもが一緒に過ごす相手が親だけではなくなる。子どもは教師、友人、親戚、地域の人々とも触れ合うようになる――これらの要因についてはみな、のちに詳しく述べよう。子どもは、なぜ友人と自分はちがうのかと不思議に思い始めるかもしれない。キリスト教徒の多い学校でヒジャブをかぶっているイスラム教徒の少女は、いつの日か、自分がほかの人と同じではないことに気づく。なぜかぶらなければならないのかを尋ねたり、誇らしく思ったり、嫌がったり、自分が望む人生なのかと疑問を投げかけたりするかもしれない。けれども、最終的にはやはり、親が望むのであればヒジャブをかぶるだろう。なぜなら、子どもはたいてい親の期待に沿った行動をするからだ。自分とは食べものも習慣も異なる友だちと触れ合うにもかかわらず、もっとも大きな影響を与えるのはやはり親である。イギリス、ハートフォードシャー大学のメアリー・ソーントンとケンブリッジ大学のパトリシア・ブリケーノが、社会経済環境の異なるイングランドの四つの学校で一〇～一六歳を対象に実施した二〇〇七年の調査では、大多数の生徒がもっとも重要なロールモデルとして片方または両方の親をあげた。ソーントンとブリケーノはまたアメリカとイギリスの研究を取り上げて、「ロールモデルとしてもっとも多く選ばれるのは親だと広く認められる」と述べている。アメリカ聖書協会の依頼でウィークリー・リーダー・リサーチが実施し、アメリカ国内の一二〜一八歳、一一〇〇人が参加した二〇〇七年の調査では、質問に答えた若者の六七・七パーセントが人生でもっとも影響を受けているロールモデルは親だと答えた。[23] 南アフリカの地方で黒人の若者を対象に二〇一四年に実施された調査でも、親、特に母親が子どもの強力なロールモデルであることが明らかになった。論文では、母親は家族をひとつにまとめる「揺るぎない支えであり、助言者でもある」と表現されている。[24] 世界中のすべてとは言わないまでも、ほとんどの文化で同じことが言える。幼いころもその後も、親が主要なミラーなのである。

子どもがどれほど親から吸収するかを示す例は、養子になった子どもに見ることができる。アメリカ人の少女ケイティを例にとろう。二〇一七年、ケイティは二二歳のときに初めて中国の生みの親に会った。この話はわたしの思い出とも重なる部分がある。わたしはケイティとあまり変わらない年齢のときに中国南西部の地方を旅して、ふたり目の子どもを手放した夫婦のもとに滞在した。中国のひとりっ子政策による罰金や投獄を恐れた母親は妊娠を隠していたという。ケイティの生みの親も同じだった。ケイティはふたり目の違法な子どもだったため手放されたが、添えられた一枚のメモが最終的にケイティを生みの親に結びつけた。彼女はアメリカのミシガン州で、養父母となった敬虔なキリスト教徒のポーラー夫妻の手で育てられた。新聞記事によれば、ケイティは独立心旺盛でアウトドア好き、キリスト教徒で、どこから見てもアメリカ人の少女であり、各地を旅していた。それとは対象的に、彼女の実の姉は家族に頼るよう育てられ、旅行に出かけたことはなく、中国政府が公式に国家無神論を主張しているため信仰もなかった。生みの親に会いに行くという行為だけで、その行動のちがいが浮き彫りになった。実父は記者にこう語っている。「外国の少女と中国の少女は考え方からしてちがう。手放された子が中国で育っていたら、けっして生みの親を許さなかっただろう。文化がちがうんだ」[25]。そうした差異にくわえて言葉の壁もある。ケイティの生みの親は英語を話さず、ケイティは中国語を話さない。さらに伝統的な慣習、食事、日々の生活様式も異なっている。人が社会とコミュニティから社会生活を学ぶのであっても、そうしたものごとを最初に教えるのは親である。ここでもまた、人であること、社会的であることはまず、親に育てられ、親をミラーすることによって受け継がれるのだとわかる。それが生みの親であっても育ての親であってもだ。

親と子のあいだには必ず、信頼、つながり、そして接触がある。それらは発達の土台になるが、残念なことに子どもに多大な負の影響を与えてしまうおそれもある。子ども時代に虐待やネグレクトを経験すると、その子どもが保育者になったときに性的な虐待やネグレクトを行う可能性が高まる[26]。自分が育てられた方法がモデルになるからだ。また、親が喫煙者だと、一緒に暮らす子どもが青年期にたばこを吸い始める確率は大幅に上がる[27]。

同じように、犯罪、薬物使用、アルコール依存、離婚も世代を超えて繰り返される。それらは人が成長する広い社会環境に起因すると推測することもできるが、こうした調査では、子どもに対する親の直接の影響を調べるにあたって、可能なかぎりほかの多くの要因が取り除かれ、調整されている。ミラーリングには大きな影響力があるが、子どものころの家庭ほどそれが凝縮されている環境はほかにない。子どもが大切に思い、またもっとも子どもを大切に思うべき存在——親がいるからだ。そうしたプラスとマイナスの例はみな、肥満の連鎖を断ち切る方法から、社会経済力を高めることまで、社会全体でなすべきものごとに計り知れない影響をおよぼしている。

　親の影響は、わたしたちが成人したのちの、人生の半ばから終わりにかけても依然として大きくのしかかる。自分の親のことを考えれば、あなたはおそらくまだ人生の大きな決断において親の賛同を求めているはずだ。自分という人間の形成過程における保育者の影響がかくも大きいため、わたしのような人間——仕事上各方面のリーダーたちと接している心理学者——が成人の行動の理由を解明するときには、まずそれを探らなければならない。

　遺伝子が解明されてからは、自分という存在の三五パーセントから驚くことに七七パーセントまでもが[28]、行動のしかたを学ぶうえで、周囲の世界、すなわちミラーリング行動の影響を受けることがわかっている。脳がもっとも順応しやすいのは成長期であることを考えると、ミラーリングを通してわたしたちを作り上げているのは保育者だということになる。たとえ逆ミラーリング——観察したものごとと反対の行動をとる——をしているのであっても、参考にするための対象として用いられるのはたいてい親だ。

　長年にわたってわたしが仕事上接してきた何百もの人々の子ども時代、とりわけその影響を考えるにあたって興味を引かれるのは、親御さんについて尋ねたときの彼らの反応だ。親の影響、特にどれほど自分が似ているか、あるいは異なっているかに思いを馳せる人がいる一方で、そのようなことはほとんど考えない人もいる。いずれにしても、成人してから客観的な目で過去を振り返ると、必ず思いもよらない結果が見えてくる。人間はあえて見直さないかぎり、いつまでも同じ説明を保ち続ける傾向がある。たとえば、なぜあの人に嫌われているのだろう、もう少しうまくやれるはずだったのにと日々の生活でたくさんのものごとを問い直してはいるが、無視している状況もそれ以外に山ほどある。問題に直面するか、あるいは何らかの理由で子ども時代の特定の状況がおよぼしている影響を考えるよう促されないかぎり、あえてその時代を探るようなことはしない。それはそうだろう。今日を生き、明日を案じるだけで考えなければならないことが目白押しなのだから。けれども、子ども時代を振り返ることはとてつもなく強力な鍛錬になりうる。人々の性格プロファイリングを行ってきたわたしはたびたびそれを目のあたりにしてきた。その目的はスキャンダルを掘り起こして責任を取らせることではない。自分が自分である理由、すなわち自分が親をどのようにミラーした、あるいはしなかったのかを理解することである。

親の影響を受けている要素にはほかに自己統制のレベルがある。子ども時代のそれを見れば、大人になったときにどうなるかがよくわかる。感情を抑えて短期的な欲求を克服する能力は人生に欠かせないスキルで、幼いころから発達し始める。一部はまちがいなく遺伝だが、親のミラーリングあるいは逆ミラーリングの影響を大きく受けてもいる。きょうだいを見ればどれほど差があるかよくわかる。調査によれば、たとえば家事を分担したり、アルバイトをしたりするなど、少年期あるいは青年期の初めごろに何らかの責任を持たされると自制する力が身につきやすい。これは親の期待あるいは意向に沿うからでもあるが、子どもが親と同じ世界に浸って親を観察するだけ、つまり母親や父親が仕事に励む姿を見るだけで、しばしば子どもにも同じ労働倫理が浸透するためだ。よく知られている例として、自分のしっかりした労働倫理は親のおかげだと語る元ファーストレディのミシェル・オバマがあげられる。ミシェルは労働者階級出身でありながら、法律の学位をとって名門プリンストン大学を卒業した。あるいは、空前のヒットを飛ばしているアーティストのひとり、テイラー・スウィフトはこう語っている。「両親は、成功するのがあたりまえだなんてことは絶対ない、成功は勝ちとるものだと言ってわたしを育てたの。そのためにはとにかくがんばらないとダメだ、ときには行きたいところにたどり着けないこともある、とね」[29]

子どもの経歴あるいは収入に関係なく、親の期待や意向は子どもの職業の選択や達成するものごとに大きな影響を与える。調査によれば、ティーンエイジャーはたいていの場合、起業家、店員、地方公務員、中小企業経営者、医師など、親と同じ道を模索するところから始めるし、親が「トップ」の仕事をしている子どもはやがて同じような地位に就くことが多い。[30] 起業については特に数多くの調査が実施されている。二〇一二年にIZA労働経済研究所から発表された、スウェーデン、ストックホルム大学教授ヨハン・リンドクイストらの調査からは、ミラー・シンキングの影響がよくわかる。スウェーデンの養子における育ての親と生みの親の職業を調べたところ、生後の要因（養父母から受け継いだ特徴）の影響が、生まれる前の要因（実父母から受け継いだ特徴）のほぼ二倍に達するほど大きいことがわかった。[31] つまり、行動を予測するにあたって、養父母とそのロールモデリングが遺伝的要素よりも重要な役割を果たしていたのである。

子どもが親と同じ道を歩んだことでよく知られている例は、さまざまな職業に見ることができる。たとえば、役者がそうだ。俳優ドン・ジョンソンとメラニー・グリフィスの娘である女優のダコタ・ジョンソンは「ほかには何もできないと感じて育った」[32]と述べたと言われている。ほかにも、ゴールディ・ホーンの娘であるケイト・ハドソン、ドナルド・サザーランドの息子であるキーファー・サザーランド。政界では一九八九～一九九三年にアメリカ大統領を務めたジョージ・ブッシュに次いで、息子のジョージ・W・ブッシュも二〇〇一年にホワイトハウス入りした。ドナルド・トランプの娘イヴァンカ・トランプは父である大統領のシニアアドバイザーだった。多くの場合、親と同じ道を進んだ子どもは同じような状況にさらされるため、ミラーリングの対象も似通っている。場合によっては、身内びいきの結果として子どもにチャンスが到来することもある。親がすでにその職業に身を置いていたことが理由で子どもにも同じ仕事の機会が与えられる。

子どもによっては、親と同じにならないようにあえて「逆ミラーリング」をすることもある。だが、それでさえ、おおもとは親の行動を観察するところにあり、そのうえで同じ道を歩まないという決定をしているだけだ。意識的に決めているという点で、ある意味こちらのほうがミラー・シンキングを効果的に活用していると言えよう。

親の影響は特に、女性が少ない科学、技術、工学、数学の分野、いわゆるＳＴＥＭ分野で重要だ。[33]性別による役割分担（ジェンダー・ロール）の発達に焦点を当てた学説によれば、人は生涯を通じて、多少の差はあっても、特定の役割を自分の性別に適しているとみなすのだという。[34]二〇一八年にフロンティアーズ・イン・サイコロジー誌で発表された研究論文には、「幼い子どもが触れる機会がもっとも多いロールモデルは親である」[35]とある。つまり、親の職業は子どもの仕事に対する夢だけでなく、性別による役割分担の固定観念にも影響を与える。その論文では、親の「ロールモデル効果」、とりわけ母親の仕事上の役割が娘の志望に影響を与えた数多くの事例に注目している。リーダーシップ、政治、あるいはSTEM分野など、固定観念に反する役割を担っている母親に育てられた娘は、固定観念に反する役割を目指そうと思うようになる。母親の道とまったく同じではないが、以前マイクロソフト社のジェネラル・マネージャーだったメリンダ・ゲイツは親の影響を示すよい例である。航空宇宙産業のエンジニアだった父を持つメリンダは二〇一九年のインタビューで以下のように語っている。

父との大切な思い出といえば、一九六〇年代後半に、特別に遅くまで起きていてもいいと言われてテレビでアポロの打ち上げを眺めたことでしょうか。あのときはどこの家庭も大興奮でした。でも、父親がNASAと仕事をしているエンジニアとなれば格別でした。[36]

家庭の外に出て働いている女性は知り合いにはあまりいませんでしたが、わたしは父のようにわくわくする職業に就きたいとずっと思っていました。(中略)

父は（中略）わたしにとって、ＳＴＥＭ分野の多様性が重要だと語った最初の人物でした。それまで仕事をしたなかで最高のチームは女性数学者がいたチームだった、だからチャンスがあれば必ず女性を採用するんだと。その言葉がわたしの心にずっと残っていました。[37]

メリンダの今の姿がある理由はすぐわかる。科学的な思考に対する遺伝的な傾向はあったかもしれないが、父親をミラーし、ＳＴＥＭ分野の女性に対する父親の態度を見て、両親に背中を押されたことが彼女の成功につながったのである。興味深いことに、ニューヨーク州立大学心理学教授のグレン・ゲアが実施した二〇〇〇年の調査によれば、人は異性の親と似ている人を恋愛相手に選ぶ傾向があるという。[38]メリンダが夫のビル・ゲイツに惹かれた理由はそれだったのだろうか？

両親が長時間働くフルタイムの仕事をしていて、子どもが親の姿を見る時間が少なくても、子どもはほかのだれよりも親がしていることの意味を高く評価する傾向にある。親は主たる保育者だ。子どもは親に手引きと保護を望む。そして幼い子どもは、親は何でも心得て行動しているのだと信用している。親は賢く、いつも正しいと盲信している。むろんその見方は変わるかもしれない。それでも、学習と発達に与える影響が途方もなく大きいその時期に、わたしたちの脳は、親の考え、行動、選択に沿ってプログラムされる。わたしが仕事上接している各分野のリーダーたちは、今なお自分が親の期待に強く引きずられていて、親の賛同を得ようとしているという事実にとまどい、驚くことが多い。自分が成人しているからといって、親が考えていることが気にならなくなるわけではない。土台となっている神経回路網は一生ついてまわるのだ。

成長期に行われる親のミラーリングは社会性スキルの発達にも影響をおよぼす。共感のしやすさ、親切さ、協調性といった一連の幅広い特徴が親の影響を受けている。自分のそうした一面は生涯を通じて対人スキルに影響を与え、それがまた広い意味での成功、そして精神の健康を大きく左右する。

親として、ロールモデルであること

わたしが心理学を研究している大きな理由のひとつは、他者の意図を理解したいからである。なぜ人は特定のものごとを行うのか、またその行動を選ぶ動機は何なのか？　それらは、人が他者と触れ合い、意思疎通を図り、リーダーシップを発揮し、自己認識を高める方法を理解する手助けをするというわたしの日々の仕事においてきわめて重要である。ここまで見てきたような社会性と情動に関わる人生の基盤からそこへたどり着くことは大きな飛躍に感じられるかもしれないが、ミラーニューロンには、幼いころの発達を促すミラー・シンキングの土台となる以外に、もうひとつとても大切な役割がある。ミラー・シンキングは、自分や他者が特定の行動をする理由を理解する力を与えてくれるのである。たとえば、同じ行動でもその意図が異なる場合があるが、わたしたちは子どものころに、他者が次に何をするのかを解釈する方法を覚え始める。洗濯ものを外に干すかどうかを迷ったあなたの母親が、窓の外を見たとしよう。そのときの意図は洗濯ものの扱いだ。けれどもわたしの母親は玄関にやってきた人を見るために窓から外を見たとする。その場合、意図は訪問者を招き入れるかどうかの判断である。行動は同じでも理由は異なる。この意味の推測こそが、ミラーニューロンのすばらしいところだ。ミラーニューロンのおかげで、わたしたちは観察して無意識に行動を模倣し、それを自分のものとして取り入れて、他者の意図ばかりか、次に予想される行動と動機までも理解できるようになるのである。成長過程で子どもがつねに観察している親は、ものごとのやり方だけでなく、その理由の手引きにもなっているのだ。

一方で、携帯端末やゲームやパソコンの扱いとなると、世に行動のロールモデルがいないため、子育てはたいへんである。今日の親はまったく未知の領域を進んでいかなければならない。わたしが子どものころは、市内電話が無料になる午後六時以降まで友だちとの電話をがまんしなければならず、そこまで待てなければ自転車に乗って家まで会いに行くしかなかった。文字メッセージもソーシャルメディアも存在しなかった。わたしの娘は電話で話すことなどめったにしないし、交通量が多すぎて友人宅に自転車で行くこともない。その代わりに、世界中の多くのティーンエイジャーと同じように、ひとりの友人どころか集団でのメッセージのやりとりに何時間も費やしている。わたしの子ども時代の親は、見知らぬ人と話をするな、おかしな行動をしている人には近づくな、知らない人の車に乗るなと教えた。ところが今の子どもたちは、インスタグラムの公開アカウントで自分の行動を数多くの人の目に触れさせ、だれかもわからない人物にフォローされ、性的搾取にあう危険につねにさらされている。しかも親はそれを知らない。わたしが育ったころはテレビのチャンネルはたった四つで、家にはテレビが一台しかなかった。母は「不適切な内容」の番組がいつ放送されるかを知っていて、テレビを消すことができた。今の子どもたちは、タブレット端末、スマートフォンほかいくつものデバイスで、だれかが好きなときに好きなように発信したものをいくらでも見ることができる。暴力や性的な内容かもしれない。動画投稿サイトにあって、いっさいの検閲を受けていないかもしれない。これまで存在しなかったせいで、親はそれをどうすべきかがわからない。親は同世代の親に手本を見いだそうとするが、彼らも自分と同じように確信が持てないでいる。デバイスの利用は六時、それとも九時までなのか？　スマートフォンを持たせてよいのか否か？　インスタグラムをやらせてよいのか？　アカウントは公開か非公開か？　自室でスマホを使わせてよいのか？　このハイテクな世界における子育てを観察したことがないため、したがうべき行動、考え方、価値観がない。そうなってみると、そこに足りないものと、自分の親が行動だけでなく子育てのロールモデルにもなっていたことがよくわかる。さらに、わたしたち親が不器用に自分でデジタル世界をうろついているあいだ、意図せずに子どもにとって「悪い」行動の見本になってしまっていることも少なくない。スクリーンを見ている時間が長すぎる、ベッドにスマホを持ち込む、延々と文字メッセージや電子メールのやりとりをしている、電源を切ることがない。ひょっとすると、親が責任を持って、子どもによい影響を与える行動の見本になることのほうが重要かもしれない。

ミラー・シンキングを理解すると、「言うとおりにしなさい。やっているとおりではなく」というよく用いられる表現の重みが増す。親があることを言っておきながら、それとは反対の行動をすると、伝えるべきものごとが混乱する。だれだってそうだろうと言いたい人もいるだろうが、親を含む多くの人は自分が教え諭していることを実行していない。ミラー・シンキングの観点に立てば、それでは理解——したがって学習——が支離滅裂になってしまう。例をあげると、ユーロピアン・ジャーナル・オブ・パブリック・ヘルスで発表された論文で、シュテファニー・シェップは、親がスクリーンを見ている時間が長いと子どものスクリーン時間が長くなると述べている。その論文、またさまざまな調査から、子どもにスクリーンを見るなと「言う」だけでは不十分だとわかる。行動には手本が必要だ。言い換えれば、言動が一致していなければならないのである。スクリーンを眺めるという座ったままの行動とは対照的に、親が体を動かす行動のロールモデルになれば、子どもが活動的になる可能性は格段に上がる。研究者らは、子どもが親のライフスタイルに感化されるという言葉でそれを言い表している。交通手段として歩いたり自転車に乗ったりする「偶発的な」運動は家庭生活に自然に組み込まれてゆく。また、活動的な親は装具、費用、応援といった形で子どもを支援することが多いとも言われている。そうやって親がロールモデルになり、目標を持って、子どもを励まし、行動を家庭生活に組み込んで続けていけば、それはまさに、ミラー・シンキングをスタート地点に、反復と報酬を通して、神経回路網が強化される状態そのものだ。

親がわが子のロールモデルになれば、子どもの身体的な健康にもその影響がおよぶ。たとえば、ノースカロライナ大学で小児の健康体重研究グループのアソシエイト・ディレクターを務めているアンバー・ヴォーンらの研究では、親が目的を持って意識的に健康に配慮した食事を選択すれば、子どもの食事の質も上がることが示されている[39]。それ以外の研究でも、子どもの食生活に突出して大きな影響を与えるのは親だとわかっている[40]。研究ではないが、わたしと夫のまったく異なる食事嗜好にもそれがそのまま表れている。中国系の母親に育てられた夫は、肉類と米を大量に食べるのが好きだ。それに対して、肉よりも野菜やサラダを好む母親を持つわたしは、おもに野菜中心の食生活を送っている。子どもたちは両方とも食べる。

研究調査以外にも、自分が親から学んで、そして子どもにも伝えている癖や日々の習慣はたくさんあるだろう。わたしの例をあげよう。夫とわたしはいろいろな価値観を共有している。他者との接し方やもっとも大切にしているものごとなどが似ており、それはそれぞれの親から受け継いだものだ。不思議なことだが、出会ってから、双方の父親が何年も前に一緒に仕事をしたことがあるとわかった。したがって、人生観が似通っているとわかってもそれほど驚くことではないのかもしれない。しかしながら、細かいレベルで見れば夫とわたしはまったく異なる。たとえば、皿洗いのとき、夫は水を流しっぱなしにして洗う。わたしは母から教わったとおり、洗い桶に貯め置いた水でまずはグラス、それからスプーンやフォーク、続いて陶器類、最後に鍋やフライパンを洗う。それから継母のやり方を取り入れて、泡と汚れを水で洗い流す。自分の毎日の家事のやり方と、パートナーや親しい友人のそれとを見ると、いかにたくさんの癖が親からのミラーリングによって身についているかに気づかされる。価値観とは異なり、おそらくだれもそうした日々の習慣を疑問に思うことはないだろう。また変える必要もない。自分の子どももまた、大人になったときにそうしたものごとを引き継いでいるにちがいない。

自分の言動、振る舞い、自分が伝える価値観や考え方など、すべてのものごとを意識することはとても大切だ。重荷に感じられるかもしれないが、わたしたちはその責任を最初の子どもが生まれた瞬間から背負っている。自分が親を選べなかった、また選ばなかったのと同じように、子どもが自分を選んだのではない。それでも、子どもの脳を形作るのは、世界中のだれよりもまず親である自分なのである。

つねに「正しいものごと」のロールモデルであり続けることは難しい。うまくいかずにキレてしまう日もあるだろう。言わなければよかったと思うような言葉を発することもある。胸を張れないような方法で困難を切り抜けることもあるにちがいない。それでも子どもをよい環境で育てようと、意識的に選択することはできる。子どもが一生健康でいられるように体によいものを食べて運動をする。子どもに本を読ませたければ、自分がたくさん読書をする。他者を気づかい、思いやる。仕事をがんばる。そして自分をコントロールできるところを見せる。たとえ最善の行動がとれなくても、子どもがどのように振る舞えばよいのかを理解できるよう、あとから何をすべきだったのか、なぜそうなのかを説明すればよい。そうすることでまた、謙虚さと思いやりの見せ方を教えることにもなる。

自分の価値観と目的、自分という人間の形成に影響を与えたものごと、けっして取り除けないかもしれないけれども自覚はできるよくない傾向、それらを掘り下げることには価値がある。それはきっとあなたの役に立つだろう。もしあなたが親なら子どものためにもなる。そして、たとえ現在は満ち足りていなくても、満足のできる人生を送ることにつながるはずだ。それを決めるのは自分自身である。

親はわたしたちが生まれた瞬間から、わたしたちのミラーニューロンとミラーシステムの発達に多大な影響を与える。考え方、価値観、行動、人生のとらえ方を形作りながら、他者の気持ちがわかる度合いから話す言語にいたるまで、成人してからのさまざまな結果を左右する。また、わたしたちは親として、自分の子どもにも同じ大きな影響を与えている。それを理解することが何よりも重要な子育ての教訓なのかもしれない。

第2章　すべては家族から

二〇一六年の初秋、メキシコのコスメルで世界トライアスロンシリーズのグランドファイナルが開催された。時差にもかかわらず、イギリスのテレビ視聴者は出場しているイギリスの二選手が入賞するかと期待して熱心に見守った。当時、オリンピックの金メダルからトライアスロンの世界大会まで無数のタイトルを獲得していたブラウンリー兄弟は世界のトップアスリートだった。二六歳の弟ジョニーがこの競走で勝てば、世界タイトルを確実にできるはずだった。ところが、首位を走っていたジョニーが、ゴール目前のコーナーを曲がったところでふらつき始めた。初めは集中力が切れたのかと思われたが、まもなく足が体を支えられなくなっているように見え始めた。苦しそうなジョニーは左右によろめき、まさに倒れんばかりである。ゴールへと加速するどころか、ひどく体調が悪いように見え、残りわずか七〇〇メートル地点でトラックの端へ倒れ込んだ。焼けつくような三四度の暑さのなかでの自転車ロードレース、水泳、長距離走が、彼の体を蝕んでいたのである。そのとき、兄のアリスターがコーナーを曲がってきた。のちに彼は以下のように語っている。「こう考えていたんだ。完璧だな、ジョニーが自分より前にいて、世界タイトルを獲得する。自分は二位か三位に入るだろう。一年の締めくくりにはもってこいだ」[1]

ところが目の前で、弟が危機に瀕していた。何のためらいもなく、アリスターはジョニーの体を持ち上げて、自分の肩へ弟の腕を回し、ゴールへ向かってよろよろと歩かせた。ヘンリー・シューマンに抜かれはしたものの、兄弟はまだ二位と三位だった。ジョニーをゴールラインまで助けたアリスターは、そこで体を離すと、そっと弟をラインの向こう側へ押し出した。つまり、ジョニーを二位に、自分は三位になるようにしたのである。強い兄弟の絆によって、アリスターは弟と競っていたにもかかわらず、弟を優先した。自分が優勝するチャンスを捨てて弟に手を貸そうと立ち止まったのみならず、ゴールでも倒れる前と同じように弟を先に行かせたのである。

なぜそれほど強い絆ができあがったのか？　わたしはかつて、ブラウンリー兄弟と一緒にトレーニングした人物のプロファイリングを行ったことがある。そのとき彼は、兄弟が陸上トラックやヨークシャーの郊外を走って、繰り返しトレーニングしていたときのようすを語った。何時間も、何日も、何年ものあいだ、ふたりは雨風にさらされただけでなく、ある意味互いにもさらされていた。それがふたりの態度、価値観、行動、そして考え方に影響をもたらしたのである。きょうだいのあいだには自然な信頼関係と深い結びつきが存在することが多い。長い時間をともに過ごすと、人生、記憶、自己に影響する共通の体験が増えるため、当然親密になる。これといって仲がよくなくても、きょうだいにはほかのだれよりも共通点がある。成長する過程で、同じ旅行に行き、同じ家で暮らし、同じ親戚がいるからだ。しかしながら、きょうだいによっては別の学校へ通ったり、異なる家で暮らしたり、異なる旅行をしたりする場合もある。それはミラーリングの強さに影響するのだろうか？

わたしと兄はとても仲がよい。中学に入ったとき、話のほぼすべてが「おにいちゃんが」から始まるとからかわれたほどだ。今でもつながりのある友人たちによれば、それはいつでも「おにいちゃん」で、実際の名前は知らなかったという。兄がわたしに大きな影響を与えたことはまちがいない。家族のあいだでは、わたしが最初に笑った相手は兄で、わたしたちはけんかをしたことがなく、兄は自分の妹を友だちに得意げに見せるようなおにいちゃんだったと語り継がれている。わたしは兄が大好きだった。むろん今でもそうだが、このごろはむしろ大切な友人のような感覚である。わたしは成長過程で兄を崇拝していたばかりか、過度に兄の行動をまねていた。兄が木に登ればわたしも登り、ピアノを弾けばわたしも弾き、クラリネットを吹けばわたしも吹き、陸上競技をすればわたしもやった。兄がやることをすべてまねしたのである。ミラーニューロンについて言うなら、最初の笑顔がきっかけとなって、最終的には兄の行動、態度、価値観がすべて、わたしの脳、ひいては今日のわたしという人間を形作るうえで大きな役割を果たしたのだろう。両親はわたしが七歳のときに離婚し、兄は父と、わたしは母と暮らすようになった。それでもやはり兄はわたしの自己形成を左右した。つながりと信頼関係が強ければ、一緒に過ごす時間はそれほど重要ではないのだろうか？　それともわたしはミラーリングを強化すべく、あえて意識的に兄の行動をまねたのだろうか？

行動をミラーするようになる要因は多面的かつ複雑だ。ブラウンリー兄弟の人生はまさに互いの姿を映し出している。ふたりには明らかに同じ要素がある。同じ両親のもとで一緒に育てば、人生に対する考え方でも実際の行動においても同じようなアプローチをとるようになる。当然のことながら、同じ親に育てられれば、親だけでなく互いをミラーする土台も築かれる。くわえて、ブラウンリー兄弟は同じ学校、同じ大学に通った。したがって、ふたりのあいだにはほかのだれよりも共通点が多い。むろん親がもっとも強力なミラーリングの対象であることに変わりはないが、そうした共通点が相乗効果となって、当初は親から受け継いだ好み、習慣、人生へのアプローチが、その後も互いを主要なミラーリング対象にすることで強化されていったのだ。ふたりの遺伝的な構造は異なっていると思われる。たとえば、アリスターは若干明るめの縮れ毛でジョニーより数センチ背が高い。ふたりは性格も異なる。インディペンデント紙のインタビューで、アリスターはジョニーについて冗談を飛ばした。「こいつのあだ名はノーム（小人の置きもの）だよ。退屈だから。まじめでぴりぴりしていて、どっちかというと心配性なんだ」。ジョニーはうなずいた。「そうそう、アリスターはどっちかというと（中略）リラックスしてるよね[2]」

こうした相違は、ふたりがそろって努力して達成したものごとが類似しているという事実をさらに興味深いものにする。彼らの共通点は家族や環境の影響だけでなく、やはり互いのミラーリングに起因するところが大きいのではないだろうか。ジョニーによれば「彼［アリスター］の影響が大きかったことはまちがいない。初めて彼が家に国際大会キットを持ち帰ったときに『ぼくもそれがほしい』と思ったことから、人生で最大の競技に向けて準備することまで（中略）彼が手本になって道を示してくれた。いつも意見が一致するわけではないけれど、何と言ってもぼくらは兄弟だから」[3]。こうした影響は、社会的近接性の結果として当然起こる。[4]つまり、相互の触れ合いの密度が高いためにつながりが強まって、相互依存の状態が作られるのである。[5]その現象によって、一緒にいるだけで、意思決定においてさえ高いレベルの感化また類似性が見られるようになる。

ペンシルヴェニア州立大学教授のスーザン・マクヘイルが実施した一九九六年の調査によると、子どもは一一歳ごろまでに自由な時間のおよそ三三パーセントをきょうだいと過ごすようになり、それは友だち、教師、親さえもを含むだれよりも長い。[6]その状態は、生活にたくさんの活動があるはずの青年期に入っても続き、一日にきょうだいといる時間は平均して最低でも一〇時間から一七時間におよぶ。かなりの時間だ。それにもかかわらず、わたしたちはたいてい、それが自分の行動や現在の自分という人間に影響をおよぼしているとは思わない。プロファイリングにおいて、きょうだいについて尋ねることは不可欠だ。きょうだい関係をもとに、学業の成績から社会での人づきあい、はては健康まで、大人になってからのさまざまな結果を予測できることがわかっている。

よく考えると、きょうだいの影響は人生のあちらこちらに見つかる。自分の生い立ち、親や祖父母、さらに甥や姪、あるいは友人の子どものそれを眺めると、パターンが見えてくる。わたしは、きょうだいもCEOになった幾人ものCEOに会ったことがある。起業家のきょうだいが同じような分野にいる。そして、きょうだいが同じ職業についている心理学者は多い。よく知られている名前にも、きょうだいの影響を示す例はたくさんある。スポーツ界では、セリーナとヴィーナス・ウィリアムズ、アンディとジェイミー・マレー、マラト・サフィンとディナラ・サフィナの兄妹と、現在のテニス界だけで三つも例がある。それ以外のスポーツでも無数に名前をあげられる。カートとカイル・ブッシュ（NASCAR）、ジョニーとアリスター・ブラウンリー（トライアスロン）、ヴィタリとウラジーミル・クリチコ（ボクシング）、ジャスティンとジョーダン・モーウェン（ビーチバレー）、イルファンとユスフ・パタン（クリケット）、メルヴィンとジャスティン・アップトン（野球）、カリームとブランドン・ラッシュ（バスケットボール）、そしてアーディーとジュリアン・サヴェア（ラグビー）。スポーツ以外では実業家のアドルフとルドルフ・ダスラーがそれぞれアディダスとプーマの創業者だ。また政治の世界ではケネディ兄弟、映画界ではベンとケイシー・アフレック、あるいはジョン、アン、ジョーン・キューザックなど枚挙にいとまがない。

一見すると、つながりと信頼、そしてともに過ごす――接触――時間にもかかわらず、ミラーリングにおいてきょうだいがかくも大きな影響を持つメカニズムを理解することは難しいように思われる。わたしの仕事上、特に興味深い領域は、きょうだいが学業でどのような姿勢をとっていたのかを調べることである。たとえば、大学進学という個人の決定は、年上のきょうだいが進学したかどうか、またどの大学へ進学したかに基づいていることが多い。わたしの夫はふたりの兄と同じ大学に進み、ブラウンリー兄弟もまたそうだった。きょうだいが家族で初めて大学に進学すると、自分もそれが当然だと感じるのかもしれない。あるいは、きょうだいが好きな、または嫌いな科目に基づいて自分の専攻を決めるのだろうか。その理由の一部はヨーク大学のチェティ・ニコレッティ教授らによる二〇一九年の研究に示されている。[7] ニコレッティらはイギリス各地から集められた二三万人ものきょうだいの膨大なデータを調査した。四年にわたるデータの追跡から、学業の成績について、心理学者に「スピルオーバー効果」として知られるもの——つまり、片方のきょうだいの達成度がもう片方に波及するのかどうか——が検討された。さらに、ニコレッティが心理学者ではなく経済学者であったために、その現象に関連してもうひとつ興味深い結果が示されることになった。きょうだいの影響がきわめて大きかったことから、経済的な観点からも調査を実施して、結果を具体的な方法で検証することになったのである。結果として、ニコレッティは、年長のきょうだいの成績は下のきょうだいの達成度に大きなプラスの効果をもたらすと明らかにしただけでなく、その影響は年下のきょうだいにひとりあたり年一〇〇〇ポンドの教育費をかけるのと同等の効果であることを証明した。上の子が成績でトップに立ったとき、その効果は最大だった。論文では、それは、より高い教育を受けたいと思う気持ち、価値観、学習行動におけるロールモデリングの効果によるものと結論づけられている。一見するとこれは、いかにも兄や姉が弟や妹を助けているようでたいそう立派に思われるが、年下のきょうだいの競争精神が、追いつこう、追い越そうとする行動に拍車をかけているからだとも言えるだろう。そうしたミラーリングは表面に現れないまま生じていることが多い。この影響はきょうだいがあまり顔を合わせない状態でも感じられる。ミラー・シンキングによって、年上のきょうだいの行動が、達成するものごとの基準あるいは水準になっているためである。

この種の「スピルオーバー効果」が存在するのは学業だけではない。さまざまな行動を試みては、結果を見て、行動を修正するというミラーリングに費やされる膨大な時間は、きわめて深いレベルで人の精神にもインパクトを与える。成人してからの人生と、時間をともにしている人々について考えてみるとよい。きょうだいと同じように、日に何時間も一緒にいなければならない職場の同僚、親友あるいはパートナー。そうした関係にはみな、よいときと悪いとき、浮き沈みがある。それから、自分が子どもで、社会の仕組みも、社会的な交流も、感情のコントロールも、意識的にミラーリングを行う方法も理解する前だったら、そうした人間関係はどのように発展しただろう、と想像してみよう。人生が始まったばかりのそのころ、脳はまだ微妙に異なる多くの感情をコントロールできるほど発達しておらず、ましてや細かい行動を意識的に決定することなどまったくできない。観察脳の前頭前野と感情に基づく反応脳との連携が完全に発達していないため、何らかの原因でいらいらしたり、驚いたり、がっかりしたりしてもそれをうまくコントロールできないし、対処もできない。きょうだいは仲間、競争相手、相談相手であり、また家庭や社会環境で自分と比べられる相手でもある。そうしたきょうだいとの関係からは、発達段階にある子どもの弱さも加わって、外の世界と内なる世界の両方で感情に強く訴えるようなやりとりが生まれる。その観点に立てば、よくも悪くもそれぞれのやりとりから協調性、行為や行動と結果の因果関係、ものごとの解決方法や交渉術、世を渡っていく力を鍛えて磨く方法を学ぶのだとすぐわかる。親、友だち、親戚、あるいは教師にうまく処する方法をきょうだいに見いだすかもしれない。それからその行動をロールモデルにして、自分の社会環境で身の丈に合った対応を試みるだろう。長い年月のあいだに、それがミラーシステムに発展する。幾度となく繰り返されるそうしたやりとりを通して学べば、社会性のスキルが発達する。したがって、きょうだいとけんかをしたり、きょうだいの行動を観察したりすれば、社交上手な大人になれるかもしれない。職場でも家庭でも他者とうまくやっていけるようになって、その結果として人生で成功を収めることができるだろう。

この継続的な社会性と情動のやりとりは、子ども時代を通して発達また形成される人生に欠かせないスキル、すなわち共感を作り上げるためにも役立つ。共感は自分の感情を自分で認識する段階から始まって、次第に他者の感情を認識するところまで発展していく。兄や姉と育った人は高い共感レベルを発達させる傾向があることは、長年の研究からわかっていた。[8]しかしながら、二〇一八年の調査では、恩恵を受けているのが弟や妹だけではないことも示されている。カナダの心理学者であるトロント大学のマルク・ジャンボンは、シェリ・マディガンとともに、四五二組のきょうだいを対象に、共感の発達に双方向の影響があるかどうかを検討する大がかりな調査を実施した。子どもたちはキッズ・ファミリーズ・アンド・プレーシーズというプロジェクトの参加者で、さまざまな社会経済環境を背景に持っていたが、そのうち、四歳のきょうだいがいる生後一八か月の子どもが調査対象となった。ジャンボンは、調査開始時の共感レベルから一八か月後の変化を予測できるかどうかに関心を抱いていた。開始時、[9]参加者の母親全員が質問票に記入し、きょうだいが各家庭で成人の研究者と触れ合うようすが動画で撮影された。研究者は「大事なもの」を壊したので悲しいふり、あるいはひざをぶつけたり、バッグのファスナーで指をはさんだりして痛いふりをした。その後、心理学者が質問票と映像から子どもの行動や顔の表情を細かく調べて、共感レベルを測定した。一八か月後、同じ手順が繰り返された。結果は、それまで報告されていたものとは驚くほど異なっていた——一八か月のあいだに、きょうだいの双方で共感レベルが上がっていたのである。ウェブサイト、サイエンス・デイリーのインタビューで、ジャンボンは以下のように述べている。「子どもひとりひとりの調査前の共感レベルのほか、きょうだい間で似る原因となりうるような、きょうだいが家庭内で共有している要素——たとえば子育ての方法や家庭の社会経済的地位など——を考慮に入れてもなお、結果は変わらなかった」。言い換えれば、共感レベルの上昇はきょうだいが相互におよぼしている影響だけに関わっていると示されたことになる。

この結果は、きょうだい間の相互の影響を理解するうえで興味深い見解をもたらしている。きょうだいは互いの発達にとってこれまで考えられていたよりもはるかに重要な役割を果たしているだけでなく、その影響は上の子から下の子への一方通行ではないのだ。ジャンボンが言うように「下の子どもが社交を学ぶにあたっては、上の子どもと両親が主要な影響力になっていると考えられるが(逆はない)、両方の子どもが長期にわたって互いの共感レベルに貢献しているとわかった」のである。

学校でけがをしたときに、妹が兄を助けに駆け寄るかもしれない。姉が妹に向かって「わたしの気持ちなんてわかるわけない」と声を張り上げるかもしれない。感情を隠すことが多い兄弟でさえ、[10]友人をめぐる不安や苦痛を打ち明けるだろう。そうした行動、観察、話し合いがみな時間とともに積み重なって、研究者が言うところの反復の効果をおよぼす。くわえて、共感の能力がミラーシステムに深く根ざしているということはかなり確実だと科学者は考えている。[11][12][13]そのメカニズムについてはのちに詳しく述べよう。

しかしながら、きょうだい間のミラーリングすべてがプラスの結果を生むとはかぎらない。たとえば、ブラウン大学の精神医学教授であるリチャード・レンデは、二〇〇五年に実施した調査で喫煙の習慣に目を向けている。「青年期から成人期の健康に関する全米縦断調査」を利用したレンデは、一〇〇〇組を超えるきょうだいについて、遺伝情報ときょうだいの親密度、そして喫煙の頻度を組み合わせて調べることに成功した。結果として、きょうだいの親しさ（信頼とつながり）と、ともに過ごす時間（接触）は、青年期の喫煙頻度に著しい影響を与えていた（遺伝的相似の効果を除外し、親や仲間の喫煙を考慮したあとでも）。[14]レンデの調査からは、飲酒と非行の増加も、きょうだいのつながり、信頼、接触の三つに関係があるとわかった。そうした結果はほかの多くの研究でも再現されている。

研究によれば、妊娠のような人生の一大事も、きょうだいの影響を受けている。妹が一〇代で妊娠する可能性は、姉も一〇代で妊娠していると著しく高くなる。[15]家を出て、それぞれの生活を送り始めれば、こうした影響は小さくなると思われがちだ。けれども、親と同じように、きょうだいもずっと影響をおよぼし続ける。二〇一〇年に一一万組のきょうだいを対象にノルウェーで実施された注目すべき調査では、驚いたことに姉妹が互いに第一子を出産するきっかけになっていることがわかった――ひとりが妊娠すると、もうひとりもすぐにそれに続くのである。[16] 同性のほうがミラーリングの影響が大きく出ることは、幅広いきょうだい研究から判明している。姉と妹、兄と弟のほうが、男と女のきょうだいよりも効果が大きい。人は結局のところ、同性の人物とのほうが共通点が多い。人生の発達段階の時期にはとりわけそうである。

ほとんどの場合、きょうだいのミラーリングは無意識に行われているが、ときにあえて別の道を進もうとすることがある――可能なかぎり、きょうだいと同じにならないようにするのだ。二〇一六年のリオデジャネイロオリンピックでブラウンリー兄弟が金銀のメダルを獲得すると、兄弟はさまざまなメディアで取り上げられた。ツイッターも成功を祝うメッセージであふれかえったが、あるユーザーがだれもが見落としていた重要な点を指摘した。SimonNRicketts は投稿した。「アリスターとジョニーのブラウンリー兄弟にはもうひとり弟エドワードがいる。家のソファでビールをぐいっとやって、テレビに八つ当たりしてるといいけど」。別のユーザーはつぶやいた。「きょうだいのせいで影が薄いと感じているなら、エドワード・ブラウンリーのことを思いやろうよ」。年長のアリスターより七歳年下のエドも運動が得意だったが、ラグビーが好きで、獣医になるべく学んでいた。彼はこう語っている。「小さいころに地元のトライアスロンをやったことがあるけれど、同じになりたくなかったんだ」。この同じになりたくないというのが逆ミラーリングの動機である。

他者の行動をしっかりと認識したうえで、別の道を歩む決定をするのだ。子どもは反抗の証しとして、大学には行かない、きょうだいとは異なる道を行くと決めることがある。自分のアイデンティティを確立させたい、あるいは、自分は別なんだと親に成功を認めてもらいたくて、きょうだいがバイオリンを弾いていても、自分は徒競走で一位になろうとがんばる場合がある。学校できょうだいとはちがう科目を選択する、意図的に別の職業に就く。反抗か、独立心が強いのか、あるいはたんにひとりになりたいのかは別として、あえて国内の遠い場所あるいは海外で暮らすことを選択することもあるだろう。わたしたちはだれもが自分のきょうだいと唯一無二の相互関係を体験している。たとえ意図的に彼らの行動を逆ミラーリングしたとしても、それが自分という人間を作り上げていることに変わりはない。

しかし、仲たがいの度が過ぎて、もはや共感の学習ツールや自分の人生の道を作る手段を超えてしまったような、分布のきわめて端のほうに位置する人々についてはどうだろう? きょうだいとの摩擦に耐えられなくなって、ほとんど激しい憎悪のようになってしまったら? この種の人間関係はよくテレビドラマになっているが、実社会にも無数に例がある。女優のジョーン・フォンテインと姉のオリヴィア・デ・ハヴィランドを例にとろう。ともに一九四二年のアカデミー賞で最優秀女優賞にノミネートされたものの、受賞したのがジョーンだったときに始まったふたりのいさかいは四〇年以上も続いたという。オリヴィアは激怒し、そのときからふたりの関係は悪化の一途をたどった。ほかにも、しばしばステージ上で殴り合いのけんかをしたミュージシャンのリアムとノエル・ギャラガーがいる。争いはリアムがバンドをやめ、ノエルがそれに対して裁判を起こしたときに頂点に達した。つながりと信頼がなくなればミラーリングは終わると思うだろう。ところが、こうしたきょうだい関係は、ミラーリングでも逆ミラーリングでも、その後も特定の行動の原動力となり続け、動機は変わっても以前と同じように強力な場合が多い。

ドイツ人のルドルフとアディ（アドルフ）のダスラー兄弟がその最たる例だ。当初、ふたりは力を合わせ、母親の洗濯室にダスラー・ブラザーズ・スポーツ・シュー・カンパニーを設立して成功を収めていた。一九三六年のベルリンオリンピックで選手が同社の靴を履いたことで、会社は飛躍的に成長した。運動競技のチームワークを重視するナチ党が躍進したことも、会社にとって追い風となった。ところが、ある誤解が発端になって兄弟の溝が深まり、すべてが狂った。一九四三年の空襲時、アディと妻が防空壕へ向かうと、そこにはすでにルドルフとその家族がいた。アディはそのとき「くそ野郎め、またきたのか」と述べたと言われている。アディは爆撃機のことを言ったのだが、ルドルフはそれが自分と家族のことだと勘ちがいした。[17] 誤解が解けるどころか、兄弟間の不信感は増幅するばかりだった。ルドルフが米軍に捕らえられたとき、彼は弟のアディが通報したのだと考えた。ダスラー家では母親がルドルフの、姉がアディの肩を持ったため、兄弟間のみならず、家族までもが分裂した。ルドルフは同じ街の川の対岸に移り、兄弟はすべての資産を分割して、それ以来言葉を交わすことはなかった。[18] アディは自分の名と姓を組み合わせて事業の名称をアディダスに変更した。ルドルフも初めは同じようにルーダに決めたが、のちにプーマに変えた。

作家でジャーナリストのバーバラ・スミットは著書『スニーカー戦争 *Sneaker Wars*』のなかで、事業の発展に伴って生じた競争と対立について述べている。アディダスを愛用し、それまで無償で履いていたドイツの短距離選手アルミン・ハリーは、一九六〇年のオリンピック時にアディに報酬を要求した。アディが断ると、ハリーはルドルフに掛け合い、プーマから報酬を得ることになった。ハリーはルドルフの靴で一〇〇メートル走の金メダルを獲得した。ところが、ハリーが表彰台に現れたとき、彼はアディダスを履いていた。スミットによれば「抜け目のないハリーは巧妙に両方から金銭を得ようと考えた」が、それが裏目に出てしまった。「アディは激怒して、そのオリンピック金メダリストが」それ以降自分のブランドの広告塔になることを「いっさい禁じた」のである。[19] そこには兄弟ふたりの事業のあいだに存在していた一種の確執がよく表れている。それはあまりに強烈だったため、川をはさんでプーマとアディダスが対峙しているヘルツォーゲンアウラハの街を二分してしまった。街では市民が互いの靴を見てブランドを確認し、会話をするかどうかを決めるのがあたりまえになっていたと言われている。六〇年にわたる両社の争いがようやく終わったのは、兄弟が死去して久しい二〇〇九年になってからだった。[20] アディとルドルフの例では、この対立と競争が原動力となってふたりの行動に影響をおよぼし、同じ街のふたつの靴会社を世界的な大企業へと育てた。それはミラーリングであると同時に、逆ミラーリングでもあった。兄弟のミラーリングと同様、サッカーのスパイクシューズ用ねじ込み式のスタッドといった両社の成長戦略も、多くの場合互いを模倣した同じ新機能に基づいていた。双方がオリジナルのアイデアだと主張したが、一九五四年のワールドカップで世界的に高い評価を受けたのはアディのほうだった。もはや共感ではなく嫌悪に基づいていたとはいえ、ふたりのつながりが残っていたことはおそらくまちがいないだろう。ふたりが一緒に育った歴史、すなわち共通の記憶、価値観、考え方もまたそのまま残っていた。のちに対立に転じたとはいえ、初期のプラスの影響と支え合いがなかったら、あれほどの成功を収められただろうか？　もしかすると、争いに駆り立てられた意識的な行動が、ふたりの行動をよりパワフルにしたのかもしれない。彼らのコントロールがおよぶ範囲内では明らかにそうだった。つまり、ミラーリングとロールモデリングの自覚にはとてつもないパワーがあるのだと言える。仲のよい兄弟の場合でも競争は行動の原動力となる。ひとつには、行動が意識されたもの、意図的なものになるからだ。たとえば、エド・ブラウンリーは兄たちについてこう語っている。「ふたりとも、お互いがいなかったら必ずしも［今の場所に］到達していたとはかぎらないとわかっているよ」[21]。ブラウンリー兄弟はトレーニング中に互いの存在を心から楽しんでいたが、明らかにそれを利用して互いに拍車をかけてもいた。アディダスとプーマを成功に駆り立てたものが強力な嫌悪だったのかどうかは確かめようがないが、結局のところ、良好であっても険悪であっても、きょうだい関係はとてつもなく大きな影響力を持っているだけでなく、人生でもっとも長く続く関係でもある。子ども時代を終えてから、わたしたちはたいてい四〇～五〇年ほど親と過ごすが、きょうだいとの人生は六〇～八〇年続くこともある。[22]

ひとりっ子の読者は、「どれも自分には関係ない」と思いながらこれを読んでいるかもしれない。

きょうだいがいなかったら？　自分という人間を作り上げる、脳を形作る状況は異なるのだろうか？

一九七九年、人口の爆発的増加を懸念した中国はひとりっ子政策を掲げ、それは二〇一五年まで続いた。その独特な状況は、きょうだいがいないまま育ったたくさんの人々を調査する機会を研究者に与えている。二〇一七年、中国の西南大学の研究者が、ひとりっ子はきょうだいのいる同世代の子どもと神経学的に異なっているかどうかを調べるために、三〇三人の大学生を集めた。

学生はさまざまな検査とｆＭＲＩ（磁気共鳴機能画像法）による脳スキャンを受けた。結果として、ひとりっ子は思考が柔軟で創造性のレベルが高かったが、性格の測定では協調性が低かった。神経学のレベルでは、ひとりっ子は言語に関わる脳の領域が広いが、感情のコントロールに関連する部分は狭かった。創造性と言語能力が高い理由は、学習時にしっかりと親の目が届くためだと仮定された。感情の能力が低いのは、家族から「過度の注目」を浴びたこと、成長途中で外部の社会集団と触れ合う機会が少なかったこと、ひとりで何かをする場合が多かったことが理由ではないかと示唆されている。[23]この調査は特定の文化集団の一度きりのものだが、それでもきょうだいがいる――もしくはいない――ことの影響を強く示す神経学的な事例証拠となっている。

むろん、世代や地域が異なれば結果は変わるかもしれないが、関連性がまったくないと言い切れるほどまで変わることはないだろう。わたしの母は第二次世界大戦中にロンドンで生まれたひとりっ子である。ひとりで何かをすることは多かったが、過度に干渉されることはなく、しっかりと自立することが望まれ、自分であちこち出歩いて、さまざまな社会の状況にさらされた。成人してからの母はとても愛想がよく、社交的である。西南大学による調査結果は、どのような文化においても、親、きょうだい、幅広い社会集団など、子どもがミラーする人や行動次第で結果は変わり、また変えられるということを示している。少年期から青年期を通じて一般にきょうだいと共有する、もしくは共有しない膨大な時間は、行動そして社会性と情動の発達に確実に影響を与える。[24] きょうだいの共感に関するジャンボンの調査の共著者シェリ・マディガンが言うように、「結果は、いかに家族全員が（中略）子どもの発達に関わっているかを考えることの重要性を強く示している[25]」

世代を超えた知恵

家族のほかのメンバーに話を移そう。祖父母の影響を考えてみるとおもしろい。産業革命前の何世代も昔は大家族での暮らしが一般的だった。祖父母、親、子ども、おじ、おば、いとこがみな、同じ屋根の下とは言わないまでも近い場所にいた。アジアやアフリカの一部の社会では今もそうだが、欧米では工業化とともに核家族化が進み、親族のつながりが弱くなった。また移動や移住が容易になったことでそれが加速してもいる。その結果、多くの人が家族から離れ、独立した生活を築くようになった。しかしながら、平均寿命が延び続けるなかで、現在はとりわけ祖父母が再び重要な役割を果たし始めている。ただしその役目は昔とは若干異なっている。

わたしの夫の両親はかなり遠いところにいるが、休暇を一緒に過ごしたことが何度もあり、わたしたち夫婦が結婚式や記念日、また出張でいないあいだ娘たちの面倒をみてくれた。わたしの母は孫を学校に迎えにいき、習いごとに連れていき、長い休暇のあいだはわたしが仕事をするあいだ少なくとも週に一度は預かって、わたしの娘たちの生活に大きく関わっている。孫の面倒をみるという点で、祖父母は多くの家庭で大活躍をしている。わたしには夫婦がフルタイムで働いている知人が何人もいるが、親が働いている平日に家事を担っているのは祖父母である。

オーストラリアでは一二歳未満の子どものおよそ五人にひとり、アメリカでは未就学児の四分の一が、日ごろから祖父母に面倒をみてもらっている。イギリスでは祖父母の支援によって、一年におよそ一五七億ポンドの保育費用が節約されていると推定されている。[26] 祖父母の役割は文化や個々の家庭によって異なるとはいえ、全体としてみれば、祖父母が子育てにおいて重要な役割を果たしていることはまちがいない。

日々の環境でわたしは、母がわたしの子ども、とりわけ下の子の考え方や行動に影響を与えるようすを目のあたりにしている。ある意味ほとんど不安になるほど、言葉遣い、発想、態度が模倣されているのがわかる。娘はわたしの母が言ったことをおうむ返しに言いながら歩き回っている。たとえば、母はわたしの娘の自然に対する関心に火をつけた。六歳の娘はわたしが聞いたこともないような花の名前まで知っている。善悪の考え方など生活態度の模倣もかなり強力で、天気の知識もまたしかりだ。娘は雲を見上げて雨が降るか降らないかを当てるのがずば抜けて上手で、長女とわたしは驚き、感心しているのだが、それもわたしの母に伝授されたものにちがいない。娘はふたりとも父方の祖父母よりもわたしの母と仲がよく、信頼を寄せていて、頻繁に顔を合わせている。わたしが自分の母親に対して抱いているつながりと信頼の強さ、くわえてわたしがおそらくさまざまな場面で彼女の子育てを模倣しているという事実もまた重複効果を生んでいるのだろう。わたし自身は幼いころに祖父母とそれほど頻繁には会わなかったが、父方の祖父が語った多くのことが今も胸に残っている。祖父の人生に対する情熱や人との接し方はいつも前向きで、彼の言葉や意見はたびたびわたしの心のなかで繰り返されている。事実、わたしは祖父がこの世から去ってもまだ彼をミラーしているのだ。

オックスフォード大学にある子育てと子どもの研究センター所長、アン・ブキャナン教授の研究によれば、祖父母が子育てに関わる度合いが大きくなると、子どもの精神的また社会的健康度が高まる。実社会の例はオバマ元大統領で、彼はまちがいなく後任のトランプ前大統領よりも社会的また情動的に成熟しているように見える。それは彼を育てた祖父母のおかげかもしれない。もっともこれは聞いた話に基づく判断で確信は持てない。ブキャナンは一五〇〇人以上の子どもを調査して、祖父母との関わりが深い子どもは行動や感情の問題が少ないことを示した。[27] 南アフリカ、ケープタウン大学のウェイド・ピーターソンとローレン・ワイルドが二〇一七年に実施した別の調査では、特に心の健康と薬物の乱用が注目された。その結果、親との関わりを考慮してもなお、祖父母との関わりは人のため、社会のためになる（向社会的）行動と関連づけられることがわかった。これは祖父母が孫を支えると同時に、よいロールモデルになるためだと考えられている。このロールモデリングは特に、「青年期の子どもが自分の対人関係に取り入れて模倣できるような共感行動のモデル」[28]として、さまざまな社会的やりとりの方法を教えることができるということに関係しているように見える。研究によれば、親が「媒介する」遺伝的要素を除けば、祖父母と孫のあいだの直接の影響は、社会性あるいは感情を介する方法でもたらされる。言い換えれば、遺伝的な作用よりむしろ、ミラーリングの機会となるつながり、信頼、接触の影響が大きいということだ。たとえば尊敬、教育の大切さ、しっかりした労働倫理のように、しばしば年配の世代によってもたらされる伝統的な価値観の共有は、明らかに多大な好影響をおよぼす。[29]

ただし、よいことづくめではない。信頼、つながり、接触のレベルを考えれば驚くまでもないが、祖父母があまり好ましくない行動を孫に伝えてしまうこともある。ステファニー・チェンバーズをはじめとするイギリス、グラスゴー大学の研究者らは、祖父母が孫の面倒をみたときに生じうる変化に関心を寄せた。研究者らは大胆にも、祖父母は気づかないあいだに、がんのような非感染性疾患にかかる可能性を高めているおそれがあると主張している。一八か国から集められた五六の調査データをもとに、チェンバーズらは、祖父母の習慣が孫の健康に与えうる影響を明らかにしようとした。結果は驚くべきものだった。調査データ全体で、体重、食生活、運動、喫煙について、祖父母は孫の健康に「悪影響」を与えていたのである。祖父母は、たとえば孫の周りで喫煙しないようにという親の求めに耳を傾けないことがわかった。結果としてそれが孫のロールモデルとなり、たばこを吸い始める可能性が上がる。祖父母の影響は、体重と食生活で特に大きかった。これは、祖父母が孫に「ごほうび」をあげようと食べものを与えすぎ、また体を動かすよう促さないためであり、おそらく祖父母は何となくそれに気づいてはいるものの、影響までは理解していないのだろうと、多くの調査が結論づけている。チェンバーズは、そうした祖父母の行動が原因で、子どものうちに、成人してからのがんの死亡率が上がるようなリスク要因にさらされ、がんを発症するリスクが高まるのだとしている。[30] アメリカ、ニュージャージー州にあるラトガース大学のネリー・イライアスらによる二〇一九年の調査では、少なくとも週に一度、二～七歳の孫の面倒をみている三五六組の祖父母に焦点が当てられた。平均して四時間の子守りのあいだ、子どもたちは二時間を、動画を見るかあるいは電子機器でゲームするために費やしていた。[31] メディアの利用が子どもの発達と健康に悪影響をおよぼす可能性があることを考えると、これはきわめて心配な状況だと思われる。[32] 専門家は、知識や理解の欠如がそこに反映されていると考えている。親が新しいテクノロジーやそれを規制する方法を知らないのと同じように、祖父母にも知識がない、つまりそうしたものに対して求められる行動のロールモデルを見たことがないからだ。

けれども、全体的に見れば、祖父母が孫に与える影響はマイナスよりプラスの側面のほうが大きいと思われる。年配の人は、社会について経験しなければわからないような知恵や知識を持っている。彼らの話がたいへん貴重なのはそれが大きな一因だ。年配者がなおざりにされることが多くなってきた現代社会では、祖父母の役割はなおのこと大切である。年上の世代を無視してしまうと、知識の継承はもちろん社会性と情動の学習の機会が失われることになる。

かつて年配者の知恵は、世代を超えた日々の交流ができる地域社会の構造によって自然に受け継がれていた。今はそれがないが、それでも彼らの知識を共有することはできる。ネルソン・マンデラを例にとろう。部族の長老たちと交流して育った彼はかつてこう言ったことがある。「若いころはトランスカイ［アパルトヘイト時代の南アフリカに存在した黒人自治区のひとつ］で部族の長老たちが語る昔の物語を耳にしたものです。なかでもよく聞いたのは、祖国を守るために争った祖先の戦争の話でした」[33]。子どものころにはそれが原因で問題児だったのかもしれないが、のちに彼は先にこの世を去った人々から学んだ価値観を掲げるようになった。獄中の二七年間、彼は他者の話に耳を傾け、手紙を書いて人々から学び、さまざまな伝記を読んで過ごした。ミラーニューロンの働きによって、先入観を持たない前向きな態度を身につけた彼は、やがて、アパルトヘイト（人種隔離政策）を終わらせる取り組みが評価されてノーベル平和賞を受賞するにいたった。けれどもテクノロジーと文化が目にも留まらぬスピードで進化する現在の文明社会では、まったく異なる時代の原体験が耳に届くことはあまりないうえ、たいていはないがしろにされている。そこには、生涯を通じて磨き上げられた、人間の行動についての「時を超えた」真実が含まれており、伝えるべきことがたくさんある。きょうだいと同じように、おそらく祖父母もミラーリングと影響力という点で大きな役割を果たしているだろう。たいていはそれが見落とされ、忘れられているが、幸運にも祖父母がいるなら、彼らの存在は自分という人間の形成に大きなインパクトを与えているはずだ。彼らがロールモデルになっていると意識すればその影響力が強まり、物語がつながりを深め、時間と根気が触れ合いの効果を高める。

おじやおばの影響

人生に大きな影響を与える集団はもうひとつ、おじやおばという形で登場する。わたしの夫は自分の祖父母をあまりよく知らない。父方の祖父母と母方の祖母には幼いころに一度会ったきりだ。しかしながら、母が九人きょうだい、父が五人きょうだいのため、おじやおばとは長い時間を一緒に過ごしてきた。親族は世界各地に散らばっているが、頻繁に集まり、電子メールや電話、手紙や小包を交わすため、夫が成人してからもなお、彼らの存在はきわめて大きい。距離は遠くても、この種のやりとりを通して育ったことが夫という人間にいかに影響を与えているかはすぐわかる。信頼とつながりがそこにあり、絶えず連絡を取り合うことで接触している。むろん、実際に顔を合わせるのと同じではないため、ロールモデルから学ぶ側の脳が受ける刺激には限界がある。ティーンエイジャーにロールモデルとなっている人物を尋ねると、必然的に親が筆頭にあげられる。しかしながら、その次に影響力の高い人物となると、調査によって祖父母やきょうだいの場合もあれば、おじやおばがあげられることもある。[34]

親を補うような形の親戚関係の効果は特に、青年期の発達に必要不可欠だと考えられている。[35] わたしの母はひとりっ子だが、とりわけ一〇代後半の時期には、母のおばが大きな役割を果たした。

わたしの大おばは生涯独身で、第二次世界大戦時に電話交換手をしていたため、社会的にも経済的にも自立していた。彼女の強い個性とやればできるという信念は、人生の後半になってもなお威力を発揮していた。わたしの母が成長途上にあったとき、異なる時代と環境で育った彼女の両親は、教育についての価値観やよい成績を取るために努力するといったことがらのロールモデルになる方法を知らなかった――いや、おそらくそのようなことは考えもしなかったと述べるのが正しいだろう。彼らの親が手本を示さなかったために、彼ら自身も手本になろうとは思わなかったのだ。それを行うには、意識的な努力が必要で、おそらくだれか別の人間がそこに目を向けさせて、重要性を説かなければならなかっただろう。ふたりはともに一〇代前半で学業を終えた。日々の糧を得るために、黙って雇い主の言うとおりに仕事をすることが彼らの労働倫理だった。ところが、母のおばは人生についてまったく異なる見解を持っていた。彼女は頻繁に母の面倒をみにきては、さまざまなものごとについての知識を問い、スペルやかけ算のテストをし、社会見学に連れ出しては一緒に過ごして、母のがむしゃらで毅然とした性格に火をつけた。

自分の経験を照らし合わせればわかるかもしれないが、おじやおばの影響はたいていの場合プラスに働く。だがいつもそうとはかぎらない。たとえば、恵まれない環境の子どもたちを対象にした調査からは、おじ、おば、いとこの影響で子どもが道を踏み外すことが多いとわかっている。健康的な青年期の成長を促進することに意欲的に取り組んでいるヴァージニア大学のノエル・ハードは、二〇一一年、底辺のティーンエイジャーにロールモデルが与えるプラスとマイナス両方の影響に焦点を当てた調査を実施した。「ロールモデル行動と若者の暴力」と題されたハードの調査からは、おじやおばによって大人の悪い行動にさらされると、子どもの暴力、不安やうつの度合い、薬物の乱用、さらに学校に対する否定的な態度が増加することがわかる。ロールモデルが反社会行動に関わるところを目撃すると、ティーンエイジャーの攻撃性があおられ、暴力を正当化する態度が強化されてしまうのだ。結果がギャングの掟と絡んで権力や尊敬という形で報いられれば、状況はなおのこと悪化する。青年期の若者がそうした反社会行動のロールモデリングにさらされるときには、強力な行動模倣の要素が働いているとハードは考えている。[36] その反面、ロールモデルが社会のためになる行動を示せば、それがほかのさまざまな要素に対する予防効果を発揮して、間接的に青年期の暴力行動を減少させることもわかっている。

全体として、社会から取り残されたコミュニティでないかぎり、おじやおばはわたしたちの脳を形作るうえで重要な役割を果たしている。ただし、それはやや間接的だ。ニューヨーク・タイムズ紙のインタビューで、子どもの発達の専門家であるコーネル大学のユリー・ブロンフェンブレンナーは次のように述べている。

一番重要なのは、大人の都合ではなく子どもが必要だと感じたときに頼れる大人がいることです。子どもたちは、自分にとって特別な人、また自分を特別だと思ってくれている人、つまり家族に対してしか、それができません。おじやおばは縁続きなのでそこに含まれますが、たいていは同じ屋根の下で暮らしていないため、結びついていると同時に離れている存在、つまり、家族の一員だけれども、家庭内の権力争いには関わっていない存在だということになります。[37]

きょうだいと祖父母がわたしたちを形作っていることはまちがいなく、ほとんどの研究で親に次ぐ大きな影響力だと述べられている。それに続いて、おじ、おば、いとこも影響をおよぼしているが、その度合いについては個々の状況に明らかに左右される。自分の状況については自分にしかわからない。彼らとのつながり、信頼、接触のレベルが、自分を左右する度合いを決めるからだ。おそらく、自分が考えているよりその度合いは大きく、しかも自分ではそれに気づいていないだろう。ときには、接しただけで影響を受ける場合もある。言及すべき重要な点はもうひとつ、血のつながっていない家族でも、血のつながった家族と同じくらい大きな役割を果たすことができる。わたしは血のつながっていない母、血のつながっていない父、また彼らとの関係に伴うその他大勢の「血のつながっていない」家族とともに育ち、それが今の自分に多大な影響を与えている。それぞれがそこにしかない状況であり、ひとつひとつの影響は複雑だ。確実に言えるのは、親族が自分という人間を形作っていること、そしてわたしたちが周囲の世界に反応していることである。次章では、家族ではないにもかかわらず、大きな影響を与える集団について見ていこう。

第3章　友は何のために？

昔、きみを大物にしてあげると言ったよね。きみはぼくにそうしてくれた。きみはぼくを、みんなの記憶に残る大物にしてくれたんだ。

クライドからボニーへ

一九三〇年一月、テキサス州ダラス郊外のハウスパーティーで、ふたりの若者が出会い、恋に落ちた。貧しい家の出だったが身なりがよく細身でブロンドの女性、一九歳のボニー・パーカー。そして、肩で風を切って歩き、頑なで、気概のあるハンサムな青年、二〇歳のクライド・バロウ。そのカップルがのちに、全米を旅しながら銀行や商店で金品を奪い、刑務所から犯罪者を脱走させ、その途中で数知れない人を殺した、現代史上もっとも悪名高いギャングのリーダーになった。出会った瞬間からふたりは互いに離れられない存在だった。

だれでもみな、悪い影響を受けるのではないかと親が心配するような友だちのひとりやふたりはいる。ボニー・パーカーとクライド・バロウの場合もそうだった。ボニーの母親は娘が選んだ相手を快く思わず、ふさわしくないと告げて何度も思い直させようとしたが、ボーイフレンドにぞっこんだったボニーは「有罪判決を受けた犯罪者を支える恋人という現実社会の新しい役割」[1]を刺激的だと考えていた。

　ボニーはなぜ、きちんとした女性の働き者の娘、日曜日には必ず教会へ赴く敬虔なキリスト教徒の少女から、常習犯罪者になったのだろう？　法違反者の役柄へ転じたこの劇的な変化は、法違反者である人物の周辺にいたために起きたとしか考えられない。ある日目覚めたらふいにいいことを思いついたとばかりに、熱心に教会に通う人間からギャングの恋人に変身することはない。それはボニーが夢見ていたと言われているハリウッドの映画やブロードウェイのステージの姿ともかけ離れていた。したがって、彼女はまず行動を観察して、それから身につけなければならなかったはずである。つまり、クライドを受け入れ、彼にのめり込んでいくうちに生じたものだと考えられる。ボニーはまた、自分というものを大きく変えるにあたって、何を、どのようにすべきかを観察しなければならなかったはずだ。つまり、ミラー・シンキングが働いたのである。

　ボニーとクライドは、専門的に言えば一三歳ごろから二〇代前半までの発達段階を表す「青年期」に出会った。人生のこの時期は、親の庇護から離れて、自立した大人になる準備をするころで、周囲の世界についてさらに学びたいと強く感じている。興味深いことに、カリフォルニア大学のロック・ウェルボーンらによる近年の神経科学の研究によれば、青年期に入っても依然として親の影響は大きいものの、親からミラーされるのはもっぱら価値観や道徳観で、社会性や日々の行動は仲間のインパクトのほうが強くなる。脳のうち「社会脳」として知られる部分が構造的に大きく発達するのはまさにこの時期だ。

　ＵＣＬＡのエイドリアナ・ギャルヴァン准教授をはじめとする研究者らは、ティーンエイジャーが「政治活動、自分が信じる理想のための活動、あるいは困っている友人の社会支援などを通して、何らかの変化に対して自分がもたらす影響力を理解し始める」ようすについて説明している。進化の観点に立てばこれは、青年期の若者が新たなユニットとして子孫を作って生きながらえるにあたって、集団に影響をもたらし、コミュニティの一員として活動しながら、自分の社会的なつながりを広げていかなければならないために生じるものである。

　最近では、ノースカロライナ大学心理学ならびに神経科学准教授のエヴァ・テルザーが、この年齢期の脳における影響の受けやすさについて発表している。テルザーによれば、この年齢は特に社会に順応しようとしている時期で、社会の影響を受けやすく、行動への影響という点では仲間からの刺激がもっとも大きい。ひとたびこの人こそが運命の人だと思ってから、ボニーは四六時中クライドや仲間のギャングと過ごすようになった。彼らの行動を観察するたびに、仲間集団から見たり聞いたりしたことをまねようと、ボニーの脳がそれをミラーし、神経回路網に刷り込んで、神経のつながりを再編成した。そうするうちに、過激な犯罪行為が日を追うごとに自然で「普通」のこととして感じられるようになり、またボニーが自分でそうした行為を実行する能力も高まったことだろう。ミラー・シンキングの働きによって、ボニーの脳は本人が行動を起こすよりずっと前からそれを脳内で練習していたはずだからだ。

社会脳

神経科学は一段と社会行動の研究に用いられるようになりつつある。神経研究の利点は、結果、つまり個人の行動だけでなく、脳がリアルタイムでどのように反応しているかを観察できることにある。そうした研究は、人間の脳内には独特な一面――社会関係に特化した社会脳――があるというこれまでの調査結果を後押ししている。社会脳は、表情、姿勢、視線を読み取ることから、意図や欲求といった相手の精神状態を評価することまで、他者とのやりとりに欠かせない脳のプロセス全体にまたがっている。社会脳のおかげで、わたしたちは他者が次に何をするのかを予想し、他者の感情や行動を理解し、自分の対応を決めることができる。他者と友好な関係を維持し、向社会的行動を進んで行うために、社会を理解するという点でそれは欠かせない。人間が進化で優位に立つことができたのはそうした要因すべてがあったからこそだ。わたしたちは社会性を持つ生物種であり、生き残るために集団を作らなくてはならない。脳はそれを促進するように作られている。そのため今日の世界でも、社会、コミュニティ、職場、家庭の一員としてうまくやっていけるのである。

社会脳は神経解剖学的にさまざまな部位にまたがっているため、場所の特定は難しい。しかしながら、たとえば、顔の表情といったひとつの例だけを取り上げれば、関係因子が働くようすを観察することができる。進化の観点から、恐怖感は危険を免れるにあたってこのうえなく重要なメカニズムだった。たとえば、ある人が恐怖を感じる敵を見かけたときに、集団のほかの人々がその敵の姿を見ていなくても一緒に恐怖を感じるのは合理的である。そのメカニズムによって、だれもが警戒し、攻撃されてもすばやく反応できるからだ。ニューヨーク大学の心理学ならびに神経科学教授であるエリザベス・フェルプスによれば、恐怖は直接の経験だけでなく、言語で警告を受ける、あるいはたんに他者を観察するといった社会的手段を通しても感じられる。フェルプスの研究からは、他者がこわがっているのを見ることで伝わるような社会的に学習される恐怖でも、敵を見たり、実際に遭遇したりして直接経験する恐怖と同じ神経メカニズムが働いていることがわかる。いずれも、そうした感情を処理している扁桃体と呼ばれる脳の部位で同レベルの活動が引き起こされている。同じ感情を体験するということはつまり、恐怖の源ではなくこわがっている人を見ているだけの場合、恐怖がミラーされているということだ。

神経科学によって脳の状態、なかでも社会脳の状態が明らかになるにつれて、脳が社会の影響を受ける状況や、仲間や親などの要因が意思決定プロセスに大きなインパクトを与える背景について、神経レベルで生じているものごとの理解が容易になってきた。たとえば、仲間の影響は、自分と他者について考えるときに活動が高まる神経回路上の部位と関連づけられている。その部位が含まれている大脳皮質の構造はミラーシステム内にある。

脳の順応性を考えれば、青年期に受ける印象が自分というアイデンティティを作り始め、大人になってからの人間関係、社会で果たす役割、年を経るごとに積み重なっていく情熱や関心の的などを定めていることはすぐにわかる。わたしがプロファイリングを行うときはいつも、青年期からスタートして現在へと人生をたどる。人生のこの時期、とりわけ仲間というものが、大人になったときの姿に大きな影響を与えているという事実は興味深い。たとえば、パリ育ちのフランス人、ジェロームを例にとろう。彼はずっと、だいたいにおいて親に促されるがままに、自分は自動車産業で働きたいのだと思っていた。まだ学生だったころ、ジェロームは彼自身の言葉で言うところの「ゲイやファッショニスタ」と交わる生活を送っていた。卒業後、ジェロームはすばらしい研修と昇進の機会があると評判の高い、名の知れた自動車会社に就職したが、一年も経たないうちにそこを辞めて、高級ファッションブランドで働き始めた。現在彼は、有名デパートの仕入れ担当部長を務めており、ともに育った「ゲイやファッショニスタ」とは今でもつきあいがあるという。

自分の青年期を振り返って（観察脳で）客観的に見ることができれば、自分が周囲の人間から影響を受けた状況にパターンが見つかるはずだ。青年期には、自分が他者に引きずられている、あるいは他者にしたがっているとは考えたくない。自分は自立しつつあると考えている。けれどもその時期は人生で仲間の影響をより強く受ける年代である。ティーンエイジャーのころはだれの影響を受けたのだろう？　現在の自分の人生にもまだ影響を与えているのだろうか？

ティーンエイジャーに危険を冒しやすい傾向があることも驚くにはあたらない。仲間に認められたい青年期の若者は、集団に溶け込むためにきわめて過激で危険な行動パターンに走る。ボニーとクライドはその典型例である。若者を突き動かしているのは、身を守り、繁殖するための進化だ――祖先にとっては、生き延びるチャンスを高めるために、この時期に集団に属していることが重要だったためである。属さなければという必要性は、受け入れてもらうためには自己顕示しなければならないという必要性と対になっている。たとえば、ユニバーシティ・カレッジ・ロンドン（UCL）の認知神経科学教授サラ＝ジェーン・ブレイクモアが実施した二〇一八年の調査によれば、青年期の若者は運転シミュレーションゲームをしているときに仲間に見られていると、危険な操作が増えるという。神経画像を見ると、これは、報酬に関連している脳の領域（腹側線条体）で動きが活発になるためだとわかる。じつはそこは、危険を伴うにもかかわらずミラーリング行動を「あおる」領域だ。つまり、脳の反応のしかたが、安全な行動や倫理規範の遵守、あるいはのちの人生の大きな道しるべとなる行為よりも、危険を冒すことを奨励し、それに報酬を与えてしまっているのである。脳は構造的に「反応脳」に応える傾向がある。意味や目的に関連するものごとに長い時間をかけて大きな報酬を与えるのではなく、目の前のものごとにすばやく小さな報酬を与えがちだ。

クライドは周囲の人間の行動をつぶさにミラーした。兄は有罪判決を受けた犯罪者で、クライドがひとたび刑務所に入ってからは、仲間の集団が無法者ばかりになった。したがって、彼の行動は、どれほど過激に見えたとしても、たんに仲間のミラーリングだった。それが勢いを増したのは、クライドが若い男性だっただけでなく、印象づけたい相手がいたためである。オーストラリア、クイーンズランド大学の心理学者、リチャード・ロネイとウィリアム・フォン・ヒッペルによる二〇一〇年の研究からは、それが与えうるインパクトがわかる。彼らは、男性が魅力的な若い女性といるときに生物学的なレベルで生じる事象に焦点を当てた実験を行った。ブリスベンのスケートボードパークという異例の場所に機器が設置され、平均年齢が二二歳の男性スケートボーダー九六人が観察された。実験の手順のひとつとして、心理学者らはスケートボーダーに簡単な技（たいていは成功する技）と難易度の高い技（まだ練習中で成功するかどうかが五分五分の技）を選ぶよう求めた。参加者はまず、映像を記録する男性研究者の前で、それぞれの技を一〇回ずつ滑った。短い休憩をはさんで、再び一〇回ずつ行われたが、この二度目の滑走では、スケートボーダーの一部は男性研究者の前で滑り、残りは魅力的な一八歳の女性の前で滑った。その女性、ロージーは広く認められている科学的な基準（左右対称の顔立ち、目と目の距離が顔の半分にちょうど届かないくらい、目と口の距離が顔の長さのちょうど三分の一を超えるくらい）により、魅力的であると評価された。ロージーには実験の条件についても、その美しさから参加するよう求められたことも知らされていなかった。それでも、スケートボーダーは彼女の魅力を認め、多くがその容姿を褒めたばかりか、数人は電話番号を尋ねさえした。本書に関連して注目に値する結果のひとつは、ロージーが見ているときには、スケートボーダーが難しい技ではるかに大きなリスクをとったことである。また、ロージーの前で滑った若者は、男性研究者の前で滑った若者よりも、男性ホルモンであるテストステロンの値が著しく高かったこともわかった。つまり、反応脳（行動のうち、より原始的な側面が動機になっているもの）の作用が測定され、証明されたということだ。若い男性は魅力的な若い女性に自分を印象づけるためにあえてけがのリスクを負うことが、この実験によって明らかにされたのである。

逆に、ブレイクモアが二〇一〇年に実施した別の調査では、男性のテストステロンの値が低いときには、思いやりレベルが高かった。つまり、若い男性がリスクの高い仲間の行動をミラーするときには、ミラーシステム（共感にも用いられる）が高レベルのテストステロンによって「ブロックされている」と考えられる。その結果、若者は、広い範囲で起きているものごとや行動に伴う危険について考えることなく、ひとつのことだけにひたむきに集中するようになる。彼らは行動をまねるが、周囲の状況を「読む」ときに生じる微妙な修正を行わない。事実上、社会的にも感情のうえでも盲目になるのである。

発達時期のなかでもっとも健康的であるにもかかわらず、アメリカの国立保健統計センターによれば、青年期では少年期と比べて罹病率と死亡率が三〇〇パーセントも高くなり、青年期の死因の七〇パーセントは無謀運転などの危険な行為が原因である。危険覚悟の行動は避けられないが、悪いことばかりではない。健康な神経の発達を促し、ティーンエイジャーが自立した大人になって自分のアイデンティティを確立するのを助けもする。問題は、どうやってティーンエイジャーをよくない冒険からよい冒険へと向けるかだ。ロッククライミング、マウンテンバイク、武道などの活動は「安心な」リスクである。失敗の可能性があるような、競争あるいは演技に基づくスポーツも好ましい。リスクはあっても、自己肯定感、自信、成長する力を築く機会となる。スポーツをしている青年期の女性は、スポーツをしない同年齢の女性と比べて一〇代で妊娠する可能性が半分であることが調査からわかっている。それ以外にも、ためになる活動としては、社会的あるいは政治的な大義に関わるものや、学校の内外でリーダーに立候補することなどがあげられる。新しい友だちを作ることにさえ、拒絶される、あるいは新しいことに挑戦するときの不安というリスク要因が含まれている。しかしながら、もっとも重要なことは、周囲にティーンエイジャーがいる大人が自分の行動に気をつけることだ。彼らのミラー・シンキングはあなたの行動をみな模倣できる状態にある。まねをしてもらいたくない場合にはどうすればよいだろう?

自分みたいな人

大量の研究結果から、青年期には自分と似通った人を選んで友情関係を保つとわかっている。大人になってからもそうだが、影響は青年期ほど強くない。ボニーとクライドは、生い立ち、外見、性格で似ているところが多かった。ふたりとも人生に飽き飽きして、社会的地位に落胆し、犯罪から得られる華やかな生活に憧れていた。性格の特徴としては、両者とも気が短く、頑固で、おそらく外交的だった。作家のジェフ・ガインは著書『ともに堕ちて *Go Down Together*』で、クライドは「すぐに友だちができる、ある意味社交的な少年」で、ボニーもクライドも刺激を求めていたのだと述べている。そのためふたりは惹かれ合い、互いの行動と考え方を模倣するうちにますます似ていった。アメリカで行われた学校環境の調査によれば、たとえ多様性を目指しても同じような人ばかりが集まってしまうことがある。黒人の生徒は黒人の生徒、白人は白人、金持ちは金持ち、恵まれない生徒は恵まれない生徒同士で仲よくなるのだ。これは「同類性の原則」と呼ばれ、年齢、人種、性別、職業、収入、民族などの特徴をもとに、自分と同じような人と友人関係や社会的なつながりを築く人間の傾向である。なかでも人種は特に強力な要因だ。ニューヨーク・タイムズ紙のコラムニストであるデヴィッド・ブルックスは、類似点と好みに基づいて近隣関係が築かれる傾向の強さについて記事を書いている。ブルックスは例としてアリゾナ州とネヴァダ州の新興住宅地を取り上げている。そこは「当初、いろいろな人がほどよく混ざり合った状態だった。地域の評判がまだ確立する前だったため、人々はおもに経済的な理由で家を選んだ。けれども地域が成熟するにつれて、そこに個性ができあがり（ここはアジア系が住んでいて、そこはヒスパニックが住んでいるなど）、区分ができた」[2]。世界各地の大都市郊外や周辺部で同じことが起きている。あなたの周り、住んでいる場所でもおそらくそうだろう。周囲の人々はあなたに似ていないだろうか？　自分と同じような人に会うと相手の行動を見習う可能性が高いため、全体として、同類性はロールモデリングを強化する。

同類性の原則にくわえて、仲間の影響を受けやすい人は薬物の使用やアルコールの問題を抱えやすく、またリスクの高い行動をとる人とも友だちになりやすい。二〇〇二年に実施された調査ではそこに焦点が当てられている。フロリダ州立大学医科大学院教授のアントニオ・テラッチアーノと心理学者のポール・コスタは一六〇〇人を超える人々のデータを調べ、全体的に見て、喫煙者の性格には一定の特徴があることを突き止めた。また、喫煙は他者、たいていは仲間の行動を模倣するところから始まることも発見した。明らかにされた特徴は、欲求を抑えることができない（衝動的）、刺激を欲しがる（興奮を求める）、忍耐力が欠けている（自制できない）、そして自分の行動の結果を慎重に考えない（衝動的のもうひとつの表れ）などである。

思いやりのあるティーンエイジャー

仲間の影響に関する調査は、その大部分が、たとえば退学、喫煙、薬物使用、不特定多数との性行為など、ミラーリングの負の側面に焦点を当てている。けれども、たいていは、青年期の若者がつながりを持つ相手によって模倣するものごとが決まるため、その影響をプラスに働かせることもできる。たとえば、最近の調査によれば、青年期には向社会的行動も仲間によって助長される。ほかの人の「よい」行動を見て学び、その結果、他者に手を差し伸べるようになるのだ。オランダ、ライデン大学の脳と発達研究センターでシニア博士研究員を務めるヨリン・ヴァン・ホールンが二〇一六年に実施した研究によれば、一二〜一六歳は、社会のためになる自分の行動が仲間に評価されると、ますます向社会的になるという。ピッツバーグ大学心理学助教授のソフィア・チュカス＝ブラッドリーらによる、二〇一五年に行われた別の研究では、一二〜一五歳は、自分の学校のほかの生徒もやっていると信じていれば、地域社会のボランティアに参加する傾向が高いことがわかった。こうしたミラー・シンキングの活用は「模倣利他行動」として知られており、よい行いに対して、リスクのある行動と同じようにミラーシステムが働く例である。これはとても大きな影響力を持っており、危険運転のような行動を軽減することもできる。たとえば、社会と文化が青年期の脳の発達を形作る過程を調べている心理学者で神経科学者のテルザーによれば、若者が「慎重な仲間」を乗せて運転しているときは危険な行為が減って安全運転が増えるという。[3] 学校との関わりでさえ、仲間のよいロールモデルにさらされると前向きになって、出席状況が改善され、成績が上がる。

社会「規範」

大人になると、こうしたミラーリング行動は知らないうちに身についているが、年齢とホルモンの影響を受ける危険を冒す行動を除けば、これまで検討してきたようなボニーとクライドに関わるものごとは、すべてわたしたち自身にも当てはまる。成人期になっても、わたしたちは依然として自分の社会脳の影響を受けており、自分と似たような人に引き寄せられる。直感に反して、青年期とのちがいは、大人がまったく自覚しないまま喜んで他者をまねしているところにある。多くの人が驚くほど過激な行動を取ることもある青年期こそ、そのように行動すると考えるほうが辻褄が合うように見えるが、実際には成人期よりも青年期のほうが社会に敏感で、仲間と自分の態度を比較しながら意識してチェックしている。大人になってからも、やはり生きていくためには、職場、地域、友人たちなどの社会環境に溶け込まなければならない。ティーンエイジャーは、自分が模倣しているものごとが真新しく、絶えず変化するため、ミラーリングを自覚していることが多い。大人になると、知らぬあいだに月日が経ったと感じるのと同じように、それに気づかない。ものごとは変化し、それとともにわたしたちも変わる。たとえばあなたは、ティーンエイジャーだったころと同じスタイルのジーンズを穿いているだろうか、それとも年月とともにスタイルも変わっただろうか？もし同じものを穿いていないのなら、それは自分が意識的に選択を変えたからだろうか？ミラーシステムはしばしば知らないあいだに、態度や行動を順応させていく。周囲に合わせたい、仲間とならびたいと考えるのは、わたしたちの行動のニュアンスや態度がつねに周囲の人によって形作られている証拠である。青年期に影響を与えるものとしてこれまで述べてきたメカニズムは大人にも影響を与えているが、少しずつ変化が促されているために気づくことすらない。それは栓をした洗面台に水道水をぽたぽたと垂らしておくのに似ている。それぞれの滴はたいした水の量ではないが、やがて洗面台がいっぱいになって水がこぼれだす。大人になれば周囲の人間の影響を受けることなどないと考えるのは、ほとんど傲慢に等しい。実際、気づいていなければなおのこと危ない。

プロ自転車選手のタイラー・ハミルトンは、こうしたダイナミクスの長年にわたる影響をとりわけ鋭く見抜いている。著書『シークレット・レース　ツール・ド・フランスの知られざる内幕』（児島修訳、小学館、二〇一三年）で彼は、チーム内の人間関係における並はずれた団結の強さについて次のように証言している。「自転車競技チームのような友情関係は世界のどこを見ても存在しない。(中略)ほかのスポーツチームは自分たちのことをあえて『家族』と呼びたがる。自転車競技では、その言葉はまさに真実に近い」

ハミルトンはマサチューセッツ州の小さな町で、安定したありふれた子ども時代を過ごした。家庭でのしつけについて彼は、「何があっても必ず正直に話すこと」を除けば、親が過剰な要求を突きつけることはなかったと述べている。両親は生きるためにもっとも重要なことは誠実さだと彼に教え込んだ。そのまっすぐな道徳観は、家族の決定のすみずみまで浸透していた。

自転車競技はその道に入ることがきわめて難しいことでよく知られている。そこには、マフィア文化に由来する言葉で「血の掟」と呼ばれる非公式な秘密の定めがある。それは一部のエリート層を除いてだれにも教えてはいけない暗黙のルールだ。簡単に言うなら、自転車競技のトップレベルはかぎられたメンバーしか入れない閉鎖的なクラブであり、そこには内部の者にしかわからない不文律がある。ハミルトンがプロの選手になろうと決めてから、その排他的な小集団に入るまでに何年もかかった。そしていざ入ってみると、自転車競技の闇の部分が見え始めた。現在ではスポーツのドーピングは頻繁にニュースの見出しを飾っているが、一九九〇年代にはまだ問題の本当の深刻さは隠されたままだった。正直であるよう育てられたハミルトンは、チーム内にドーピングがはびこっていることにショックを受けた。彼は勝つためには薬物を使わなければならないというプレッシャーに負けるものかと固く心に決めていた。問題は、見て見ぬふりをしたために、エリート選手の輪から事実上除外されてしまったところにあった。三年間プレッシャーを拒んだのち、彼はとうとう違法薬物という形で医師の「支援」を受け入れた。ハミルトンはそのときの状況を「それまでの多くの選手と同じことをしたんだ。仲間に入れたんだ」と表現している。それから数年と二度のドーピング検査後の二〇一〇年、彼はランス・アームストロングに対するドーピング調査の証人としてロサンゼルスの裁判所に現れた。そのとき初めて、ハミルトンは陪審員に対して禁止された能力強化薬物の使用を認めた。かつては正直者だった少年が同調のえじきになっていたのである。自分の行いがあまりに恥ずかしくて、ハミルトンは翌年になるまで家族に真実を告げられなかった。これは特定の暮らしから何としても逃れようとしていたボニーやクライドのような血気盛んなティーンエイジャーとは異なる。方向性を示すことなくミラーシステムのなすがままになっていた成人が、自分の行為の道徳的な意味を見失ったのだ。

ペンシルヴェニア州にあるスクラントン大学のジェシカ・ノーランらが実施した調査によれば、おもに仲間の行動と関連している社会規範は、わたしたちの態度や行動に多大な影響をおよぼすにもかかわらず、その影響の大きさが自覚されていないことが多い。ホロコースト、ギャングへの所属、テロリズムなど、驚くほどおそろしい例はほかにもたくさんある。心理学的に言うなら、人はほぼだれもが集団に適応するために行動を修正する。だからと言って、必ずよくない方法や過激な方法をとるわけではない。けれども、だいたいにおいて、集団のルールを露骨にけなすようなことはしない。トラブルを招いたり、ほかの人を悲しませたりするような人間はたいていすぐに集団から排除されてしまうからだ。この基本的な同調は、自分は筋金入りの個人主義者だ、あるいは群衆に流されるようなことはないと思っている人にも当てはまる。心理学者によれば、自分は同調しないと述べる人の行動は、それそのものが集団行動である。主流派に対して罵倒や抵抗をするときは必ず、もう一方の集団の肩を持っているからだ。「個性的」になるためにタトゥーで肌を覆うことから、服装やヘアスタイルの選択まで、日常生活における例は身近にいくらでもある。わたしたちは、自分では拒んでいると思っている社会規範を受け入れ、自分に影響を与えているとは思いもしないような行動や態度をミラーリングしていることが多い。それを止める唯一の方法は、立ち止まってあたりを見回し、目的と自覚を持って自分を取り巻く世界に関心を抱き、自分で意思決定をしているかどうかを「確認」することである。

神経科学は、社会的な同調、つまりわたしたちが周囲をミラーリングするとき、またボニーとクライドのケースでは彼らが交わっていた犯罪者の影響を受けたときに、生物学的なレベルで生じているものごとについての理解を助ける。スイス、バーゼル大学で経済心理学の研究と講義を行っているヴァシリー・クルチャレフが、二〇〇九年に興味深い研究を実施している。クルチャレフはまず参加者にさまざまな顔の魅力を判定させた。顔の判定を終えた被験者には、それぞれの顔についてグループの残りの人がつけた点数の平均が伝えられた。それから、被験者は再度、顔の判定をするよう求められた。すると結果に有意な変化があった。被験者の大部分が集団の平均に近づくよう二度目の判定を変えたのである。程度の差はあったが、被験者全員がある程度まで点数を変えた。興味深いことに、クルチャレフによれば、参加者が自分の点数と残りの人の点数の差を認識すると、脳内で「エラー信号」が出る。[4] 脳の信号が、集団は異なる反応を示した、自分は周囲の人の行動をミラーしていない、これは「まちがい」だ、「エラー」を解決するべく行動を修正して他者と足並みをそろえる必要がある、と警告を出すのである。

反対に、他者に合わせると脳内の報酬回路が活発になることも研究からわかっている。二〇一〇年、デンマーク、オーフス大学の神経科学教授であるダニエル・キャンベル＝マイクルジョンは、UCLの心理学教授クリス・フリスとともに、音楽の好みを利用して、周囲の人をミラーするときの報酬について調査した。すると、集団内の人々と一致するよう、人は無意識に音楽の好みや歌の価値を変化させるとわかった。人々が自分の選択をほかの人の好みに合わせて、周囲の人をしっかりとミラーすると、脳内でドーパミンの経路が活性化された。[5] つまり、たとえ自分の価値観に反していても、他者に同調してミラーすると気持ちよくなるような脳のメカニズムが働いているのである。ボニーとクライドの話にもそれが表れている。たとえば、服役後、クライドは本当に「足を洗う」つもりで最大限努力してまともに働こうとしたが、刑務所仲間が仕事をもちかけたとたんに犯罪の世界に戻り、銀行に押し入った。このプロセスを覆すためには、観察脳をしっかりと意識的に働かせなければならない。科学によれば、実験における被験者同士ではなく、仲間や親しい友だちが関係すると影響はさらに大きくなる。

いろいろな組織で仕事をするわたしは、知らず知らずのうちに互いに模倣している大人をたくさん見ている。それは状況によってさまざまに異なる。彼らはまったく自覚することなく、同じような服装をして、特定のレストランで昼食をとり、コーヒーを買う場所について他者の意見にしたがい、職場特有の言葉で話すことさえある。それが仲間の期待に同調する人々のようすだ。ミラーシステムが働いて、たいていはまったく気づかないまま周囲に溶け込んでいるのである。そうすることで、人は受け入れられている、属していると感じることができる。人間の基本的な欲求が満たされる。

職場に属していると感じることはよいことだが、周囲の人と同じになろうとすると問題が生じることもある。たとえば、「自分と同じような人の採用」は多くの職場環境に共通する問題で、人々は繰り返しその罠にはまっているようである。無意識に自分と同じような態度、考え方、価値観、能力を持つ人を高く評価してしまう、親近感バイアスとして知られる傾向がつねにあることは、企業のトップであっても頭に入れておく必要がある。わたしたちは故意にそうしているのではない。無意識のレベルでだれにでも起こっているのだ。それでも、業績を最大限に伸ばすためには幅広い多様性は欠かせない。世界的なコンサルタント会社マッキンゼーの調査では、多様性のある企業はそうではないところより三五パーセントも業績がよいことが示されている。こうした現象を熟知している経営心理学者でさえ、応募者の評価を始める前に必ずそのバイアスを思い出す必要があると考えている。わたし自身の落とし穴は自分と同じスキーとスノーボードが好きな人だ。そういうときには、自分の判断能力が乱れないように、あえて意識して自分をチェックしている。

自分は親友のミラーだ

親友や仲間が自分の行動に与える影響は、肥満の研究に明確に示されている。これはもしかすると、仲間の影響の大きさと、大切にしている人々の行動を知らないうちに模倣している状況を示す日常の例としては、もっとも思いがけないものかもしれない。肥満が「ウイルスのように」広がり、[6]ミラーシステムが自覚されることなく日々働いているようすがまさにそこに映し出されている。ハーヴァード医科大学院の社会学者で医師でもあるニコラス・クリスタキスらは、一九七一〜二〇〇三年までの三二年にわたって調査を実施した。クリスタキスらは、友人関係、きょうだい、配偶者、さらには近所の人々にいたる関係を図に表して、一万二〇六七人の社会的なつながりを詳細に分析した。すると、驚いたことに、人々は友人、すなわち同世代の仲間が肥満だと肥満になりやすく、その可能性は五七パーセントも上がった。互いに親友だと感じている場合、片方が肥満のときにもう片方が肥満になる確率は一七一パーセントも高くなった。地理的な距離よりも社会的距離や親密さのほうが、肥満への影響が大きかったのである。[7]言うなれば、親しい友だちは、たとえ同じ地域に住んでいなくても、行動や態度に多大な影響をおよぼすということである。クリスタキスによれば「周囲の人を見ることで、許容しうる体型に対する考え方が変化する」。服装、買いものをする場所、家の装飾から、乗る車、休暇の過ごし方まで、肥満以外のたくさんの行動にもそれが当てはまることは容易に理解できる。それらはみな仲間の影響を受けている。ミラーシステムを通して無意識に伝染する行動にはほかにも、不倫、自殺、過食症、うつ、不安、金銭的なリスクの高い意思決定などが含まれる。

よい知らせは、その伝染がまた、成人期も青年期も同様に、よい行動にも当てはまることである。たとえば、他者から社会のためになる活動を学べば、慈善事業への寄付が増え、正々堂々と試合をすることが多くなる。最近起きたノートルダム寺院の火災では、グッチとイヴ・サンローランを所有する大富豪のフランソワ＝アンリ・ピノーが一億ユーロを寄付すると約束した。続いてすぐにルイ・ヴィトンのアルノー家から二億ユーロ、さらにロレアルのベタンクール・メイヤー家から二億ユーロ、そして世界中の富豪からたくさんの寄付が集まった。彼らは仲間の行動をミラーしたのである。

わたしはこれまで、組織という環境においても、このプラスに働く仲間の影響が強烈な効果をもたらす状況を見てきた。ジョン・カッツェンバックとジア・カーンによるハーヴァード・ビジネス・レビュー誌の記事では以下のように述べられている。「巨大組織における同僚は企業全体に行動の変化を広めるにあたって貴重な存在である。(中略)かなりの数の同僚がオンやオフで交わるたびに、無視できないほどの勢力になる。彼らが互いに一目置いている場合は特に、話に耳を傾け合い、学び合い、密かに支え合うようになって、それが意見を作り上げ、対抗勢力になったりエネルギーを生んだりする」[8]。組織というものは絶えず変化しているため、「連れ立って進んでいく」にあたって従業員をやる気にさせる方法をつねに模索している。従業員を変化に適応させることはいつも、わたしが仕事で接している経営者らの悩みの種である。ノウハウを心得ている人は、コミュニケーションを取る以外に、ミラーシステムを通して作用する無意識のメカニズムを最大限に活用している。わたしのクライアントのひとりは、価値観を伝える使者を育てるというシンプルなメカニズムを通してそれを効果的に用いている。その組織では、従業員のなかから熱心で前向きかつ影響力の大きい人物（インフルエンサー）を選び、企業の価値観を学ばせ、企業全体だけでなく個人の成功のためにもそれが重要である理由を深く理解させる研修を実施した。何度か行われた一日がかりの研修で、参加者は実習を行い、講演を聞き、価値観が重要であること、その理由、そしてそれぞれの事業分野で何ができるのかを話し合った。すると、価値観を理解するために集まった人々が相互に作用してプラスの効果を生んだだけでなく、彼らが強力なインフルエンサーとなって、幅広い従業員集団に組織内外の行動に関するメッセージを運ぶことができた。

さて、あなたにとってこれはどういう意味を持つのか？　簡単に言うとこれは、あなたがどこに目を向けているのか、意識と無意識の両方でどのような選択をしているのかという話である。よい影響でも悪い影響でも、仲間の作用はあなたが自覚しているかどうかに関係なく生じる。たとえば、だれかが接客係に失礼な態度を取るなど、あなたがまちがっていると感じるような行動をしているところを見たとしよう。意識下の深いところに埋まっているあなたの価値体系は、それがまちがっているとしらせてくる。たとえミラーシステムがその行動を映していても、あなたはまねしない。けれども、その行動を繰り返し見続けると、いつしかそれが普通の状態になって、脳はそれがまちがっていると知らせる合図を出さなくなり、あなたはその行動をまねる危険にさらされる。これまでさまざまな例を見てきたが、それはおそろしい結果をもたらしかねない。

一方で、特定の行動手法にさらされながらも声を上げる人々の物語も存在する。同調に抵抗して立ち上がる告発者の例はたくさんある。たとえば、アメリカの同時多発テロ事件の直後に通訳としてＦＢＩに雇われていたシベル・エドモンズ。エドモンズは安全保障問題、政治スパイ、機能不全の隠蔽について告発し、その結果ＦＢＩに解雇された。多くの人はそうした問題を見て見ぬふりをする。周囲の考え方や行動を拒むためには絶えず意識的に努力しなければならない。日々の生活のなかで、自分がだれの何をミラーしているかを自覚し、評価し続けるのは、荷が重すぎるように感じられるかもしれない。それは、ダイエットをして脳の欲求に逆らおうとするのに少し似ている。簡単な方法は、あえて考えなくても自分の進みたい方向へと行動を誘導してくれるような人物と過ごせるよう、自分の周囲にいる人を注意深く選ぶことである。いたって単純だ。

健康的な食事をしたければ、そうしている友人と出かける。ビジネスで成功したければ、すでに成功している知人と過ごす。起業に成功している仲間がいると、自分も成功する可能性がはるかに高くなることを裏づける証拠はある。たとえば、起業したスティーヴ・ジョブズとスティーヴ・ウォズニアック、あるいはヘンリー・フォードやトーマス・エジソンのような発明家を見ればよい。実際、友人関係が互いに影響をもたらした例は歴史書のいたるところに散見される。そのほかの例としては、政治的な見解は異なっていたけれども、アメリカ大統領として互いから多くを学ぶことができたジョン・アダムズとトーマス・ジェファーソン。互いに尊敬し合っていたヴォルフガング・アマデウス・モーツァルトとフランツ・ヨーゼフ・ハイドン。エラ・フィッツジェラルドとマリリン・モンローでは、フィッツジェラルドが自分の大ヒットはモンローのおかげだと述べている。ヴァージニア・ウルフとキャサリン・マンスフィールドは長々と作品について語り合い、最高の作家へと高め合った。こうした人々はみな、それぞれの分野においてよい意味で刺激し合った。自分がともに過ごす相手、親しくなる相手を積極的に選べば、あなたも同じことができる。

しかしながら、自分の進みたい道にふさわしい行動をとっていないからといって、ふいにこれまでの友人全員と関係を断つわけにはいかない。たとえば、体重は増やしたくないけれども、太り始めた友だちと突然絶交するのは気が進まなかったり、あるいは自分の価値観に反するとはいえ、不倫をした友だちと二度と顔を合わせないのには抵抗があったりするかもしれない。それでも、相手の行動を意識しつつ、模倣するかどうか、どの行動を取り入れるのか、どれから故意に遠ざかるのかを決めることならできる。

ミラーシステムは青年期、そして成人期に入ってからも、アイデンティティの確立や人生の進路を決めるにあたって多大な影響をもたらす。ティーンエイジャーの親、祖父母、あるいはおじやおばなど彼らを知る人ならだれにとっても、その途方もない影響力が心配の種になる。ミラーシステムが影響をおよぼす範囲は自己の確立だけでなく、犯罪への関与や薬物の使用といった要素から、性感染症の蔓延や肥満のような健康関連の行動まで多岐にわたる。のちに、インスタグラムなどのソーシャルメディアが仲間のロールモデリングにおよぼす厄介な影響、またそうしたテクノロジーがミラーシステムを乗っ取って、最適な脳の発達を妨害していることについても論じよう。

しかしながら、悪いことばかりではない。仲間の影響がプラスに働く側面について知り、青年期と成人期におけるミラーシステムの知識をうまく活用すれば、社会に大きな変化を起こす力を得ることができる。たとえば、仲間によるプラスの影響をうまく使えば、登校を促し、成績を上げ、いじめ根絶運動を促進することができる。[9] 大人では、肥満をなくす、気候変動対策を進める、組織内で前向きな改革に弾みをつけるなど、ミラーシステムの理解を通して向社会的行動をてこ入れできる。

個人のレベルでは、仲間に対するミラーシステムの働きを理解すれば、自分が模倣する人や行動を明確に意識できるようになる。自分が見ているもの、自分に取り入れるもの、また取り入れないものを認識するだけで、日常生活は大きく変わり、自分が望む人生へと近づくことになる。

第二部　ミラーが教えてくれるもの

第4章　相手の身になる

二〇一五年九月二日、あるストーリーがヨーロッパ各地で多くの人の心を目覚めさせた。それまで何か月ものあいだ、ニュースはシリア難民の危機であふれかえっていたとはいえ、忙しい生活を送る人々の背後で不明瞭に流れていただけだった。ところがその朝、トルコの海岸で手のひらと小さな靴底を天に向けてうつ伏せで倒れていた幼い遺体の写真が、忘却の殻を破った。その写真はわずか一二時間のあいだに二〇〇〇万個のスクリーン上に映し出された。

もう一枚の写真は、いたたまれなくなった警察官が、まるで生きているかのようにその子を抱き上げて、海岸を運んでいるものだった。

三歳のアラン・クルディはエーゲ海を渡る途中、五歳の兄ガリブと母レハナとともに溺れ死んだ。[1] 生き残ったのは父親のアブドラだけだった。父親は今にも壊れんばかりのもろいボートが波に揉まれていたときの混乱について語った。「妻の手を握っていました。でも子どもたちはわたしの手をすり抜けていきました。辺りは暗く、だれもが叫んでいました。わたしは妻と子どもをつかまえようとしましたが、手遅れでした。ひとり、またひとりと死んでいったのです」[2]

ひとりの男児の物語がシリアの危機に目を向けさせた。男児の死と妻子を失って嘆き悲しむ男性の姿は、人と人とのつながりを感情的なものにした。「多数」はぼやけたデータや報告書になってしまうが、ひとりの苦痛は理解できる。シリアの内戦から逃げようとする人々の危機が突如として意味をなした。写真は #KiyiyaVuranInsanlik（流れ着いた人間性）とハッシュタグがつけられて、[3]ソーシャルメディアですぐに拡散された。難民支援の慈善事業には寄付が殺到した。スイスの赤十字社に集まった金額は、クルディが死ぬ前の週の五五倍になった。[4]

それ以前は、もしかすると、シリア難民の危機が漠然としすぎていて共感できなかったのかもしれない。だが、子どもの遺体はそうではない。ひょっとすると、平和な国家で暮らしているヨーロッパの人々は、難民が直面していたテロをたんに想像できなかったのかもしれない。あるいはあの時点まで、シリア難民は「外集団」で、「自分たち」とは異なる人々だったため、共感的配慮ができなかったのかもしれない。

二〇一〇年にドイツ、ヴュルツブルク大学で行われた研究で、スイス人心理学者で神経科学者のグリット・ハインは、内集団と外集団の相互作用における神経生物学的なメカニズムを調べるために、そうしたシナリオに目を向けた。内集団と外集団のどちらに属しているかで、苦痛を受けている人を助けようとする気持ちが異なるかどうかを調べる目的で、サッカーのファンが調査された。内集団のメンバーは同じチームをひいきにしているファンで、外集団はライバルチームのサポーターである。

参加者は脳をスキャンされながら、自分のチームのファンと相手チームのファンがそれぞれ電気ショックを受けて痛がるようすを観察する。彼らには三つの選択肢が与えられた。

1　自分のチームあるいは相手チームのファンを助けるために、痛がっている人の半分の痛みを自分が受ける。そうすれば苦痛を受けている人の痛みが半減する。

2　自分のチームあるいは相手チームのファンが苦痛を受けているあいだ、助けずにサッカーのビデオを見る。ビデオを見ていればだれかが苦痛を受けている現状から気をそらすことができる。

3　助けずに、苦痛を受けているところを見る。

ハインらは、共感的配慮によって、参加者は苦痛を受けている人を助けようとするだろうと仮説を立て、実際そのとおりになった。また、外集団より内集団のメンバーに対してのほうが共感が働くだろうと予測し、それも立証された。参加者はライバルチームのサポーターの苦痛を減らすことには、自分のチームほど積極的ではなかった。驚いたことに、脳内の活性化パターンを調べると、ライバルのファンに対しては共感を抱きにくいだけでなく、相手が苦痛を受けるところを見ると脳内の報酬系の部位が活発になった。困ったことに、参加者は自分の集団に属さない人の不幸を喜んでいたのである。

人は外集団よりも内集団をひいきにするよう進化してきた。その動機は単純だ。集団に属さないことは精神的な苦痛を招くからである。その意味では、人間はほかの動物によく似ている。個々の社交性はさまざまに異なるとはいえ、わたしたちは生まれつき他者に受け入れてもらいたいと望む社会的な生きものだ。研究によれば、人は必ず、外部の人間よりも内集団のメンバーを優遇することがわかっている。もしだれかが人を嘲笑するようなユーモアセンスや奇抜な服装などの異常な特性を示しても、内集団に属する相手なら意識下で受け入れ、属していないと同じ傾向を欠陥とみなす。

ハインによれば「共感が欠けると紛争や人間の苦しみが増す。よって、どのように共感が学習されるのか、そして、その学習体験がどのように脳内で共感に関連するプロセスを形作るのかを理解することが重要である」[5]。それが、人が外集団のメンバーに対して共感を抱くことを学習できるかどうかを調べる、のちの研究につながった。

学習と共感の相互関係を調べるにあたって、ハインらは地元「スイスにおける生態学的根拠に基づく集団間紛争」と呼ばれるものを利用した。スイス人の参加者は、スイス系の人（内集団）か、あるいは国民からの偏見に直面することが多いバルカン半島出身の人（外集団）とペアになった。ハインらによれば、同じような苦痛の実験において、参加者が外集団の人に好感を抱くような経験をしていれば、神経の反応に変化が起きて共感レベルが上がることがわかった。ほかの研究でも、相手に関する知識が積み重なると共感の反応が強くなることが示されている。

共感という現象は向社会的ならびに社会的な行動に深く根ざしている。人は気づかないままそれを「内集団」のメンバーに向けているため、逆に、共感をうまく利用すれば、だれかを「仲間ではない」とみなす傾向を克服できる。「共感」という言葉は、一八五八年にドイツの哲学者ルドルフ・ロッツェがギリシャ語の empatheia を訳して造ったものである。その言葉の意味は、何かに感じ入る、あるいは自分自身を投影することだ。つまり、相手の身になって想像することで他者の体験を理解するということである。

世界各国の統計を見ると、共感レベルが下がっていることがわかる。たとえば、イギリスの世論調査機関ユーガヴが二〇一八年に発表した調査では、イギリス人の五一パーセントが、欧州連合からの離脱以来、共感レベルが下がっていると考えている。[6] インディアナ大学の共感と利他主義研究における学際プログラムでディレクターを務める、カナダ人社会心理学者のサラ・コンラスが二〇一〇年に行った調査からは、とりわけ若い世代で共感のレベルが低いことがわかる。[7] コンラスの別の調査では、一九七九～二〇〇九年で共感のレベルが四九パーセントも下がったことが示されている。国家間の平和維持から個人の人生経験、人と人とのつながりにいたる共感の重要性を考えれば、これはわたしたち全員が関心を持ってしかるべき状況である。共感を持つことは理解につながり、自分と相手とを結びつけて、信頼を築く。すばやく弱さを読み取り、異なるニーズに応え、他者に希望を与える方法を理解するために、人は共感を用いる。人を支援する仕事には共感が不可欠だ。そのような場面ではたいてい絆を作る時間などの要素が欠けているため、なおのこと状況をすばやく読み取ることが重要である。

実践的な場面における共感の研究でもっとも注目が集まっている分野は医療である。医師や看護師は、大丈夫、体を大事にしていればよくなりますよと元気づけるだけで人々に大きな安堵をもたらすことができるが、同時に、心ない発言や不適当な助言で簡単に人を落ち込ませることもできる。彼らの態度次第でわたしたちは悩む。何日も痛みが続いているのに「それほど痛くないような気もするから、もしかするとどこも悪くないのかもしれない」、あるいは親として子どものようすがおかしいことに気づいているにもかかわらず「息子は病気ではないのかもしれない」と考える。医療従事者は言語と非言語のコミュニケーションを通して、気づかないあいだに患者に大きな影響を与えうる。医療従事者とのやりとりは、それから何日も、何週間も、何年ものあいだ、わたしたちの生活に計り知れないプラスの影響を与えるか、途方もないマイナスの影響を与えるかの分かれ道だ。たとえば、平均的な看護師は一年で一〇〇〇人の患者に接する。つまり、よくも悪くも、一〇〇〇の人生が影響を受け、一〇〇〇の脳がその経験によって形作られるのである。

自分が海外で休暇を過ごしていると想像してみよう。数日間、激しい腹部の痛みを感じている。手持ちの鎮痛薬を飲んでみたが、あまりに長く続くのでだんだん不安になってくる。体力を消耗してしまって、休暇だというのにどこへも行けず、何もできない。そこで近くの薬局へ行ってみる。言葉がわからないので、スマホに翻訳アプリを入れて、小さな会話本を持っていく。いざ薬剤師の前に立つと、いくら説明しようとしても理解してもらえない。あまりに痛くて集中できず、ましてや外国語で状況をどう説明しようか考えることなど不可能だ。あなたはいら立つと同時に無力感を覚えながら薬局を出る。貸別荘に戻ったあなたは痛みで気を失ってしまった。一緒に泊まっていた人が、一日ビーチで過ごしてから戻ってきて、床に倒れているあなたを発見する。目が覚めると病院にいて、あなたの頭越しにまったくわからない言葉が飛び交っている。自分のどこが悪いのかはわからないが、尋ねる方法もわからない。ただもう家に帰りたいと思うが、いつ帰れるのか、果たして帰れるのかもわからない。

病院のベッドに横になって、耐え難く感じるほど長いあいだ待っていると、看護師がやってきて、あなたの手をとり、目を合わせて、やさしく微笑む。それは温かく、思いやりのある笑顔だ。あなたをじっと見つめる目があなたを安心させる。彼女は英語を話せず、あなたも依然として自分のどこが悪いのかはわからないが、それでもあなたはそれまで詰めていた息をゆっくりと吐き出す。体が少しリラックスする。なおもコミュニケーションの壁があり、文化の壁があるが、あなたは看護師を信頼し、なぜかはわからないけれども望みを抱く。それまで出会った人々とこの体験の差は何だろう？　見ればすぐわかること――話が通じる、わかってもらえること――を除くと、もっとも重要なことは何だろう？　だれもがそうできるようにするにはどうすればよいのか？　そして、これがどのようにミラー・シンキングと関わっているのだろう？

その相違点は共感である。看護師はあなたの目を見て、またあなたがどのように応えるかを確かめることで感情を読み取り、細かな動きがあなたの気持ちを代弁する。それから彼女は、あなたの手に触れたときの反応を察知してそれに応じる。だれでも好ましい反応とそうではない反応を体験したことがあるので、それぞれどのような気持ちになるかはよくわかるはずだ。ただし、共感の問題は、それがつかみどころのない、定義しにくいものだというところにある。共感が自然に獲得されるものではないとすると、どうすれば共感を抱けるようになるのかを探り出さなければならず、なおのこと難しい。社会福祉、救急、医療など、「人の面倒をみる」仕事をするたくさんの人にとっては、まさにそうである。たとえ善意であっても、それを「正しく」示さなければ不快感を生む可能性もある。

　ミラーニューロンと共感の関係が初めて明らかになったのは、科学者がサルの「親和的コミュニケーションのジェスチャー」――二匹の動物、あるいはふたりの人間のあいだで親密さを高める非言語行動――を調べているときだった。人間ではおそらく、こうした絆を作るジェスチャーはハグやキスという形をとり、もともと親しい関係にあって絆を深める場合にのみ用いられる。研究からは、サルでも、純粋に社会性を示すジェスチャーを観察すると、人間と同じようにミラーニューロンが活性化することがわかった。サルの前に立った研究者が唇を突き出したり、それを小刻みに開閉したりすると（いずれもサルにとって親しみを表す社会的なジェスチャー）、サルの脳内でそれに対応するミラーニューロンが発火した。[8] サル自身はその行動をとっていなくても、研究者のようすを見て、親しみを感じ取ったのである。神経学者によれば、それと同じメカニズムが人間の脳内で働くことによって、わたしたちは他者の気持ちを感じ取ることができ、ひいてはそれが人間にしかない特徴――他者と深い絆を築くことのできる能力――の基礎になるのだという。だれかが泣いていれば、わたしたちは自分が泣いていなくても、つらさや悲しみを感じることがある。だれかが笑っていれば、自分も笑ったり幸せな気分になったりする。

人間で同じ実験を行うことは不可能である。かわいそうなサルたちは、ひとつのニューロンの活動を測定するためだけに頭蓋骨のてっぺんを切り取られていたからだ。極小レベルで精密な詳細が判明し、何がどうなっているのかを学者が正確に示すことができたのはそのおかげだった。しかしながら、神経科学者らは人間の脳のメカニズムについても、もっと広範囲に、また例外的なふたつの事例で、ひとつのミラーニューロンという詳細なレベルで調べることに成功している。

一九九九年、トロント大学の神経外科教授ウィリアム・ハッチソンらは、人間の脳に微小電極を入れるきわめて珍しい機会を得た。ハッチソンは重度の強迫性障害の患者に外科手術を施していた。患者のうち九人が、術中にひとつのニューロンの分析を行うことを承諾した。結果は興味深いものだった。ハッチソンは実験中に、とりわけ他者の苦痛に対する脳の反応を見たいと考えていた。[9] 苦痛は進化によって獲得された驚くべき手段である。苦痛を感じていることを示せば、ほかの人の支援行動を促すことができる。何千年も昔、それは、だれかが傷つけば部族の残りの人々が立ち止まってその人を助け、生き延びるチャンスが高まることを意味した。今日でも同じだ。苦しんでいる人を見かければ、わたしたちはたいてい何かできることはないかと考える。研究者らは実験中、前帯状皮質と呼ばれる脳の部位が、患者本人が痛みを感じたときと、他者に対して同じ痛みの刺激が与えられるのを見たとき、さらにはそれを予想したときにまで反応することを発見した。つまり人は、自分では直接痛みを感じなくても、痛みに対する反応をミラーして相手の苦痛を理解するのである。[10]

まれな状況を利用したもうひとつの研究は、二〇一〇年にUCLAでイツァーク・フリート教授が実施したものである。彼の実験では、二一人のてんかん患者の外科手術中に頭蓋内深部電極が埋め込まれた。これは手術にあたって発作の病巣を特定するためだったが、同時にそれ以外の脳システム、特にミラーニューロンと共感に関連する部位を調査する機会にもなった。検査時、神経科学者は患者に笑顔としかめ面のふたつの表情をするよう求め、それから他者の同じ表情を観察するよう求めた。結果は前の研究とよく似ていた。患者が自分で表情を作るときと、他者の表情を観察するときに、同じミラーニューロンが発火したのである。唯一のちがいは、観察したときの脳の発火頻度のほうが低かったことだが、ミラーした行動ではそれが一般的だ。この研究は科学者にとって飛躍的な進歩だった。ミラーニューロンは行動の模倣に関わっているだけでなく、感情の模倣にも関わっていた。わたしたちは、だれかが何らかの感情を抱くとき、自分でもそれを感じるのである。[11][12]

共感の処方箋

共感が医療従事者の基本条件であることは常識であるかのように思われている。実際、社会性と情動のスキルが重要だと理解しているわたしのような心理学者でなくとも、さまざまな文化において、共感は医療に欠くことのできない要素だと考えられている。事実、医療従事者自身もそれが重要だと思っており、アメリカ内科試験委員会は「人道的価値観と共感は、医科大学院教育の主要な教育活動として育まれ、評価されるべき」だと勧めている。[13] イギリスの総合医療評議会は、医学教育と研修の基準を上げるために「組織は（中略）思いやりと共感を後押しするような学習環境と文化を整えなければならない」と述べている。[14] 共感を示すコミュニケーションスキルは患者の満足度を上げ、診断の正確性を高め、患者が治療計画にしたがう度合いに好影響を与え、[15] 幅広く患者の治癒過程をサポートする。共感はまた、生活の質の向上、精神的な苦痛の低減、不安やうつの軽減といったよい結果をもたらしていることもわかっている。血圧や血糖値の低下など生理学的な結果までもが、医療従事者が示す共感と関連づけられている。[16] 学者によれば、共感を示すようなコミュニケーション方法で医師から「普通の風邪」と診断された患者では、症状が軽減され、免疫系まで改善した。[17]

あいにく、そこまで重要な医療の構成要素だとみなされているにもかかわらず、共感は教え、促し、認識させ、報いることのできるものとして扱われていない。その証拠に、わたしたちはみなさまざまな状況に遭遇している。なぜか？　ペンシルヴェニア州、トーマス・ジェファーソン大学の精神医学ならびに人間行動学の研究教授であるモハンマドレザ・ホジャトらが実施した二〇〇九年の全米縦断調査によれば、医科大学院の三年目、すなわち、患者のケアの学習が始まって共感がもっとも重要になるころ、医学生の共感レベルが著しく下がる。[18] 残念なことにこれは特異な事例ではない。たとえば、インド、[19] バングラデシュ、[20] ベルギー[21]など世界各地の医学生について、多くの調査が同じ結果を示している。医学生だけではない。カナダでは医療補助の学生、[22] ナイジェリアでは歯科の学生、[23] アメリカでは看護学生、[24] 西インド諸島では看護、歯科、医学の学生でそろって共感レベルが下がっている。[25] しかしながら、共感の消失がもっとも顕著なのは医学生だ。直感的にも研究結果からも、共感が必要なことは明らかであり、医療従事者も共感を示したいと考えているにもかかわらず、である。ならば、どうして共感が妨げられるのか？　何が邪魔をしているのだろう？

さまざまな原因が考えられるが、相互に関連した三つの問題がきわ立っている。まずは文化、次に医療システム内に存在するプレッシャー、そして個人レベルの問題だ。

まずは医学の文化について探っていこう。テレビドラマの『ドクター・ハウス』を見たことがあるだろうか？　これはアメリカのドラマで、ヒュー・ローリーが天才医師のグレゴリー・ハウス役を演じている。放送では毎回、ハウスが診断チームを率いて、尋常ではない不可解な病の原因を明らかにしていく。このドラマは本質的には医療の風刺ものであり、若い医療従事者、とりわけ医学生に教え込まれている理想に気味が悪いほどよく似ている。若きグレゴリーは理想を目指して医学の世界に入った。彼はずば抜けてよい成績を収め、勉学に励み、高い志を持っていた。両親は喜んだ。医師になることには一定のステータスが伴うからだ。そのため、知らず知らずのうちに、よい成績を取り続けることが彼の目標になっった。医療評議会で共感が絶賛されているのとは裏腹に、若い医学生が苦難を乗り越え、ベテランから注目されるためには試験の成績がすべてである。ハウスにはふとしたことから問題を解決する能力があった。そのため無意識にそればかりが助長され、医大の課程を終えるころには、彼は何を差し置いても医学的な問題解決の方法を学ぶことしか目に入らなくなってしまった。[26]その結果、ハウスは徐々に患者を人間としてとらえられなくなっていった。現実の世界では、ハウス医師のような人格——学問一辺倒の医学の天才——はひと昔前の外科医や専門医の文化にはびこっていた。そうした名誉ある地位についていた人々は、患者に対する接し方などどこ吹く風で他人を見下し、高度な技能で問題を解決する力が模範になった。問題を解決すれば社会規範や信望を通して報われる。一方、患者への接し方はどんどん後回しになる。結果として、共感もそうなった。

それについては、fMRIを用いた興味深い実験がある。実験では医師の脳の反応パターンと、医療知識がない人のそれが観察された。シカゴ大学のジーン・ディセティらが目を向けたのは鍼灸療法も行う医師である。医師とそうではない人の両方のグループが、体に針を刺す（苦痛あり）映像と、体の同じ場所を針ではなく綿棒で触る（苦痛なし）映像を見せられた。思い出してほしい。先ほど取り上げた共感の研究では、被験者はだれかが苦痛を味わうところを見たときに、程度は軽いとはいえ自分も痛みを感じるかのような反応を示した。しかし、同じ被験者のミラーニューロンは、[27]苦痛を伴わない他者の経験には反応しなかった。それと同じ結果が、医療の知識を持たず、鍼灸療法も行わない人で繰り返された。だれかが針で刺されるのを見るとミラーニューロンが発火したが、綿棒で触れられたときには発火しなかったのである。それに対して、医師の脳は他者が苦痛を感じてもミラーニューロンの活動レベルが著しく低かった。研究者は、医師が自分を守るために苦痛に対する反応を抑制していると結論づけた。時間の経過とともに、医師は自分が相手の感情を感じなくてもすむように、苦痛に対して無感覚になり、共感しないことを学んでいたのである。[28]

「気持ち」より問題解決が報われてしまうという難問にくわえて、医療システム内のストレス問題がある。それは『ドクター・ハウス』の風刺の趣旨に見て取れる。つまり、たいていの場合、他者の苦痛は問題解決より優先度が低いのである。イギリスの国民保健サービス（ＮＨＳ）に大きなプレッシャーがかかっていることは隠すまでもない。わたしは医師と協力して、医療従事者をストレスなどの精神的な健康問題から守ると同時に患者の待遇も上げようと、感情のレジリエンスを高める方法を模索したことがあるが、ときに勝ち目のない戦いを強いられているように感じられることもあった。ＮＨＳの煩雑な役所仕事がなかったとしても、医療従事者はその職業柄、きわめて大きなプレッシャーを受ける立場にある。わたしの義理のきょうだいはもう何年もオーストラリアで集中治療室の看護師を務めているが、本気で辞めようかと思うことがよくあると言っている。なぜ？　仕事がきらいだからではない。サポートの欠如とプレッシャーが、これ以上続けられないと思わせるのだ。医療に携わっている知り合いに尋ねてみれば、おそらく同じような話が聞けるだろう。

大きなプレッシャーがかかっていれば、自分が倒れないようにするだけでもたいへんで、共感を示したり、他者を心配したりするどころではない。自分が重要な会議に遅刻しそうで、大急ぎで電車に乗ろうとしていると考えてみよう。だれかが困っていても、立ち止まって大丈夫ですかと声をかけることはおそらくしないだろう。邪魔だといら立ちさえするかもしれない。だからといって、自分が共感レベルの低い人間だということではない。ただ、急いでいて、ストレスがかかっているだけだ。実際、共感能力は極度のプレッシャーがかかると著しく損なわれることがわかっている。科学者は述べている。「プレッシャー、恐怖、ストレスが存在すると、たとえば共感を得る、他者を理解する、微妙な意味合いを感じ取るなど、ミラーニューロンのシステムに左右されるすべてのものごとが機能しなくなる」[29]。医療従事者の一部が共感を欠いているように見えてもしかたがない。

そのプレッシャーにくわえて、医療従事者はみな個人レベルで、人間の進化に照らすと、とても耐えられないような大きなトラウマ、喪失感、不幸なできごとに遭遇する。たしかに太古の祖先もたくさんのおそろしい状況に直面したのだろうが、現代の医療従事者のように毎日何時間も病人や負傷者を大量に見なければならないほど、部族の人数は多くなかった。一方で、日々の暮らしにおいては、現代人は祖先よりも過保護だ。先進国では、傷が開いたままの人を見て育つことはなく、大きな病気はたいてい家ではなく病院で治療され、死さえもが日常生活とは切り離されている。わたしは最近、めまぐるしいロンドンの病院で救急医療に携わっている小児科専門医のファーンリーと話をする機会があった。彼女が言うには、若手医師はみな、ふいにそれまで経験したことがないような猛烈な絶望感に襲われるのだという。彼女はまた、共感は医学生が勉強しているあいだに「たたきつぶされる」のだと思うと語った。医大では早いうちに学習用の死体を与えられるが、それはおそらく学生の感情を鈍化させるため、つまり死体は死体であって人間ではないと考えさせるためなのだろうと感じたという。調査でも同じことが指摘されている。学生が医療の人道的な要素に対して「免疫を作る」につれて、人を見下すような態度が増加したり、倫理的また道徳的な発達が妨げられたりするようになるのである。神経レベルでは、これは感情の麻痺に似ており、効果的な判断を行う能力を損なう。共感の高さだけでなく、感情の要因を考慮することが判断に欠かせない患者の診断という点でも、これでは医療従事者にとって健全あるいは有益とは言えない。感情を抑え込めば「強く」見えるかもしれないが、実際には不安定になって、燃え尽きてしまう可能性が高まる。

現在、医大によっては学生の感情を鈍化させないことに重きを置くようになってきているが、もっとも効果的な対処方法をどうやって教えるべきかがわかっていないことが問題だ、とファーンリーは指摘する。「敏感」なままでいた若い医師はとても苦労していたと彼女は言う。その医師は患者に接する態度を向上させようと精を出した結果、患者とその親族の苦痛に「同調しすぎて」しまった。彼が燃え尽きてしまうまでに、そう時間はかからなかった。

事例証拠はまさにその点で両極端の結果を示している。この若い医師に見られるように過剰な共感は燃え尽き症候群につながると述べる研究がある一方で、[30] 共感が医療従事者を極度の疲労から守っていることを示す研究もある。[31] 後者では、感情を鈍化させたり、反応を抑制したりするのではなく、共感のレベルを上げることで効果的に仕事をしている医療従事者について触れている。

なぜ研究によって正反対の結果が出るのだろう？　共感は人によってストレスの影響を軽減したり、疲弊させたりするのだろうか？　また、幅広い観点から、文化の影響や自己防衛の結果として共感を失うような教育をしないためにはどうすればよいのだろう？　答えは、共感の背後にある脳のメカニズムに関わっていると考えられる。そうしたメカニズムと共感が用いられる状況を合わせて理解すれば、今述べた文化、ストレス、個人レベルの反応という三つの問題を解決することができる。また、人生でどのような役割を果たしていようと、他者に対する共感を深めることができるはずだ。

情動的共感と認知的共感

先ほど、共感とは「相手の身になって相手の体験を理解すること」だと述べた。これは広く認められている共感の意味である。しかしながら、もうひとつきわめて重要な共感の構成要素がある。『社会心理学事典』にはこうある。「他者の体験を、実際には体験していないにもかかわらず、自分の体験のように理解する。自分と他者の区別は維持されている」。共感を建設的に活用するためには、これに関連するメカニズムの理解が必要不可欠である。共感のひとつめのタイプは「情動的共感」[32]と呼ばれ、他者の感情に沿うことと関係があり、程度は若干下がるとはいえ、相手が感じていることを自分も感じることである。情動的共感は動物と同じで、人生の初期に発達する。単純な例としては、ひとりの子どもが泣きだすと特別な理由もないのに別の子どもも泣きだす状況があげられる。共感の学習は赤ちゃんのころから始まるのである。共感は突然発生するものではなく、数え切れないほどのやりとりを通して発達する反復プロセスである。事例証拠によれば、母親などの主要な保育者は、赤ちゃんの動きのなかでも特に、笑顔、驚いた顔、怒り、悲しみなど、感情を示す赤ちゃんの表情をまねて見せる傾向が強い。そのミラーリングが何度も繰り返されると徐々にミラーニューロンの能力が育まれ、共感する力が発達する土台が作られる。初めは赤ちゃんが自分で自分の感情を感じるだけだが、次第に脳は保育者の感情と波長を合わせるようになり、やがて感情を理解して、他者にそれを見いだすことができるようになるのである。脳の部位がすべて結合すれば、自分が何かを感じたときと他者が感じたときの両方で、ミラーニューロンが活性化するようになる。[33]

ふたつめのタイプは「認知的共感」と呼ばれるもので、他者の感情や気持ちを理解するけれども、それにのみこまれていない状態である。これは、防衛メカニズムが働いて心を閉ざし、感情に対して免疫ができることとは異なる。認知的共感は、それとは対照的に、情動的共感や感情に対する免疫より発達した能力である。

医師は病気の原因と症状について理解する必要はあるが、自分が罹患する必要はない。知識を得るためには病気に近寄らなくてはならないが、遭遇するすべてのウイルスに感染しないよう防いでいる。同じように、医師や看護師は診断と治療をきちんと行うために患者の感情や不安を理解する

（認知的共感）必要はあるが、患者の感情に「感染」したり（高いレベルの情動的共感）、それを無視して理解を妨げたり（感情の免疫）する必要はない。医師や看護師がすべての病気にかかっていたら、仕事ができなくなる。医療従事者が情動的共感ですべての感情を取り入れることはそれとまったく同じだ。それは受け手を疲労させ、燃え尽きさせる。したがって、どこで情動的共感が終わって認知的共感が始まるのかを理解することがきわめて重要である。

それを理解していなかったために、認知的共感ではなく情動的共感を用いてしまった、わたし自身の例をあげよう。産業心理学者として働き始めたころ、解雇に値するかどうか、従業員の仕事ぶりを評価する仕事を割り当てられた。うれしくない仕事だ。わたしは毎日四時間かけてそれぞれの人を評価し、報告書を書き上げた。さらに、調整後、その報告書を本人に見せてフィードバックのための面接をした。クライアントとの話し合いからわたしには職を失うだろうとわかっていたある女性があまりに動揺していたため、報告書を見せるときにはわたしも涙をこらえるのに必死だった。わたしはとても重苦しい気持ちになって、なんとかして彼女の悲しみと苦痛を和らげたくてしかたがなかった。わたしは私用の電話番号を渡して、たいへんだったら連絡してくれるよう告げた。これが新人にありがちな大きなまちがいだった。

女性は昼夜を問わず、何日も、ひっきりなしに電話をかけてきた。彼女が自殺をするのではないかと心配になったわたしは話し続けたが、そのような状況の対応は専門外だ。結局、自分が所属する会社のベテラン心理学者に手伝ってもらって彼女に必要な支援を受けさせることはできたが、わたしは心理学者でありながら、明らかに、情動的共感と認知的共感の境界も相違も理解していなかった。それまでいつも、わたしは人々の苦痛を「感じ入る」ことができるため自分は共感できると考えていた。だれかが外で泣いていれば自分も泣きたくなって、大丈夫かどうかを確認しにいった。だれかが動揺していれば、知り合いかどうかにかかわらず、何時間も一緒に座って話に耳を傾け、相手を落ち着かせた。けれどもそれは、心理学者や医療従事者など、自分が巻き添えになることなく、相手の気持ちや見解をくみ取らなければならないような役割を担っている多くの人が持つべき種類の共感ではない。相手の感情に「感染」しないほうが、はるかに有益で持続可能、効果的で健全だ。それは免疫を作ることではなく、より複雑で発達した形の認知的共感を利用することである。

著名なイギリス人心理学者でオックスフォード大学の特別研究員であるセシリア・ヘイズが、共感とミラーニューロンについて詳細に調べている。ヘイズの説明によれば、共感のそのふたつの形は二段階になっている。第一段階は単純なメカニズムだ。たとえば、悲しんでいる人を見て「あなたが悲しいのでわたしも悲しい」と思うことである。これは情動的共感であり、相手の気持ちを相手の代わりに自分で感じる。その代償は、入念なミラーリングのせいで、程度は下がるとはいえ、相手の苦痛を自分も経験してしまうことである。情動的共感というこの単純なプロセスの先には、認知的共感という、より複雑な形が存在する。「わたしはあなたの気持ちがわかるし、かわいそうだと思うけれども、わたし自身は悲しくない」。情動的共感と認知的共感は脳内の別の機能であり、認知的共感が起こるためにはまず情動的共感が起こらなければならないとヘイズは考えている。[34]

これは、ミラーリングを伴わずに体験している日常の感情にたとえることができる。職場あるいは家庭でだれかがあなたを心底いらいらさせたので、相手に向かって怒鳴ったり金切り声をあげたりしたいほど腹を立てていると想像してみよう。それでもあなたは怒鳴らない。そこで立ち止まって、感情に負けるのではなく、よく考えて、その後のことを思えば怒鳴らないほうがよいと判断する。あなたの反応脳が最初の感情を引き出し、より進歩した観察脳がどうするかを決める。情動的共感と認知的共感もじつはそれと同じだ。感情の伝染は人間であるがために生じる最初の反応である。わたしたちはまず引き込まれて感情に触れ（情動的共感）、次にその感情を区分けしてブロックする（意思決定プロセスに用いる情報の制限）かそのまま体験し、それから認知レベルで分析する（認知的共感）ことができる。この観点に立てば、情動的共感を示す方法しか用いずに他者の苦痛を感じ続けていると燃え尽きてしまうことがわかるだろう。

認知的共感の状態にまで進むことができれば疲弊は免れる。他者を助けて社会のために役立ち（それ自体も手を差し伸べる側の身体と精神の健康によい影響を与える）、その一方で、健全な距離を保ちながら圧倒されずにすむ。過度なストレスにさらされたり、問題解決のアプローチにこだわりすぎたり、自分の目に移るものに圧倒されたりしてしまうと、人によっては共感のスイッチがオフになってしまう。感情の情報は考慮せず、合理的な観点から純粋に問題解決のみに目を向けるように教えられた、あるいは自分でそう学んだ人もいるかもしれない。もっとも有益な方法は、情動的共感と認知的共感のあいだで絶えずやりとりをすることである。ある程度のスキルを身につければ、後者に割く時間を長くできる。

オーストリア、グラーツ大学心理学教授のエヴァ・グライメルが二〇一〇年に行った脳の画像研究では、八～二七歳の少年ならびに男性の脳がスキャンされた結果、共感の神経メカニズム、とりわけミラーニューロンシステムが年齢とともに発達し続けていることがわかった。著者らは、前頭前皮質（観察脳の一部）の成長がその変化を促している可能性が高いと述べている。[35] これが興味深い理由は、最近になって脳の理解が進み、その領域が一八～二九歳の「成人形成期」として知られる時期に発達を続けることがわかってきたためである。その時期に発達する脳のこの部分は、反応脳がもたらす感情と観察脳とのつながりを強化し、感情の反応を制御する能力を高めている。成人期に入る前は感情のコントロールが難しい。ゆえに情動的共感を通して苦しんでいる人を見たときに体験する感情のコントロールも難しく感じられて当然だろう。認知的共感とそれに関連するミラーニューロンは、脳と感情を制御する能力が発達するのに合わせて発達するのである。

専門家が言うところの「トップダウン・コントロール」[36]――感じている共感を自覚してそれにうまく対処すること――によって認知的共感を使いこなせるようにするためには、まず他者の感情を理解して、それから状況に応じた対処方法を決定する必要がある。共感に基づいて引き出される感情を評価する能力は、相手との関係、自分の動機づけや優先度、またそれまでに自分の反応が引き起こした状況など、数多くの要因に左右される。たとえば、もし今、仕事のうえでわたしが動揺している人に向き合うとしたら、気落ちしたクライアントに対して自らの体験を踏まえ、悲しみの気持ちを表して心を開き、思いやりが通じることを願うが、相手の感情を実際に背負うことはほんの一瞬を除いてしないだろう。自分の助けになる方法で共感を示すには、他者から拾い上げるものごとを考えるときに「意識して認知的視点」に立つだけでなく、もっとも効果の高い決断をするために相手の感情を評価する方法も知っていなければならない。自分の感情を完全に抑え込む必要はない。状況について役立つ情報を得て、提供する支援のレベルを考える指標になるからだ。おわかりだと思うが、認知的共感は単純に「あるかないか」のスキルではなく、磨き上げるためには理解と練習がいる。どのように作用するのか、どのように学習したのか、どのように利用すれば効果があるのかを表立って理解しないまま習得している人もいるかもしれない。これは経験、他者との交わり、それを示している人の観察を通して学ぶスキルである。メカニズムを理解していて、なぜ、どのように実践するかをわかりやすく説明できる人をロールモデルにすれば、効果的に学ぶことができる。そうすれば観察する側は、ロールモデルが心のなかで何を体験しているのかはもちろん、表に現れる行動としてじかに示される対応を学習することができる。認知的共感が上達すれば、それは、他者によりよいケアを提供して適切な人間関係を築くための手段となり、自分が燃え尽きないようにするための対策にもなる。共感がミラーニューロンにつながっているなら、観察を通すミラーリングが共感を作り上げるために役立つはずである。

本書のために調べものをしていたとき、ロールモデリングは何よりも医療従事者の役に立ち、また役に立てるべきだと述べる多くの医学文献に遭遇した。自分の専門家としての振る舞いを決定づけたロールモデルを覚えている医大の卒業生は九〇パーセントに上り[37]、ロールモデリングは世界中の医学分野にとってまさに必要なことだと考えられている[38]。「ロールモデリング―医学教育に欠けているもの」あるいは「医師に役立つロールモデリングという隠されたプロセス」といった論文のタイトルには、理解の必要性とともにその欠如も映し出されている。ロールモデリングは十分に活用されているとは言い難く、それどころか忘れられていることも多い。役に立つという認識はあっても、まだ理解が進んでおらず、得体の知れないプロセスと表現されることもしばしばだ[39]。つまり、説明のつかない謎めいたものなのである。けれどもミラー・シンキングの枠組みで考えれば、謎でも不可解でもない。

医学分野のロールモデリングとはどのようなものだろう? 文献では、ロールモデルは経験が豊富で自らの仕事に秀でていると説明されているが、ロールモデルの概念全体を考えればそれは至極当然である。彼らは共感を示し、患者とその家族、さらに職場の同僚にもよい影響を与える。そうした特徴は、それぞれの医学分野で、経験豊かな専門家全員が若いスタッフに伝えていくべきものごとである。たとえば、イギリス医師会は次のように述べている。「すべての医師は、ほかの医師、医学生、また医療行為を行わないヘルスケア従事者に対する教育と研修に貢献する義務がある」[40]

ナーシング2019誌の記事には「看護師であるあなたは日々だれかを教えている」とある[41]。別の論文は、学生自身さえもが仲間の医学生やその他の医療従事者、また教職員にとってのロールモデルであると述べて、ロールモデリングの機会を最大限に活用するためには、医大が学生を促してもっとロールモデルについて発言させるべきだと提案している。[42]

ファーンリー医師はすばらしい共感ロールモデルである。子どもが末期の症状であるという診断を下さなければならなかったり、子どもが事故にあって障害が一生残ると親に告げなければならなかったりする行為は、何度やっても簡単にはならない。そんな風にあまりに耐え難いとき、彼女は家に帰って声を出して泣く。そうやってバランスを保つ。だが、彼女は患者である子どもの親の前ではけっして泣かない。それこそが認知的共感である。患者やその家族のニーズと気持ちを考慮し、彼らの視点でものごとをとらえ、ときには自分でもその気持ちを感じながらも、相手に必要なメッセージを伝えるために、自分の感情と患者の苦痛から一歩下がる能力だ。彼女の患者はあらゆる社会的地位、幅広い文化圏から集まってくる。そして、だれに聞いても、彼女は思いやりと優しさと患者が必要とする共感を示し、患者が抱えているかもしれないさまざまなニーズや不安を考慮しながら仕事をしていると言う。彼女はすぐれた教師、そしてロールモデルとして認められている。それでも、わたしが認知的共感の役割と彼女がそれを活用していることを指摘するまで、ファーンリーは自分がモデルになっているものごとに気づいていなかった。ほかの人間が学べるようにするためには、共感などのスキルのロールモデルになっている人々に、自分が何をしているかを告げるところから始める必要がある。自覚がなければ、モデルとなっている行動を最大限に発揮したり、同僚に自分の対処法や行動を説明したりすることは不可能であり、結果として自分が学んだことを他者に伝える機会が制限されてしまう。

共感の学習は人間らしさの学習の核心部分であると言ってよい。わたしたちは共感の示し方を他者から学ぶ。そのメカニズムはもっと理解され、模倣され、共有されるべきである。それが医療従事者から始まるのだとしても、そこで終わりではまったくない。共感は驚くべき能力で、人生のあらゆる面を決定づけ、感情の結びつきにも不可欠である。この種の結びつきがいかに心と体の健康にとって欠かせない要素であるか、理解は一段と深まりつつある。共感はまた成功にも欠かせない。共感がなければ、人間関係は作れない。そして人間関係は、仕事から遊びまで、人生のすべての側面を支えている。医療の枠を超え、顧客サービスからリーダーシップ、友情、家庭生活にまで広がっているのである。

第5章　社会性と情動のミラー

一六歳にして、ラウル・サンチェロは路上犯罪にどっぷりとつかっていた。同年齢のエミリオ・ラミレスは大人びて見え、全身から「ナメるなよ」と言わんばかりの威嚇するような人間性がにじみ出ていた。ラミレスはギャングの抗争に深く関与してもいた。カリフォルニア州ベルモントの荒れた地区に暮らすそのふたりの少年は高校の同級生だった。クラスは三二人、ほぼ全員が銃やギャングなど、犯罪を助長する社会と交わっていた。それぞれに街中での威信があり、それは学校の成績よりも守らなくてはならない大切なものだった。そこは、教育制度から見放された、荒っぽく、やりたい放題で、「リスクの高い」ティーンエイジャーの学級だった。いろいろな教師がやってきたものの、彼らの学習を助けるというよりは「名前だけの担任」のような存在だった。そのクラスを任された教師はだれもが心の底から、どんなに努力をしてもこの生徒たちはどうにもならず、何かしたところで何の足しにもならないと信じていた。

これは映画『デンジャラス・マインド／卒業の日まで』の冒頭部分の描写で、ミシェル・ファイファーが新たにそのクラスの担任になった教師ルアン・ジョンソンを演じている。新任教師にとって、状況は期待していたものとはまったくちがった。喧嘩っ早いティーンエイジャー集団と初めて会った日、彼女の顔からは血の気が引き、目は恐怖でいっぱいだった。どれほどがんばっても、生徒が騒いでいて声すら届かなかった。ひっきりなしに反発にあって疲れ切ったルアンは、自暴自棄の状態で教室をあとにした。だが、さすがにハリウッドの映画はここでは終わらない。ルアンは、生徒と同じような格好で戻ってくる。海兵隊時代に習得した空手を生徒に教え、ラウルがどれほどすばらしい生徒であるかを両親に告げるために家庭訪問さえする。映画によくあるドラマと誇張が繰り返され、ルアンは学校の方針に背いて行動し、再三の叱責にもかかわらず、わが道を進む。ときには迷うこともあって、最後までやり遂げるだろうかと見ている人をはらはらさせるが、結局、頑なに自分のやり方にこだわり続ける。一年が終わるまでに、彼女はほかの人が夢にも思わなかった成功を手にする。

じつは、これはハリウッドだけの物語ではなく、ルアン・ジョンソン本人の自伝『ルアン先生にはさからうな』（酒井洋子訳、早川書房、一九九五年）という実話に基づいている。彼女は型破りな方法で成功した。生徒ひとりひとりに与えられた励ましと敬意を考えると、それが持つ意味はなおさら大きい。ジョンソンを知る人は言う。「絶え間ないサポートと既成概念にとらわれない教育方法が生徒たちの並はずれた完遂率をもたらす（中略）と同時に、生徒の自己肯定感と成績を上げ、退学を減らした[1]」

ジョンソンは若者に希望を与え、すぐれたロールモデルになった。約束どおりに最後までやり通し、支援をためらわず、言ったことは必ず実行する人間であることを生徒に示した。生徒のひとりで、のちに科学研究所の技術者になったオスカー・グエラはこう述べている。「先生は、こわがらずにトライしていいと教えてくれた」[2]。それを実践するために、ジョンソンはカリキュラムの内容ではなく、生徒が授業に参加してもよいと思えるような社会性と情動の学習に焦点を合わせて、既成の教育方法の殻を破った。また彼女は、生徒たち自身も本当はやりたい――勉強したい、社会の一員として評価されたい――のだということを生徒に理解させた。何を学ぶにしても、その入り口としてこのように社会性と情動の学習に重きを置くことは見過ごされがちで、世界各地で新しい世代の育成がそのしわよせを受けている。大人になってからでさえ、わたしたちは変化し続ける周囲の世界に適応しながら、自分が発展する機会、スキルを磨く機会を必要としている。きょうだい、同僚、友人とのやりとりを介する多くの状況で、社会性と情動の学習は生涯続いている。けれどもスタート地点は、教室のなかでも外でも、やはり教師と子どもたちである。

人生のレッスン

もっとも人に影響されやすい年齢のころ、毎日、長時間にわたってわたしたちの心を守っているのは教師である。わたしたちは平均して一万五〇〇〇時間を学校で過ごす。これまで見てきたミラーシステムに照らせば､教師の影響は計り知れないほど大きいはずだ。アメリカの歴史学者ヘンリー・ブルックス・アダムズはかつてこう述べたことで有名である。「教師の影響は果てしなく続く。どこまで続くのかもわからない」

残念ながら、これはわたしの経験には当てはまらない。ますます学校が嫌いになった以外に、教師からたいした影響は受けなかったからだ。ただし、これといって大きくはないが、ひとつだけ例外がある。それは物理の教師だった。マスリン先生はすらりと背の高い女性で、目が優しく、髪は短い白髪で、少なくともわたしの記憶のなかではいつも実験用の白衣のボタンを上から下まで全部留めていた。わたしは物理に熱中することはなかったけれども、先生がわたしを信頼してわたしという人間に関心を抱いてくれたことがずっと心に残っている。わたしは見守られている、耳を傾けてもらえる、理解されていると感じていた。先生はもしかすると両親から与えられた信念——やりたいと思えば何でもやり遂げられる——を本気で後押ししてくれた唯一の教師だったかもしれない。先生に出会うまでに、わたしがなりたいものは戦闘機のパイロット、建築家、洋服のデザイナーなど、何度も変わっていた。それでも、自分の思考に異常なまでの関心を抱き、他者のそれを理解しようと試みていたわたしは、一五歳にして、心理学者になりたいと思った。先生は理解を示し、それが正しい道だと賛成したが、心理学の学位は役に立たないので、代わりに医学と精神医学を目指してはどうかと勧めた。ひょっとすると先生自身の勤勉さからそう考えたのか、あるいは何がよくて何が悪いという社会のイメージがあったのか。いずれにしても、わかってもらえたことがうれしかった。わたしは医学部を目指すために必要な学科を選択し、病院や医療センターのアルバイトをせっせと探した。結局はのちに心理学に戻ることになったけれども、マスリン先生が重要な人生の分岐点でわたしの進路に大きな影響を与えたことはまちがいない。ただ、これがわたしの経験では唯一の、また漠然とした教師の影響であるため、これが一般的なのかどうかわからなかった。そこでわたしはプロファイリングを通して、さまざまな観点からこの疑問を解き続けてきた。

ララに出会ったのは二年前だった。彼女が部屋に入ってきた瞬間、その容姿に心を打たれた。ほっそりと背が高く、美しいとび色の髪、そばかすのある色白の肌に深緑の目。落ち着きと自信がにじみ出ていた。自分の生い立ちを話しながら、一四歳まで学校には興味がなかったと彼女は述べた。成績は悪くなかったけれども、これといっておもしろい科目もなく、卒業してから何をしようか考えたこともなかった。あまりにもおとなしい子どもだったために教師が対応に困ったのかもしれないが、教師の目に留まることもなかった。ところが、美術のハドソン先生が彼女の作品に心から関心を抱いたときに、すべてが変わった。ララがその体験について話すうちに、ハドソン先生が作品に注目しただけでなく、ララを「生身の」人間として扱ったことに大きな意味があったとはっきりわかった。突如として、見てもらっている、聞いてもらっていると感じたララは、学校に興味を覚えた。ハドソン先生はララに、週末や放課後を使って、さまざまなアート、デザイン、写真、工作、デッサン、絵画を試してみるよう促した。そうして最高のファッションデザイナーになったララは、美術教師が自分の進む道に影響をおよぼしただけでなく、未来に希望を与え、チャンスにしっかり目を向けさせ、可能性を切り開いてくれたと、固く信じている。わたしたちとしてはまさに、すべての教師から生徒にこのような影響を与えてもらいたい、少なくとも与えたいと思ってもらいたい。ララの両親は愛情深く彼女を励ましてはいたが、ララが言うところの外部からの「救いの手」が大きな差を生んだ。

ララの体験はきわめて有意義で、「先生は、こわがらずにトライしていいと教えてくれた」と述べたジョンソンの生徒と重なり合う。しかしながら、心理学者であるわたしの耳に入ってくる評価によれば、ララやジョンソンのクラスは普通ではなくむしろ例外だ。教師の影響は、おそらく教科の選択を除けば比較的控えめであることが一般的で、ひどい場合には悪影響となって、成人になってもそれが残ってしまうことがある。

教育と脳を専門とする心理学者のカーク・オルソンは「教育は脳外科のメスよりもはるかに複雑に脳を変化させる」と述べ[3]、教育の重要性を強調している。さらに現在では、よくも悪くも、そのほとんどがミラーニューロンに左右されていることがわかりつつある。

典型的な悪影響は、「数字に弱い」あるいは「国語がまったくだめ」で「コミュニケーション能力が最悪」、さらにひどい場合には「とにかく頭が悪い」と子どもに思い込ませてしまうことである。わたしがプロファイリングした別の人物を例にあげよう。アミールに会ったとき、彼は自信に満ちて、足が地に着いた人物に見えた。自分の能力に対して安定した内なる自信があって、人を見下すような態度や傲慢さはみじんもなかった。アミールは世界各国にあるさまざまな企業で成功を収めてきた目覚ましい経歴の持ち主で、当時は有名ブランドの取締役を務めており、会社の業績はずばぬけてよかった。彼は自分について話しながら、数学ができないとみなの前で教師から辱めを受けた学校での経験について語った。クラスの生徒たちは試験に備えて復習するよう言われていた。アミールにはよくわからない単元だった。だれもよい点がとれなかったため、思うに教師自身の評価が下がるからだろう、教師はクラス全員に対して怒りを爆発させた。アミールは最下位だった。教師が彼を前に立たせて怒鳴りつけ、このような生徒は教室にいなくて結構だとばかりに彼を見せしめにしたため、彼はひどく恥ずかしい気持ちになった。アミールは今ではその事象を無能な教師との悪い経験だと論理的に説明できるが、数字に対する自信は失われたままだった。財務諸表は読めるし、まちがいも簡単に見つけられる。けれども、株主との会議では恐怖で話せなくなってしまうため、財務担当の取締役に任せきりにするほかない。彼の認知的な理解力を検査すると、数字に弱くないことは明らかだった。多方面で成功を収めてもなお、自信の喪失をずっと引きずり続けていたのである。同じように自己肯定感を傷つけられると、多くの人は自分には価値がない、自分にはできない、自分がするべきではないと信じ込んでしまう。たったそれだけで、子どもは一生の進路変更を余儀なくされる。

さて、教師にロールモデルとなって大きな影響を与えてくれるよう期待するとしても、教師の側はどうなのだろう？　現代の生徒は教師を人生における重要なロールモデルと考えているのだろうか？　どうやら答えは、あまりそうではないらしい。アメリカのマサチューセッツ州とコネティカット州で二二〇人のティーンエイジャーにインタビューした二〇一六年の調査を例にとろう。[4] 若者が接した人々のうち、ロールモデルとして指名される頻度が高かったのは、親、おじ、おば、祖父母、きょうだい、いとこを含む家族で、友人がそのすぐあとに続いた。教師は最下位のカテゴリーに含まれ、「その他の大人」のなかに埋もれていた。しかしながら、教師がよいロールモデルになれば、生徒に計り知れない影響をおよぼすことは研究からわかっている。よいロールモデルが広範囲におよぼす影響を証明した調査が、イリノイ州、ノースウェスタン大学の経済学教授、キラボ・ジャクソンによって二〇一八年に発表されている。[5] ノースカロライナ州の高校に在学中の五七万人を超える生徒が参加したこの調査からは、試験の点数以外に、生徒の新しい状況に順応する力と自己を制御する力を育み、やる気を引き出すことのできる教師は、出席率、退学率、進学率を含むさまざまな結果に多大な好影響を与えることがわかった。論文の著者は述べている。「結果は多くの人が直感的に正しいと思っている考えを裏づけている。すなわち、試験の点数に対する教師の効果は、人的資本に対する効果のほんの一部分でしかない」[6]。この調査と、わずかながらの事例証拠を合わせると、よいロールモデルとしての教師の効果が絶大であることは明らかだ。個人にも社会にも有益なのにそれを活用しないのはもったいない。

では、見たところ少数派のよいロールモデルは、ほかの教師とどこがちがうのだろう？ なぜ子どもに影響するのだろう？ 何の影響も与えない場合と、人生を変える場合の差は何だろう？ それがわかれば、教師に効果的にロールモデルになってもらうことができるだけでなく、職業や生活における役割に関係なく、わたしたちもそれを学ぶことができる。

つながり、信頼、接触モデル

ルアン・ジョンソン、わたし自身の経験、ハドソン先生に戻ってみると、最初に述べたテーマが浮かび上がってくる。それはつながり、信頼、接触だ。では、それらはどういうことなのだろう？休暇で旅行に行くと想像してみよう。ホテルのロビーに入り、長時間の移動を終えてやっと着いたとほっとする。もうぐったりだ。そこは高級ホテルである。ずっと前から楽しみにしていた自分へのご褒美だ。けれども、今この瞬間はさっさと部屋に入ってシャワーを浴びたい。ところが、フロントの人がこちらを向いてくれない。すみませんと声をかけても聞いてもらえず、慌ただしくほかのことをしている。やっと対応してもらえたと思ったら、記入する用紙を山のように差し出して、鍵も渡さずに、またどこかへ行ってしまった。あなたはどう感じるだろう？　おそらくいらいらして、がっかりして、むっとして、げんなりして、困惑さえするだろう。一言で言うなら、イマイチである。休暇に入って数日後、あなたはひとつの国から別の国へ移動する。フライトが遅延したため、またしてもあなたはくたびれ果てて、ホテルに着くなり部屋へ行きたい。今回は最初のような高級ホテルではなく、家族経営の小さなホテルが予約してある。到着時、あなたはまっすぐに目を見つめて笑顔で挨拶するホテルの主人に出迎えられる。飛行機が遅れてさぞかしお疲れになったでしょうと、あなたの心を読んでいるかのようだ。かばんはお預かりしますので、お部屋へどうぞ、お手続きは翌朝になってからで結構ですと告げられる。わかりきった質問だが、あなたは最初のホテルのときと異なる気持ちになるだろうか？　学校へ通う子どもとはまるで異なる状況だが、これらのささいなやりとりの差は、よいロールモデルの教師と何の影響も与えない教師とのあいだにあるシンプルでありながら重要な多くのちがいを表している。もっとも基本的なレベルで、最初の応対は何のつながりもたいした共感も生まないが、ふたつめのシナリオは心からのつながりとある程度の共感を促す。よいロールモデリングに必要だとわかっている共感以外の要素は信頼と接触で、この簡単なシナリオよりは説明を要するが、それについても見ていこう。

この例では共感がつながりを生む。前章で論じたように、共感はほんの一瞬示されるだけでも強力だ。どれほど痛いのかを理解する看護師、大切な家族の病気について優しく説明する医師、また先の例では、長旅で疲れたことに理解を示すホテルの主人。長期にわたって示される共感は大きな影響を与えうる。ルアン・ジョンソンのアプローチには絶え間ない共感が示されている。彼女は生徒たちに自分は見放さないと信じさせた。生徒を知り、それぞれの状況を把握し、おのおのに価値があると感じさせ、その結果、生徒の気持ちや行動の意味を理解した。ジョンソン自身はこう語ったことがある。「みんな自分がティーンエイジャーだったときの気持ちを忘れている（中略）わたしはきっと大人になりきれていないのね」[7]。これまで述べてきたように、この共感を可能にしているのはミラーシステムだ。研究によれば、もっとも有益な教師と生徒の関係は、思いやり——優しさ、いたわり、率直さ——に基づくもので、それが関係の質を向上させる。[8,9] 学習の社会的また情動的な側面のロールモデルとなる教師はつながりも作る。そうした行動をとる教師と良好な関係にあると語る子どもたちもまた、動機づけ、感情、行動において学校とより積極的に関わっている。[10]

関係の質は信頼に基づいてもいる。顧客がホテルを訪れるといった表面的なやりとりでは、共感がどれくらい本物かを心配する必要はない。そのとき、その瞬間に気分がよければいいだけのことだ。だが、自分が患者や生徒だったなら、共感が本物であると信用する必要がある——医療従事者や教師の行動は人に長期の影響をおよぼすのである。ジョンソンの生徒たちは彼女を信頼した。彼女の共感は本物だったため、どれほど生徒から詰め寄られても、彼女は諦めなかった。大人にとって信頼は、職場、友人、家庭など、すべてとは言わないまでもほとんどの人間関係に欠かせない。問題は、教師と生徒のあいだの信頼は欠かせないものであるだけでなく、子どもが大きくなればなるほどそれを築き上げるのが難しくなることである。

小学校教育で、子どもは初めて同世代の仲間のなかにどっぷり浸る。おそらくまだミラーリングを自覚していないけれども、生まれて初めて、ふいに模倣の相手を多くの人のなかから選ばなければならなくなる。親、きょうだい、親戚だけではなくなるのだ。この時点で、子どもは教師に信頼を寄せることが多く、ときにそれは英雄扱いにもなる。小さな子どもはよく、先生が言ったことを何でもかんでもおうむ返しに繰り返しながら学校から帰ってくる。子どもは注目を浴びると喜ぶ。この年代で、特定の子どもにほとんど関心を示さないなどして、信頼、つながり、共感を損なうと、その子どもの自己肯定感が劇的にしぼんでしまう。

子どもが青年期に入ると、脳の構造とホルモンなどの生理学的な要因の影響で、行動、情動、自分が置かれている環境での他者への反応が、きわめて複雑な大混乱に陥る。くわえてその時期には、不適切な決断をしたり、自分のためになるとは言えない仲間の行動を模倣したりすることにつながる進化的また発達的要因も存在する。しかもこの年齢では人づきあいがすべてである。生徒は自分を愛し、自分のことをよく考えてくれる親、生まれてからずっとよく知っている親族、自分で選んだ友だちを信頼する。ロールモデルのリストで教師が親族や仲間よりも下位にある多くの原因のひとつはまさにそれだ。信頼してもらうことが難しくなるのである。信頼させるためにはまず、教師側がつながりを作って共感を示さなければならない。思い出してもらいたいのだが、これは同情を寄せたり、きまぐれにつきあったりするのとは異なり、ティーンエイジャーの視点に立って認知的共感を示すことである。

教師が「よいロールモデル」になるにあたって障害となるもうひとつの要素は接触である。教師の多くはおおむね一年だけ週に二～三コマの授業でしか生徒と接しないばかりか、学級の人数が原因で接することそのものが難しい。数年にわたって同じクラスを受け持っても、人数が多いために結びつく機会が損なわれてしまう。たいていの場合、教師は教室内の三〇人のうちのひとりだが、教師以外は生徒の同級生であるため、毎日、一日中、一緒に過ごしていて印象に残りやすい。生徒の関心はどうしても教師より同級生に向けられてしまう。マサチューセッツ大学の心理学教授であるジーン・ローズとデヴィッド・デュボワは、若者と大人の関係では、つながりと信用にくわえて、接触が大切だと述べている。彼らの研究からは、信頼を築くにあたって、長期の関係がある程度の足がかりになっているとわかる。[11] 関係が長ければ長いほど、その関係が若者の人生の行く末にもたらすプラスの効果は強くなる。

もしそれらがロールモデリングに欠かせない要素であるなら――つながり、信頼、共感、接触――教師が影響を与えるには、ただ生徒たちの前に立っていればよいという問題ではないとわかるだろう。その影響は互いに絡みあった一連の複雑な要素に左右されるのだ。ロールモデリング、つまり社会性と情動のスキルの伝達が学校で機能するかしないかについてもっと深く知るためには、もうひとつ取り上げなければならない重要な問題がある。一部の教師がよい影響を与える理由を探ればよいだけではない。それ以外の教師がなぜ、世間の期待に反して、よい影響を与えないのかを探らなくてはならない。

ストレスは社会性と情動を妨害する

スカンディナヴィア諸国を除けば、欧米諸国の多くで、多すぎる仕事量、支援の欠如、試験を介して直面するプレッシャーの増加が、教師のストレスと燃え尽き症候群に大きな影響を与えていることは周知の事実である。[12] ストレスはだれに対しても、本領を発揮する妨げとなる。判断を鈍らせるばかりか、脳の特定部位が効果的に働こうとするのを阻害する。教師であろうとなかろうと、わたしたちは日々ストレス要因に直面している。それが生きていることの自然な状態であり、脳の働きの進化によってそうなっているためだ。実際、ストレスは原始的な反応脳が自分を守っている状態である。脅威を感じると、脳が警告すべく化学的なシグナルを出す。もっとも、現代の日々のストレスは、たとえば、座席を横取りされた、電車のなかで人とぶつかった、車が前に割り込んだ、会合に呼ばれなかった、自分にだけメールがこなかった、ほかの人と比べられているように感じたなど、その多くが脅威には感じられない。それでも、それらはみなストレス要因で、脳内で積み重なる。毎日、何百もの状況が脳に化学物質を出させている。祖先の時代にはそれは行動することで消散したが、現代社会では積もるばかりである。化学物質が放出されても、その圧力を逃がすところがない。座席を横取りした人と戦うのでもなければ、電車内でぶつかった人から逃げるわけでもない。

じつは、適度なレベルのストレスは人間の遂行能力を高める。ストレスが増加するにつれて生理的また心理学な興奮も高まり、やがてそれが最適なレベルに達して結果を向上させる――たとえば、プレゼンテーションや試験を成功させる、集中力が増す、迅速に決断することができるようになる。[13]また、急性のストレスは、向社会的行動などある種の共感を高めるという事例もある。[14]そうなれば、教師と生徒のあいだに必要なよい関係を発展させる助けにもなる。したがって、適度なストレスは社会性と情動の学習を促進する可能性がある。

しかしながら、ストレスが大きすぎると、脳への要求が過多になって、人はすぐに負担がかかりすぎた状態に陥ってしまう。遂行能力は下向きの軌道をたどり、否定的な感情へとつながって、認知機能全体が低下する。ひとたび下り坂を転がり始めると、観察脳が反応脳から出されるコルチゾールやアドレナリンなどのストレスホルモンでいっぱいになり、どうすれば前向きな状態に戻れるのかがわからなくなる。ストレスが一時的に急増しても害はないが、間断なく生じると精神的また身体的に消耗し始める。これは教師だけの問題ではない。ストレスは心臓病、頭痛、消化器疾患、不眠、うつなど、通常の範囲を超えて病気を引き起こし、長期にわたれば免疫システムにも害をもたらす。[15] さらに、社会的また情動的に好ましい行動の模範になるという点でも問題が生じる。fMRIを用いた研究からは、ストレスにさらされている人は「他者への反応」が不適切かつ激しくなることがわかっている。言い換えれば、相手の気持ちをミラーする能力が落ちるということだ。思いやりを調整する能力も衰える。[16] そうなると、情動的共感とならんで教師と生徒のよい関係にとってきわめて重要な、ひいては社会性と情動の学習にとって欠かすことのできない、認知的共感を示す能力が下がる。くわえて、ストレスにさらされると注意が散漫になって「適切に」ものごとを実行できなくなるのは知ってのとおりだ。この場合もやはり、有益なロールモデリングの機会が制限されてしまう。自分がストレスを感じているときのことを考えてみよう。子ども、パートナー、あるいは友人が注目を求めてきたら、あなたはどれほど辛抱できるだろう？　自分だけで精一杯のときに、他者を助けることは難しい。経験するストレスがどのようなものであれ、それが長期間続けば、すぐに周囲の人の気持ちを気づかうことがきわめて困難になる。結果として、継続的なストレスが教師の共感能力、つまり教える力を妨げる。どのような職業でも同じだ。ストレスは親や工場ラインの管理職でも、社会性と情動の学習に不可欠な要素を伝える能力を妨げる。一部の教師が生徒に長期の影響を「与えない」理由は、これで説明がつくだろう。生徒とつながり、共感を示すという教師の能力が阻害されて、信頼関係を作る技量に影響を与えているのである。なお悪いことに、ミラーシステムを介するもうひとつのメカニズムが、教師から生徒へとストレスを伝達してしまっている。

パートナーが、もうじき家につくと連絡してきたとしよう。伝えたい知らせがあるので、あなたはうれしい。玄関のドアが開くのを心待ちにしていると、開いたのはいいが、ただ閉まったのではなかった——バタンと乱暴に閉められた。パートナーのもとへ駆け寄るが、その顔を一目見て、知らせはもう少し待ったほうがいいとわかる。相手は息を継ぐ間もない勢いで、うまくいかなかったこと、いやな人物をひとつひとつあげながら、いかに最悪な日だったかを延々と話し続ける。あなたはそれでも自分の知らせを伝えたくてうきうきしているだろうか？　おそらくそうではないだろう。実際、相手のムードに引きずられないようにするのは難しい。あっという間に、あなたの高揚は、何もかもにうんざりして、世間にいら立つ気持ちにすり替わる。教師がストレス下にあるときも同じだ。ただし、影響は子どもたちに降りかかる。それは、カナダ、ブリティッシュコロンビア大学の人口学ならびに公衆衛生学助教、エヴァ・オバールらが実施した、教師のストレスが児童に直接の影響をおよぼすことを示す画期的な研究によって証明されている。オバールらはカナダ、ヴァンクーヴァー都市部に広がる一三の小学校で四〇六人の児童を観察し、実際の教室で午前九時、午前一一時半、午後二時のコルチゾールレベルを記録した。コルチゾールの測定値は議論の余地なく、児童のストレスレベルを示す生物学的な証拠となる。オバールはまた、教師の燃え尽き症候群のレベルにも着目し、対象児童の年齢、性別、起床時間を調整してもなお、朝の児童のコルチゾールレベルが担任教師の燃え尽き症候群のレベルからかなりの確率で予測できることを突き止めた。つまり、教師のストレスが大きいと、児童のストレスも大きいのである。[17]

ストレスにさらされているとき、教師はどのように子どもたちとつながり、信頼関係を築けばよいのだろう？　前章で検討したように、それはとてつもなく難しい。さらに悪いことに、教師のストレスが生徒に害をおよぼすおそれさえある。だが、逆に考えれば、ストレスを取り除けば、効果的なロールモデル、つながり、共感、信頼に関連するいろいろな要素をうまく活用できるようになるということだ。つまり、子どもが教師をロールモデルに、行動、価値観、態度をミラーする可能性が劇的に上がる。実際、ジャクソンの研究が示しているように、生徒ひとりひとりと関わってつながりを作れば、それ以上の可能性が花開く――社会性と情動の学習が自然に芽生えるようになる。それはまさに、生涯を通じて子どもに影響を与えるかもしれない学習である。影響力の大きい教師がロールモデルになれば、生徒のミラーシステムの発達が促されて、好循環が生まれる。

若者、とりわけリスクの高い環境で暮らしている子どもたちには、人生を歩んでいくうえで支えとなるような行動に触れる、できるかぎり多くの機会が必要だ。それは、他者に共感と敬意を示す、手助けをする、感情を乗り越える、感情を制御する方法を学ぶ、効果的にコミュニケーションをとるなどの、向社会的な行動を含む。調査によれば、社会性と情動スキルの模範となるよいロールモデルがいる高校生は、ギャングへの所属や暴力などのリスクの高い行動に関わることが少なく、精神面で安定しており、運動や避妊などの有益な健康行動をとることが多い。[18] さらに、ジャクソンの研究、またほかの多くの研究でも繰り返し示されているように、社会性と情動のスキルを示すよいロールモデリングは学業の成績も向上させる。また、子どもの社会ネットワーク内にいる親、仲間、その他の大人との関係も改善されて、[19] 好影響と好循環が強化される。

社会の広い範囲で生じる結果がわかってきたことで、社会性と情動のスキルにさらに重点を置かなければならないとの認識は、世界各地で一段と高まりつつある。二〇一五年、イギリス政府が委託した調査では、学校における社会性と情動の学習の長期効果に焦点が当てられた。「若者に悪影響をおよぼす有害な社会問題を断片的に取り上げた」結果、[20] そうしたスキルを育てない場合の政府の損失は、年間およそ一七〇億ポンドに上るとわかった。効果的な対策は、教師によるよいロールモデリングに力を注ぐことだが、そのためにはまずシステムからストレスを取り除かなければならない。

感情知能を植えつける

教師のよいロールモデリングは恵まれない人々にとって有益なだけではない。わたしは仕事上でも、教師のロールモデリングのきわめて重要な副産物として伝達されうる社会性と情動のスキルの重要性を何度も目にしている。

社会性と情動のスキルは、心理学者ダニエル・ゴールマンが生み出した「感情知能」[21]と呼ばれるものと大きく重なり合っている。トップに立つ人間の感情知能指数（ＥＱ）が知能指数（ＩＱ）と少なくとも同じくらい重要であることは広く認められている。わたしは仕事で恵まれない子どもたちを受け持ったことがあり、今後もそうしていくつもりだが、わたしが仕事上で出会ったリーダーたちは中流階級か特権階級出身が多い。優秀な成績と華々しい経歴を携えて人生を歩んできたケンブリッジ大学やハーヴァード大学の卒業生、一流の医師らでも、多くが社会性と情動の能力を欠いているためにつまずき、ふいにスランプに陥ってしまう。グレゴリー・ハウスのような医師と同様、そうした人々はたいていよかれと思って行動している。社会的また情動的な世界をうまく渡ってきたいが、ニュアンスが重要になってくる人生の後半になってから自分にそれが欠けていると知る。パートナーが出て行った、職場で揉めた、商談をまとめられないなどの個人的な経験によって初めて、ＥＱが発達していたなら、もっとよい人生を送り得たと気づかされるのかもしれない。彼らは勉強が中心の「最高の」学校を出ているが、そうした場所では学業の成績ばかりが注目されるため、

「それぞれの子どもにとってベストな教育をし、子どもの倫理基準を育てる」といったソフトな側面は運に任せられがちである。つまり、どのような社会経済的な背景でも、そうしたスキルの教え方がまちがっているということだ。

こうした社会性と情動のスキルは、リーダーシップにかぎらず、あらゆる職業で遂行能力に影響を与える。たとえば、EQが軍事分野の能力に与える影響に着目したふたつの研究では、それぞれアメリカ空軍とイスラエル国防軍が調査対象だったが、いずれもEQが高いほど任務遂行能力が高いという結果が出ている。イギリスの研究ではレストランチェーンのビーフィーターで一〇〇人のマネージャーが調査されたが、マネージャーのEQが高いほど顧客満足度と年間利益が高かった。EQはまた、経理担当者、校長、事務職員、プロジェクトマネージャーでも仕事の能力の高さと関連していた。[22] 職場以外でも、高度に発達した社会性と情動のスキルは、幸福感、人生に対する満足度、また心の健康など、人生の長い期間にわたって数多くの好結果をもたらしている。さらに、すぐれた社会性と情動のスキルを持っている人は、肥満、喫煙、過度な飲酒に陥りにくい。[23] 要するに、この状況をまとめた政府の報告書が述べているように、「集まった事例証拠から、社会性と情動のスキルは、成人の心の健康と人生の満足度、社会経済、労働市場、健康と健康関連分野における成果など、人々が生きていくうえで大切にしたいと思うものごとにとって重要であることが明らかである[24]」

感情の知能が高いリーダーは人生の後半になってからでもそのスキルをさらに発達させることが

できる。彼らは、そのスキルに焦点を当てて助けを求める機会があるという点で恵まれている。「普通の」仕事に精を出すだけで手いっぱいの人々にみな、自分の社会性と情動のスキルを磨くための時間や、その気があるとはかぎらない。けれども、スキルがあれば、普通の人の人生も大きく変わる。歴史に残る一九九〇年の試合でスコットランド代表ラグビーチームのキャプテンを務めたわたしの友人、デヴィッド・ソールは彼のキャリアを通してそれを学んだ。試合はスコットランド、エディンバラのマレーフィールド・スタジアムで開催された。グランドスラム（全勝優勝）を決定するその試合の相手は「賭け屋の本命」イングランドだった。試合前、イングランドチームは相手を見下しているとメディアで報じられていた。試合をしてもいないのに勝ったも同然だと豪語し、テレビではイングランドのキャプテン、ウィル・カーリングがチームに向かって、自分たちはスコットランドよりも強いと語っていた。[25]傷口に塩を塗るかのように、イングランドのサポーターの一部は試合前から「イングランド1990グランドスラム」と記されたTシャツを着て、エディンバラにやってきた。[26]

ソールは口数は少ないけれども自信に満ちた、思慮深い人物である。彼と会話をするといつも、彼がわたしの言葉ひとつひとつに耳を傾け、心から敬意を払って考えてくれていると感じられる。彼はほかの人といるときもまったく同じことをする——大人数でいるときはあまり口を開かないが、何か伝えたいことがある場合はわかりやすく、相手に届くように話す。彼が語れば、人々は耳を傾ける。キャプテンとして、彼はその人格、その落ち着いた自信をチーム全体に投影して、ゆっくりとした足取りでチームをグラウンドへと導いた。[27] その日、スコットランドはすべての予想に反して、[28] 落ち着き払って自信たっぷりに、一三対七でイングランドを破った。スポーツジャーナリストのリチャード・バースは次のように記している。

デヴィッド・ソールは人々の記憶に残るプレイヤーのひとりになった。またそれはただひとつの瞬間に決定づけられたと言ってよいだろう。一九九〇年にマレーフィールドで行われたイングランド相手のグランドスラム決定戦でグラウンドに出る瞬間、今や有名になったあのゆっくりとした足取りで臨もうと決めたその瞬間だ。それは決意を表す、みごとな行動だった。ファイブ・ネイションズ（五か国対抗）ラグビー史上、もっとも注目を集めたその試合に負けたイングランドチームは立ち直ることができなかった。そしてソールの名はスコットランドの伝説として永久に刻まれることになった（後略[29]）。

デヴィッドが物静かであることは問題ではない。なぜなら、彼の落ち着き、思い上がりのなさ、自信に満ちた態度——すなわち感情知能——のおかげで、その人柄が周囲の人間にも広がって、チームの行動、態度、アプローチにミラーされたからである。そして一九九〇年のグランドスラムの決勝では、それがスコットランドの勝利につながった。

デヴィッドがあの試合の雰囲気を決定づけたのと同じように、わたしたちは、家族や職場の同僚など、自分が接する人すべてに対してその日一日の雰囲気を作っている。教師は子どもたちの雰囲気を作る。それは微々たる影響で、だれも気づかないかもしれないが、それでもそれはそこにある。家庭であれば、親の険悪なムードが子どもやパートナーの一日を台無しにしてしまう。あなたがいら立っていれば彼らもいらいらして、学校や職場で友人と仲たがいし、教師や上司に叱責され、大事なときに集中できない。スポーツチームのキャプテンの場合には、自信に満ちあふれる落ち着いた態度であれ、猛々しい鬨《とき》の声であれ、その雰囲気は試合のあいだ中、チームメートに反映する。特定の要素がインパクトを高めることもある。たとえば、子どもは親のムードをなかなか振り払えない。なぜならそれが自分という人間、自分の生き方に深く関わっているからだ。子どもはつねに親に何をすべきか、どうすべきかを仰いでいるためである。教師は、クラスの子どもたちに影響を与えているとはかぎらないが、ストレスは伝染する。友人はわたしたちを深く傷つけることもあれば、思いやりのあるひと言で喜ばせることもある。

社会的なやりとりを介する気分や感情のミラーリングは、生涯を通じて社会性と情動の学習を可能にするが、前向きで建設的な感情表現のほうが「手に負えない」ムードよりはるかに有意義である。カリフォルニア州にあるペパーダイン大学心理学教授のルイス・コゾリーノは、社会的な臓器としての脳の進化を専門に研究している。彼の説明によれば、脳は動かない臓器ではなく、むしろさまざまなやりとりや、自分のもの、あるいは他者のものとして遭遇する感情に反応して、生涯にわたって変化、また適応し続けている。わたしたちの神経回路網は人とのやりとりに基づいて絶え間ない適応と改善を行い、繰り返し社会性と情動のスキルを学習しているのだ。

したがって、そうしたスキルがきわめて重大であることはまちがいない。心配なのは、わたしたちが人間ではなくスクリーンと過ごす時間が増えるにつれて、日々の学習量がどんどん減少していることである。これは事実上、脳が成長して発展するチャンスを奪っているのに等しく、わたしたちひとりひとりに影響を与える問題である。子どもたちはめまぐるしい、テクノロジーだらけの世界に囲まれているだけでなく、学校では試験の点数ばかりに重きが置かれるようになって、それに応じてストレスのレベルが上がり、問題は悪化するばかりだ。

社会性と情動のスキルが注目されない大きな理由のひとつは、政府、組織、個人がその重要性に気づき始めているものの、まだその影響の大きさや教え方が十分明らかになっていないところにある。理解するための、ましてや学習するためのプロセスや方法がなければ、政策立案者はつまずきがちだ。測定する方法がなければ、成功を示せない。学校全体の成績がよいから成功していると述べるのは簡単である。あいにく、成績に焦点を合わせると制度内にストレスが生まれ、教師が社会性と情動のスキルのロールモデルになる能力を失い、実際には学業成績が下がる。成績がよければ無理やり詰め込まれていることが多く、社会性と情動のスキルが無視されていることになる。好循環を作ろうと主要な目的に焦点を合わせているつもりで、反対方向に進んでしまいかねない。

それでも、適切な条件下であれば、社会性と情動の学習をてこ入れすることは難しくない。もっとも自然なやり方、すなわち脳が進化の過程で取得している方法は、ロールモデリングを介する方法である。現在わたしたちは、脳内でのミラーリングの実態と、行動を学習するためには見たり聞いたりすることが必要不可欠だという事実について理解を深めつつある。もしかするとわたしたちはずっと昔から直感的にそれを知っていたのかもしれないが、今ではそれが神経科学の研究によって証明されている。あとは社会性と情動のスキルを発展させるためにロールモデリングを用いればよいだけだ。一万五〇〇〇時間を過ごす学校以外に適切な場所がどこにあるだろう？

では、どうすればよいのか？　政策レベルではいくつか根本的な改革の実行が必要だ。第一になすべきことは、少なくともストレスの一部を取り払うことである。多忙な現代社会を生きている人間にとって、ストレスを完全になくすのは現実的ではないが、最低限にはできる。簡単な方法は、成功の指標として成績だけに注目するのをやめることだ。実行不可能かつ非現実的に見えるかもしれないが、フィンランドではすでに行われている。

フィンランドでは、教師が子どものためになると思うなら、どのような方法で教えてもよい。学校には、高校の最後に行われる試験を除いて、実施が強制されている標準テストはない。学校のランクづけはなく、生徒も学校も地域も互いに競い合っていない。どの学校にも国レベルの目標があり、教師は大学を上位一〇パーセントの成績で卒業してから、教育学の修士課程を終えた人ばかりだ。二〇〇〇年、一五歳を対象にした国際標準学力テストが世界四〇か国で実施された。フィンランドも参加し、その結果、読解力が世界一であることが判明した。二〇〇三年には数学で一位、二〇〇六年には科学でも五七か国中首位に立った。もうひとつ、印象に残る重要な結果は、成績が最高の生徒と最低の生徒の差が世界でもっとも小さかったことである。[30] フィンランドのヘルシンキにある学校の校長マルヤンナ・マンニネンはインタビューで、教育の中核となっている原則のひとつは、「子どもたちが行く先々で学びに遭遇することだと説明した。「ヘルシンキ全体が教室なのです。ここには公園があり、繁華街があり、動物園があります。そうしたアプローチにはうってつけの場所です」[31]。つまり、子どもたちは、脳が最適な反応をするよう進化した場所で、わたしたちだれもが持っているその脳を使うことで、もっとも伸びるということだ。それははるか昔の祖先が、観察学習、すぐれたコミュニケーション、ストーリーテリングによって学んだのと同じ環境、すなわち自然界である。試験と圧力を取り払い、教師に思い思いの方法で教える自由を与え、教師と生徒の両方からストレスを大幅に軽減して、教師を縛らずによいロールモデルになってもらう。教師に大きな自由裁量権を与えれば、彼らのやる気が上がることもわかっている。[32] フィンランドでは教育システムがきわめて効果的な基盤となって、それを土台に、学業はもちろんのこと社会性と情動の学習が継承されている。すでに実行され、好結果を出しているのだ。それぞれの国における文化のニーズや社会経済の環境に適応させる必要はあるが、どう考えてもこの方法に焦点を当てるべきだろう。

第二になすべきことは、ロールモデルとミラー・シンキングを優先することである。それらが学業の成績と社会性と情動の学習の両方で教育の質を上げる理由を考えればなおさらだ。それさえわかっていれば、接触できる時間がかぎられていたとしても、別の手段を活用して生徒とつながる教師の能力を上げることができる。その手段のひとつはストーリーテリングで、ミラーシステムや心のなかのロールモデリングと根本から結びついており、次章で詳しく述べることにする。

ミラーシステムとロールモデルの知識を教師の支援策として活用するもうひとつの方法は、教師によいロールモデルを与えることである。医療従事者が強力な手本を必要としているのと同じように、教師にもまた模範が必要だ。アムステルダム自由大学教育研修評価研究センター教授のミーケ・ルーネンベルクは、教師を教える教育者を育て上げる方法に強い関心を寄せている。ルーネンベルクによれば、「教師の教育者は、生徒である教師が教育について学ぶ助けをする役割だけでなく、そうするなかで、教師という役割のモデルになってもいる」[33]。それにもかかわらず、この最初のロールモデリングが研究でも実践でも広範囲に見落とされている。ルーネンベルクは、観察や討論などの研修を重ねてロールモデリングを目に見える形で表すことを推奨している。そうすれば教師の教育者のロールモデルとしての能力が上がり、教師の側はよいロールモデルになる方法を学びやすくなる。

第三に、わたしの仕事の大きな目的は、人々の自己啓発を助けることである。そこには、特に教育という観点から、多くの利点がある。自己啓発は、ロールモデルから社会性と情動のスキルを効果的に学ぶ能力を向上させ、ストレスから身を守る。教師にも、企業内で行われているものと同様の自己啓発の取り組みが必要だろう。そうすれば、自分がどのような人間なのか、長所は何か、盲点はどこか、何がストレスになっているのか、どうすればストレスが解消されるのか、本領を発揮できる、あるいはできないのはどのようなときかを、じっくりと考える機会を得られる。それはよいロールモデルであるためにきわめて重要な土台となる。心の底から熱意を込めて語りかける、あるいは本気の関係を築くためには、自分がどのような人間なのか、何を基準にしているのか、どうしてそうなったのかを知っていなければならない。また、その理解は、自分と周囲の環境や人々の変化に合わせて、進化と適応を続けていかなければならない。

自己啓発からはだれもが大きな恩恵を受けられる。自己認識というと、みな自分はできていると「思い込んでいる」が、実際にはおそらくそうではないだろう。事実、九五パーセントもの人が自分をしっかり認識していると考えているが、本当に自分を理解できているのは一〇～一五パーセントくらいで圧倒的に少ない。[34] 自己認識が深まれば、社会性スキルや意思決定能力が上がり、プレッシャーに対処したり、矛盾を解決したり、ストレスを克服したりできるようになる。[35] 感情知能を詳しく研究している心理学者のダニエル・ゴールマンによれば、自己認識は感情知能の礎であり、生徒が高いEQを獲得できるよう教師にサポートさせたいなら、まず教師に自己を認識させて、それを活用、また発展させる支援を行うことが必要だ。政府は教師の自己啓発に対して企業と同じような投資を行うことに乗り気ではないかもしれないが、ほかにも利用可能な方法はある。たとえば、フィンランドで成功を収めている「ピア・グループ・メンタリング」を使えばよいかもしれない。これは本質的に、同僚つまり仲間《ピア》のロールモデリングで、フィードバックを映し出す鏡であり、支援媒体でもある。すでに、それが教師の対応力を高め、自己アイデンティティを強化し、やる気を促して自信をつけ、教師のスキルや能力を効果的に用いるという点で彼らをサポートできることがわかっている。[36]

教師にとどまらず、もし、生涯にわたってミラー・シンキングと感情知能を発達させていきたいと思うなら、だれもが実行すべきだろう。

関わっている要素が多々あるとはいえ、簡単に言えば、学業で結果を出すという教師と学校への現在の期待が、教育制度に大きな圧力をかけていることはまちがいない。そのプレッシャーは、ロールモデルとなってやる気と可能性を引き出し、学習の楽しさを教える教師の能力を奪っている。ストレスは、生徒とつながり、信頼関係を築き、認知的共感を示す教師の技量を損なう。また、指示を与えられるだけでは学べないけれども人生と社会にとって大切なもの、すなわち社会性と情動のスキルを伝える教師の力も妨げている。時間割どおりに教えることだけが教育ではない。教師は効果的にコミュニケーションを図り、生徒と関わり合い、ひとりひとりに目を配り、耳を傾けて、彼らが大切に思われていると感じられるように、また学習とそれぞれの未来について進んで取り組んでいけるようにするべきである。非現実的に思われるかもしれないが、学業の成績だけに注目していないフィンランドでは、生徒をバランスよく成長させるために、教師が自らの判断で授業を行うことに成功している。まさにそれは、自然な形のミラー・シンキングの活用である。現代社会においても、フィンランドの学校教育は、進化のメカニズムに逆らうのではなく、それを後押ししている。社会にとって重要かつ尊敬される役割を果たす教師にそれなりの投資が行われ、弁護士や医師と同じ社会的地位が与えられているのだ。[37] 教師の潜在的な影響を考えれば、世界中で同じ状況を作るべきである。ミラーシステムの活用がプラスの変化を生んでいる事例はいくつもある。重点を置く場所を変えて、成績ばかりに目を向けるのではなく、生徒とつながり、信頼感を植えつけ、共感を示すよいロールモデルになると期待される教師の支援にあたれば、多方面にわたってプラスの効果が生まれるはずだ。学校の成績は上がり、教師も幸せになり、健康になって、満たされるだろう。そして何よりも重要なことに、生徒が人生で成功するための成績だけでなく、その成功を導く社会性と情動のスキルも身につけ、その過程でやりがいを見いだし、真の可能性を発揮できるようになるだろう。

第6章　ストーリーテリングと白昼夢

歴史が明らかになるにつれて、さまざまな文化と時代にたくさんの語り部がいたことがわかってきた。集落のたき火を囲んで語る長老、現在でもその言葉が引用されているプラトンやアリストテレスなどの哲学者、各大陸の神話を作った人々、牧師などの昔の聖職者、世界中で不朽の名作を書き上げた作家から、今日のブイログ（動画のブログ）やブログの作者まで、ストーリーが人間らしさを形作っている。そうしたすばらしい伝達者は、本物で、感動的な、人の心を魅了するストーリーを語るべく、言葉を紡ぐ。それがまた周囲の人々の脳を、ストーリーに対してだけでなく互いに同調させる。ストーリーはそれぞれの脳内で、自分ならではの意味を伴って想像され、ミラーシステムを介して聞き手の感情に入り込んで、行動の動機づけとなる。

アメリカ国内では、印象に残る話を用いてたくさんの人の感情をかきたてる牧師は、リーダーだと考えられている。たとえば、聖公会の司祭であるバーバラ・ブラウン・テイラーは、タイム誌の世界でもっとも影響力のある人一〇〇人のうちのひとりにあげられた。[1] アメリカ福音派キリスト教会の牧師であるリック・ウォレンの著書『人生を導く五つの目的――自分らしく生きるための40章』（尾山清仁訳、パーパス・ドリブン・ジャパン、二〇〇四年）は八五か国の言語で刊行され、合計で三二〇〇万部以上売れた。ウォレンはロサンゼルス近郊のローズボウルスタジアムのような巨大会場で八万人を超える聴衆に向かって話をする。[2]あたかも生まれながらの話し手のように見えるが、その能力は長年にわたるミラーリングと経験によって獲得されたものである。

わたしたちがよく知っているひとりの少年は、そのようなリーダーかつ話し手の息子、また孫として育った。その人物は彼が抱いていた信念で知られている。多くの人は仕事のひとつやふたつで、強い気持ちや不公平感を抱いたことがあるだろう。けれども、その人物が全世界で知られるようになった理由は、信念を貫き、自分でかじをとろうという強い意志を持っていたためだけではない。周囲の人が立ち止まって耳を傾けるような話し方で、ストーリーを伝える能力があったからでもある。

マーティン・ルーサー・キング・ジュニアは一九二九年一月一五日、ジョージア州アトランタで生まれた。父親は積極的に公民権運動を擁護するバプテスト教会の牧師で、母親は学校教師だった。母方の祖父もまたバプテスト教会の牧師だった。アフリカ系アメリカ人のキングには白人の親友がいたが、六歳になると、人種を分離する州法によって別々の学校へ通わされ、白人少年の父親から一緒に遊ぶことを禁じられた。その不当な扱いがキングの心に残った。高校生時代、彼は人前で話すことがうまくなり、学校の討論チームに所属して、弁論の能力で有名になった。頭脳明晰だった彼は医学と法学を選んで、勉学に励んだ。大学時代は、彼の教師でありメンターでもあったバプテスト教会の牧師で、公民権運動のリーダーかつ学長のベンジャミン・メイズの説教によく耳を傾けた。のちに伝記のなかで、キングはメイズと父親が自分に与えた影響について振り返っている。

自分が聖職者になる道を進んだのは、父親の影響も大きかったのだろう。それは父が牧師の視点でわたしに語りかけたという意味ではなく、父に対する尊敬の念が大きな要因だった。父が掲げた崇高な目標を、自分も追ってみようと思ったのだ。[3]

キングとメイズは明らかに親しかったようで、メイズがキングに大きな影響を与えたことはまちがいない。その影響力の強さからキングはメイズの「心の息子」としても知られている。[4] 父、祖父、心の父、それ以外にも成長過程で周囲にいた多くのすばらしい黒人弁士から学んだキング本人も、歴史上もっとも心に残るスピーチをしている。一九六三年八月二八日、アメリカに人種差別との決別を訴えた彼の呼びかけは、ワシントンDCのリンカーン記念堂の前に集まった二五万人を超える公民権運動支持者に届けられた。それはアメリカ史上もっとも象徴的な演説のひとつとして賞賛されている。[5] 公民権運動に対する彼の情熱と注目は明らかに彼を取り巻くロールモデルの影響だった。

ミラーリングの観点に立つと、キングの価値観、考え方、態度、スキル、目標がどこからきたのかわかる。生涯を通じて偉大な語り手の姿を目にしていた彼は、若いころから彼らをミラーして己の能力を形成した。ガンジーに感化されたメイズがストーリーを語るようすを見ることで、丁寧で非暴力的でありながら力強く、昔も今も数えきれない人を鼓舞し続けている話し方を磨きあげたのだ。あの日、リンカーン記念堂で彼が語った言葉は数十年経った今でもこだましている。

私には夢がある。それは、いつの日か、ジョージア州の赤土の丘で、かつての奴隷の息子たちとかつての奴隷所有者の息子たちが、兄弟として同じテーブルにつくという夢である。

私には夢がある。それは、いつの日か、不正と抑圧の炎熱で焼けつかんばかりのミシシッピ州でさえ、自由と正義のオアシスに変身するという夢である。

私には夢がある。それは、いつの日か、私の四人の幼い子どもたちが、肌の色によってではなく、人格そのものによって評価される国に住むという夢である。

今日、私には夢がある。[6]

彼の演説のうちのこの短い断片だけでも、わたしたちは想像を介してジョージア州の赤土の丘へ、炎熱で焼けつかんばかりのミシシッピ州へと運ばれ、自由と平等のオアシスとなった希望あふれる未来、人々がきょうだいのように集まって座り、かつてのキングとはちがって子どもたちが遊びたい相手と遊べる場所へと飛ばされていく。奴隷制度の憎しみからひとつのアメリカへと、聴衆が連れ立って動かされるような強力な比喩的描写で、彼は現状と可能性についてひとつのイメージを描いている。言葉には感情がこもっている。不当に扱われている自分の幼い子どもたちについて語ることで、聴衆に共感し、聴衆の思いに理解を示している。また、彼の言葉はうわべだけのものではない。何年も前に自分が幼なじみと分離された経験に基づく、心から発せられたものである。白人の聴衆に対しては、「人間の中身」を知ることなく無実の人を裁くなかれとメッセージを送り、良心を呼び起こしながらも、彼らを敵に回さないように穏やかに語る。

現代の公民権運動のリーダー、ジョン・ルイスによれば「あのように語ることで、キングはあそこにいた人たちだけでなく、アメリカ中の人、そしてまだ生まれていない世代までもを教え、諭した[7]」

キングのストーリーテリングの才能はまちがいなく、何世代にもわたって継承されてきたものだが、じつはわたしたちのだれもがそうだとも言える。人類はごく初期のころから、それぞれの世代が次の世代へと物語を伝えてきた。ほとんどの場合、その物語は本に書かれたものではなく口伝えで、それらは自分の、親の、そのまた親の人生の物語だった。物語は魅惑的で、人の心をつかみ、ときに名前や場所が忘れられることはあっても、それを通して価値観、道徳、アイデアが記憶され、受け継がれていった。わたし自身の祖母ルビーはよく若かったころの、不幸せな少女だったころの話、裕福なロンドンの家庭で子守をしていたときの話、さまざまな求婚者が取っ替え引っ替え現れたころの話をしてくれた。そのなかのひとつは、ジャコビアン様式の邸宅、ノール・パークで開催された舞踏会の話で、子どもだったわたしの心にはそれがシンデレラ城であるかのように映った。

それぞれの物語が詳しく、はっきりと、感情を込めて語られたため、布地の色、ドレスの肌触り、風格のある大邸宅、ロマンチックな出会いを聞くうちに、わたしは若かったころの祖母とともにそこに立っている気分になった。まさにキングと同じように、祖母はわたしの脳の複数の部位で感覚受容体を刺激して発火させ、ミラーニューロンを介して共感を深めたのである。

わたしたちはストーリーでできている

どの家庭にもある物語、そして話を後世に伝える人間の能力は、ミラーリングの新たな機会を生み、世界各地の文化と社会の形成に大きく貢献している。進化の観点からも、ストーリーテリングはまちがいなく重要だ。何千年も昔には学校教育も本もなく、物語が知識と情報を継承するためのおもな手段だった。日中、子どもたちは親について狩りに出かけて親の動きをつぶさに観察し、あるいは親とともに歩きながら、食べても安全なベリー類とそうではないもの、薬になるものと毒になるものを学んだが、夜になってみなで火を囲んだときには物語を聞いた。それらは昔の人々、彼らの歴史、教訓、習慣、価値観、行動や道徳の基準などの寓話で、自分たちが暮らしている社会の文化の基礎になっている話だったろう。それが数千年にわたって、現在まで続いている。たいていは世代から世代へと受け継がれていることが多いが、自分の家族の価値観や信条は表立って自覚されていないこともある。有名な人と血縁でないかぎり、家族の物語が書き残されていない場合も多いだろう。では、わたしたちはどうしてそれらを記憶しているのだろう？　写真？　確かにそうかもしれないが、必ずその写真にまつわる話を聞いているはずだ。記憶が伝わり、わたしたち自身の心に刻まれ、話の意味が収められて、それが繰り返し伝えられているのである。

　うまく語られる物語は、子どもも大人も同じように魅了し、道徳観や価値観など無形の大切なことがらを伝えるにあたって重要な役割を果たす。ストーリーテリングが幼い子ども時代に有意義であることはまちがいないが、それ以降ではどうだろう？　ドラマや文学を超えて何らかの役割を果たすのだろうか？　そしてそれがミラーニューロンとどのように関わっているのだろう？　人間を人間たらしめているもののひとつが、心理学者ジーン・ディセティが言うところの「想像力を意識的に働かせてフィクションの世界はもちろん現実をシミュレートする」[8]能力である。わたしたちは物語を聞いたり、作ったりするのと同じように、自分や他者の人生に起きたこと、またこれから起きることを想像できるのだ。それは人間に不可欠な社会性と知識を伝達する手段だけでなく、意思疎通、つながり、学習のきわめて重要な経路にもなる。その役割の大部分はミラー・シンキングが背負っている。ストーリーには大きな力がある。それはたんに人を惹きつけ、楽しませるからだけでなく、聴衆の脳の一部を活性化すさせるからだ。ミラーニューロンが他者の行動、思考、感情を受けて「体現的シミュレーション」と呼ばれるものを行うのである。

　では、それはどのような働きなのだろう？　何かをありのままの事実だけで説明されると、言語関連の脳の部位が働いて、わたしたちは言われた言葉を理解し、その意味を処理する。しかしながら、脳のほかの部位はほとんど働かず、感情を通して聴衆とつながることもない。たとえば、教師が授業で指示を出すだけでは、ロールモデリングの土台になるような生徒との関わり方はできない。

同じ情報が物語を介して伝えられると、脳の言語処理領域だけでなく、物語の内容に関連するほかの脳の領域も活性化する。フランス、言語ダイナミクス研究所の神経心理学者ヴェロニク・ブランジェの研究では、脳撮像を用いてストーリーテリングの影響が観察された。参加者に「ジョンがものをつかんだ」あるいは「パブロがボールを蹴った」といった文章を聞かせると、参加者の脳のスキャン画像に「つかむ」あるいは「蹴る」動作に関連する運動皮質の活動が見られた。ほかにも、シナモン、アンモニア、ラベンダーといったにおいに関する言葉を聞かされると、嗅覚皮質が発火するとわかった。[9] 手触りに関連する比喩表現を聞くと、ものに触れたときに感じる感覚皮質が活性化した。[10] 同じように色や形については視覚皮質、音に対しては聴覚皮質が活発になった。[11] つまり、神経レベルで見ると、ストーリーは事実だけが処理されるときよりも広範囲な脳の部位を巻き込んで、聞いている人があたかもそれを体験しているかのように、カラフルで情緒ある現実のシミュレーションを行わせているのである。聴衆の脳がストーリー、あるいはそれを語る人をミラーしているのだ。物語を聞くと、想像力が働いて、感情のスイッチがオンになる。わたしたちは聞いている話を理解するだけでなく、その内容と感情的にもつながる。すぐれたストーリーテリングではたとえ話や比喩が必ず用いられている。マーティン・ルーサー・キングのスピーチもその一例だ。

プリンストン大学神経科学研究所の心理学教授ウリ・ハッソンと神経科学者のチームは、物語が語られているときに、その語り手と聴衆の両方の脳が実際に同調することも突き止めた。二〇一〇年、ハッソンらがfMRIを用いて、ストーリーテリングの最中に話し手と聞き手双方の脳の活動を記録したところ、その活動が時間的にも空間的にも対になっていることがわかった[12]。つまり、話し手と聞き手の両方で脳の同じ領域が活性化し、さらに時間的にも同調していたのである。ただし、若干の遅延があった。話し手と聞き手の脳の活動はほぼ同じだったが「一瞬の」ずれがあったのである。研究者らは、その遅延は聞き手が話し手から受けた情報の処理に費やす時間として説明がつくと考えた[13]。ハッソンによれば、情報が実際に起きているものごとからではなく、他者の脳と体から発せられているにもかかわらず、驚くことに、その処理は人がものごとを自分で「知覚」して経験するときと同じように行われている[14]。聞き手は自分が聞いている話を脳内でミラーすることで、話し手の脳内で起きていることを再現している。結果として、話し手と聞き手のあいだにきわめて強い結びつきが生じる。聞き手の脳を巻き込むということはつまり、重要なメッセージがあたかも一緒に経験したかのように引き継がれ、記憶されるということである。これはすごい。きわめて重要な知識の伝達にミラーニューロンが関与している。文字が生まれる前はそれが基本だった。それによって文化と社会が維持されたばかりか、知識が蓄えられ、進歩を遂げたのだ。

ストーリーテリングの詳細については、二〇一八年の研究によって、人はまず筋書きではなく人物に引き込まれることがわかっている。言い換えれば、わたしたちがだれかの話を聞いているとき、もっとも注意を引くのは話し手本人と彼らが出会った人々で、そのあとに実際のできごとが続く。

これも、他者がわたしたちの脳に影響を与えている証しだ。何らかの話を聞いているときはまず、人間主体の要因に関連する神経回路網が活発になる。たとえば、ある人物の恐怖感と絶望感が描かれると、聞き手であるわたしたちのなかで、同じ状況に置かれた場合に働く脳の部位がその感情をシミュレートする。この現象はカナダ、オンタリオ州にあるマクマスター大学の神経科学者らによる、fMRIを用いて参加者の脳を調べた二〇一八年の研究で実証されている。参加者は脳をスキャンされながら、「外科医が患者の体内からハサミを発見した」あるいは「漁師が凍えるような湖から少年を助け出した」などの見出しを提示された。それから言語、身振りで語るパントマイム、あるいは絵で、そのできごとについての表現や物語を作るよう求められた。その結果、用いた再現手法に関係なく、活性化された脳の回路は圧倒的に人物が主体で、その人物の意図、動機、考え、感情、行動が話の中心だった。[15]

したがって、カリフォルニア州にあるクレアモント大学院大学の神経経済学センター長ポール・ザックによる新たな研究が、ストーリーはわたしたちの脳を形作るだけでなく、わたしたちの態度、意見、行動を変化させ、感性に影響をおよぼし、見知らぬ人同士を結びつけ、共感と寛容さを深めると示していることは、[16]何ら驚くにはあたらない。人間には社会性があり、じつのところ社会に依存してもいる。つまり、大切な知識や価値観を人から人へ、世代から世代へ、コミュニティからコミュニティへと受け継いでいくためにストーリーを用いることができる。ザックらはfMRIを用いた研究によって、私的で感情に訴える話は脳の広い範囲を活性化する、つまり物語性のない事実だけの情報伝達よりも記憶に残りやすいことを突き止めている。彼らは、がんを患っているひとりの子どもについて、伝え方が異なるふたつの映像を使い、どちらの映像が人々とストーリーを強く結びつけるか、すなわち寄付が多く集まるかを調べた。ザックによると「ベンの物語」の映像は以下のように繰り広げられた。

「ベンの命はあとわずかです」

ベンが背後で遊ぶなか、父親はカメラに向かってそう語る。二歳のベンは、脳腫瘍により自分があと数か月の命しかないということを知らない。

ベンの父親は先のことが頭に浮かんでベンと楽しく過ごすことが難しいと告げる。けれども最後には、ベンが息を引き取る瞬間まで、息子のために心の底から楽しい気持ちでいられるよう、強くなろうと決意する。[17]

別の参加者は、化学療法で髪を失ったベンが父親と動物園に出かけるだけで、ストーリーを伴わない映像を見せられた。最初の映像では、ストレスに関係するコルチゾールが刺激された。おそらく、人間の絆を作る能力に関係するオキシトシンとミラーニューロンが引き金となったのだろう。子どもと父親の体験が聴衆の脳内に映し出されてシミュレーションが行われたと考えられる。ベンと父親の人物像があまり描かれていない二番目の映像は最初の映像ほど関心を集めず、見ている人の注意を引かなかった。驚くまでもないが、二番目の映像より最初の映像を見たときのほうが小児がんの慈善事業に対する寄付は多かった。興味深いことに、ザックは、放出された各ホルモンの量から八〇パーセントの正確さで寄付するかどうかを予測することができた。[18] この簡単な一例からだけでも、ストーリーテリングがいかに分子レベルで人に影響を与え、脳を動かし、態度、意見、行動に作用するかがわかる。

たいていの場合、わたしたちは物語を聞いているあいだにそのような作用が生じていることには気づいていないが、この作用があるからこそわたしたちは夢中になり、楽しみ、ものごとを学ぶ。また、それに気づいていないがために、わたしたちの脳を操作して自らの目的を達成しようとする悪意に引っかかってしまう。これまで見てきたように、寄付金を集める慈善事業、知識を授ける教育者、視聴者に重要な点を理解させようとするドキュメンタリー製作者、聴衆を驚嘆させて魅了する映画製作者、ものを売り込む広告製作者など、ストーリーテリングは人生のあらゆる局面に活用することができ、また活用されてもいる。世界中の広告製作者とマーケティング担当者は脳の化学反応について知識を持ち、無意識のうちに製品を買いたいと思わせるためにそれを利用している。

たとえば、生理用品と顧客を情緒的に深く結びつける、つまりそれについて考えたい気分にさせるためにはどうすればよいだろう？　女の子のようにという意味の #LikeAGirl 広告キャンペーンは、自信を持つということが思春期の少女で大問題になることをうまく利用したものである。生理用品オールウェイズのブランドマネージャーは、「女の子のように」という考え方がおもに性差による固定観念に基づくもので、そこに男は女よりも力強いというメッセージが含まれていると気づいた。特に、欧米文化では男の子は女の子みたいにならないようにと、あたかも女の子では不十分であるかのように育てられている点が注目を浴びた。あるブランド計画のケーススタディで、マーケティング担当者は次のように説明している。「『女の子のように』という表現は、じつは、気弱で、感情的になりすぎ、役に立たない人物をからかうときの侮辱的な発言として用いられることが多い[19]」。それが、視聴者を感情ごと引き込む材料として利用された。社会実験で、何も知らない（たんなるオーディションだと思っている）参加者は「女の子のように」行動するよう求められた。走る、ボールを打つ、ボールを投げる、戦う。成人男性、少年、成人女性は、弱々しく、気乗りのしない、情けない仕草をした。ところが、思春期に達していない少女は元気いっぱいで自信満々、そして力強かった。つまり、社会に触れる前の少女たちは自分に自信を持っていたのである。この広告キャンペーンは感動を生み、ストーリーが人々の心に響いたために、映像は九〇〇〇万回以上再生され、#LikeAGirl のハッシュタグがキャンペーンの最初の三か月で一七万七〇〇〇回も用いられたばかりか、二〇一五年三月には国連に注目されるにいたった。オールウェイズの担当者はキャンペーンによって「『女の子のように』の意味が、侮辱から、本来の姿を表す最高の褒め言葉に変化した」と述べた。残念ながらすべてがそうではない可能性もあるが、製品の購買意欲は五〇パーセントも上がって売り上げはまちがいなく伸びた。文化的な視点を変えるところまでは到達しなかったとしても、明らかにポジティブな影響を与えたのである。

わたしの夫の仲のよい友だちは、信じられないほどおもしろいマーケティングの仕事を数多くこなしているが、ストーリーを語るのが大好きで、それは自分の祖母の話を聞いて育ったからだという。彼は、葉巻から飛行機、オンライン予約のホテルから音楽産業まで、幅広い製品の物語を作り上げて成功を収めてきた。アディダスでは伝説のボクサーのモハメド・アリ、長距離走者のハイレ・ゲブレセラシェ、サッカーの象徴デヴィッド・ベッカム、NBAのスターであるトレイシー・マグレディを起用した「不可能なんてありえない」の広告キャンペーンで中心的な役割を果たした。聴衆の想像力は彼らの共通点にかき立てられた。彼らはみな、困難に直面しながらも可能性を見いだした人物である。大きな壁にぶつかっても、彼らはリスクを冒し、新記録を作り、しきたりを破って不可能を成し遂げた。[20] 夫の友人が紡ぐ物語は、オランダで七人にひとりがプレーしていたこともあるキャンディークラッシュのようなゲームで文化に変革を起こすことから、オリンピックを支援するためにイギリス中に運動場を作ることまで多岐にわたっている。その運動場によって恵まれない地域の子どもたちがスポーツに参加する割合が一一〇パーセント増え、ドミノ効果によって心身の健康状態が向上し、若者が関わる犯罪が減少した。ストーリーを語ることができれば、それが大きな強みとなり、わたしたちひとりひとりがリーダーやロールモデルとなって、価値観、考え方、理想を聴衆の心に届けられるようになる。これらの例は、市場シェアや売り上げを伸ばす目的とならんで、善意で行われ、広く有益な結果を生んでいる。しかしながら、いつもそうとはかぎらない。

今述べたようなもの、また世界中のメディア、政治家、広告製作者が描くたくさんのイメージやストーリーは、日々わたしたちひとりひとりに影響を与えている。わたしたちは心のなかで見ている映画の役を演じ、神経回路網のなかで物語を蘇らせ、リハーサルをしてから知らないうちに答えを準備し、考えることなく決断して、盲目的に生きていることがあまりにも多い。それはつまり、リーダーや政治家としていかにお粗末であっても、手練れのコミュニケーターであれば、すぐれたストーリーを語る能力を使って人を簡単に操ることができ、わたしたちはそれを超えて問題の真相を見破ることができないまま終わってしまうということだ。頭にまず思い浮かぶのはヒトラーである。彼は獄中でフランスの博学者ギュスターヴ・ル・ボンの著作を読んだ。一八九五年、ル・ボンは『群集心理』（桜井成夫訳、講談社、一九九三年）と題する本を発表し、ヒトラーは自らの著作『わが闘争』のなかでそれについて言及している。ヒトラーが彼の憎むべき発想こそ最善策だとドイツ国民を納得させたのは、ル・ボンの本から得た知識に影響を受けたのだと広く考えられている。ヒトラーはル・ボンが展開したプロパガンダのテクニックをミラーし、それをもとにミラー・シンキングを介して他者を引き入れた。残念なことに、他者を意図的に操作できる人間はどこにでも一定数存在する。しかしながら、わたしたちがみなそうした可能性について知識を持っていれば、知らないうちに引き込まれないよういくらか身を守ることができる。ありがたいことに現代にはヒトラーに匹敵する人物はいないとはいえ、人を操る能力は、不幸にも、ソーシャルメディアの動画や発言の力によって増幅されている。そうした操作について理解を深めて自分の人生を守るためには、どうすればよいのだろう？　耳に入ってくる話のすべてが真実でないとするなら、どのように行動を変えればよいのだろう？

リーダーなら、プラスに働くロールモデルになって、意識的に人々を感化することができる。すぐれたリーダーなら、ストーリーを用いて、重要なメッセージを明確かつ意味のある形にして、自分に追随する人々の感情と理解を誘い起こすことができる。そうすれば、何を信じればよいのか、何に真の価値があるのか、先行きはどうなるのかを人々に教えられる。巧みに語られるストーリーは事実に基づくたんなる情報よりもはっきりと、正確に、長期にわたって記憶される傾向がある。[21]

白昼夢のパワー

ストーリーに耳を傾けるとき、わたしたちは自分の心でそれを聞いている。わたしたちはまた、何も言われなくても想像力を大いに働かせることができる。事実上自分で自分にストーリーを語ることができるのだ。心理学研究分野ではこれは「白昼夢」と呼ばれる。それはまた「視覚化」とも言われ、スポーツ選手によく用いられるテクニックでもある。意義深いことに、セルフ・ストーリーテリング、白昼夢、視覚化もまた、ミラー・シンキングの重要な一面である。

わたしが助言をしている人々の多くは多忙で十分な暇がないため、白昼夢にふける心の余裕はないと感じている。各方面のリーダー、外科医や専門医らは、心であてもなくさまよう時間を持たずに、次の目標を達成することに没頭している。それでもわたしは彼らに白昼夢の実行を促している。わたしが仕事をしている相手のなかで、もっとも想像力を働かせている集団は、目標が「空想の飛躍」に左右されるファッション・デザイナーとクリエイティブ・ディレクターである。しかし、白昼夢は創造性の高い仕事をする人だけのものではなく、また、特定の目的を持たずに心をさまよわせるものでもない。白昼夢の研究でもっとも知られている研究者は、現在イェール大学医学大学院で名誉教授を務めるジェローム・L・シンガーである。シンガーは、不安に取りつかれて集中力を失うといった無益な白昼夢と、彼が言うところの「前向きで建設的な白昼夢」[22]を分けている。シンガーによれば、このポジティブな白昼夢は、陽気で希望に満ちたイメージ、明るく創造的な思考、想像、そして空想に関わっており、それらはみな、心の健康にとって欠くことのできない要素だと考えられている。前向きで建設的な白昼夢では、明日、来年、一〇年後を想像できることから、未来の計画にも関連づけられる。また、問題解決と「内省」――すでに起こった事象を振り返って意味を探ること――も可能にする。[23]この形の白昼夢は、クリエイティブな仕事をする人では創造を、スポーツ選手では視覚化を可能にしているが、それ以外にも多くの人の人生で成功の源を形作っている。

ほとんどの場合、おそらくミラーリングが関わっているこの内なるロールモデリングは無意識に行われている。それは珍しいことではなく、だれにでもよくあることだ。たとえば本書を読んでいるあいだに、突然数ページ飛ばしたかのように、何を読んだのか覚えていない、シャワーを浴びていたらいつのまにか時間が経っている、あるいは、運転中に考えごとをしていて、どうやって家にたどり着いたのか記憶にないことがあるだろう。ときには、家の鍵を閉めたか、携帯電話を持ったかを思い出せなくて、心配になることもあるはずだ。ほかにも、まったく注意を払っていないときに、問題の解決方法やシナリオがひらめくことがあるかもしれない。推定によれば、わたしたちは時間の半分を白昼夢に費やしている。たいした時間だ。それをコントロールできればどれほど自分の役に立つかを想像してみてほしい。

もしかするともう、気づかないうちに、意図的に白昼夢と想像を活用しているかもしれない。旅行の持ちもの、仕事の持ちもの、ディナーパーティーの買いものを考えること、週末の計画を立てながら最悪だった一日から気をそらすこと、あるいは好物を思いきり食べる空想にふけることも、そうした例に含まれる。建設的に白昼夢を見て、創造性を高めるために心を迷走させることは、だれもが容易に実行できるわけではない。容易に、より効果的に高められるかどうかは人によりけりだ。それでもやはりそれは発達させるに値するスキルであり、その方法のひとつは、ミラーシステムに当てはめながら、白昼夢が実際に引き起こすさまざまな状況を細かく分析することである。

想像力を失ったときに生じる状態、またそれと関連する脳のメカニズムがはっきりわかるのは、統合失調症だ。統合失調症の患者のほぼ七〇パーセントは幻覚を伴う。[24] 幻覚は内なる体験であり、他者には感じられない知覚の検知である。「[患者が] 直接コントロールできない想像上のできごとであるため、想像が退化した状態」だと描写されてもいる。[25] わたし自身はここで用いられている軽蔑的な言い回しが好きではないが、要するに、この病気を患っている人の心では、想像力が大きな力を持っているということである。さらに重要な事実は、それが特にミラーニューロンシステムの誤作動と結びついていることだ。たとえば、ひどい幻聴に苦しむ人ではミラーニューロンの働きが活発になっている。[26] ミラーニューロンとの結びつきがたいへん強いと考えられているため、学者によっては、さまざまな症状の影響がミラーニューロンシステムに「生理学的化生の再編」を引き起こしているとさえ述べている。[27] あいにく、そのおおげさな表現どおり、事態は深刻だ。簡単に言うなら、ミラーニューロンに関わっている細胞が異常に作り直されているのである。わたしたちの脳は現実を再現するための大きな力を持っているが、不幸なことに、さまざまな精神障害を負っている人の場合には、非現実も再現されてしまう。だが、自分が運よく制御できるなら、それを活用しない手はない。

白昼夢を建設的に用いる——未来の描写

これまで述べてきたように、想像を活用する有益な方法のひとつは、未来に目を向けて、まだ見ぬ可能性の領域へ思考を投影することである。これは成功と心の健康にとってきわめて重要で、わたしたちに期待を抱かせ、よい結果を心に描かせる。また、いつまでに何をやりたいのかを決めることから、目標の設定にも欠かせない。この内なる「未来の描写」の大きな利点のひとつは、問題解決や今と異なる現実を作るために、心のなかに複雑な情報を保っておく方法を学べることである。異なる現実と聞くとばかげているように感じるかもしれないが、すべての時代の先駆的なリーダー、発明家、科学者の多くは、想像力を用いてそれを成し遂げてきた。[28] レオナルド・ダ・ヴィンチはパラシュート、ヘリコプター、さらには戦車のある未来を、実際にそれらが登場する五〇〇年も前に想像することができた。アインシュタインは、特別な相対性理論を提案するためにニュートン力学を超えて思考を投じた。エメリン・パンクハーストは女性が政治に存分に参加できる世界を信じていた。ローザ・パークスは、アフリカ系アメリカ人がバスのなかで座りたい場所に座れる人生を想像し、マーティン・ルーサー・キングは「四人の幼い子どもたちが、肌の色によってではなく、人格そのものによって評価される」場所を思い描いた。[29] ビジネスの世界では、ヘンリー・フォードが自動車を開発する未来図を描き、ビル・ゲイツは各家庭にコンピュータがある世界を夢見た。

想像が概念的な問題解決に用いられる場合でも、その影響力は大きい。たいていの場合、リーダーは戦略的であることが求められる。つまりそれは、先を見据え、まだ生じていないものごと、あるいは不可能だと思われるものごとを通して考えることである。「戦略的思考」が本当に意味することの定義はさまざまだが、大まかに言うと、企業の目標を検討するにあたって、数年先まで考えることができる能力だ。ただし、それほど簡単ではない。市場の変化、脅威や好機、資金力、投資、その他たくさんの要因を考慮しなければならないからである。言うなれば、想像力を介して、頭のなかで一度に多くの情報を操ることが求められるのだ。わたしたちは異なる可能性を想像し、それがどのように展開するかを考え、そのうえで活動プランを決めることができる。むろんいずれは、紙に書いて、他者と相談し、それから合同作業をすることになるが、たとえ財務の目標が基本にあるとしても、想像する段階は重要だ。わたしたちはみな、計画を立て、目標を決めて、さまざまな可能性を考えるために、想像力を用いているのである。そしてそれは強化することもできる。自分たちがみな先に述べたような先駆者だと想像してみよう。現実的ではないかもしれないが、少なくとも、先のことについて考えられる能力を最大限有効に活用することはできる。小さなミラーニューロンは驚くほど役に立つ。

白昼夢を建設的に用いる——創造性

自分には想像力がないと考えている人にとっては不可解で、説明のしようがなく、まったく手が届かないものに思われる想像の要素は、じつはわたしたちのだれもが持っている。それは創造性だ。創造性はアート、音楽、文学、ファッションを通して生活に深みと彩りを添えている。ビジネスのイノベーションにとっては、競争で一歩抜きん出るためにも必要不可欠だ。なにしろ、移り変わりの激しい流行の先端を維持し、従業員に実験と失敗の余裕を与えなくてはならない。そこに創造性の働きを垣間見ることができる。

創造性と脳の関係に焦点を当てている心理学者らは、最近になって、創造的認知を「新しく、かつ有益なアイデアの誕生を助ける一連の精神の働きで（中略）内面に向けられた精神活動から生じる自己生成された思考」[30]と定義づけた。創造性には複数の脳の回路が関わっており、ミラーニューロンなど脳の特定要素との関係だけを取り上げることはできない。しかしながら、創造性の基本要素は、記憶、認知的柔軟性、新奇探索性などとならんで、ミラーニューロンと直接関係のある観察学習の部位に左右されると考えられている。[31] くわえて「内面に向けられる精神活動」もまたミラーニューロンに依存していると仮定されている。

斬新ですぐれたアイデアが広く賞賛され、数え切れないほどの人々に楽しみと現実逃避と喜びをもたらしたある人物は、一九五八年六月七日にミネソタ州ミネアポリスで生まれた。友人にはスキッパーとして知られていたプリンス・ロジャース・ネルソンは、ジャズの歌手でピアニストの母、マティー・デラと、温厚なソングライターでピアニストの父、ジョン・ルイス・ネルソンのあいだに生まれた。[32] 音楽に囲まれて育ったことで、この少年のミラーニューロンは、見て、聞いて、繰り返す手本で満たされていたにちがいない。父親の演奏を初めて見たのは五歳のときだった。本人いわく「すごかったよ、もう信じられないくらいに。観客が絶叫していたんだ。そのときから自分もミュージシャンになりたいと思っていた」[33]。七歳になるまでには、独学でピアノを弾き、曲を作っていた。その後も学び続けた彼は、驚いたことに二七種類の楽器を演奏できるようになった。[34]

一九七八年、ファーストネームでデビューアルバムをリリースしたプリンスは、歴史上もっとも影響力が大きく作品数も多いミュージシャンのひとりとして生涯を送ることになった。子どものころに触れた音楽を独学するという執着ともいえるほどの決意は、音楽、服装、ダンスを期待を超える高みへと引き上げたひとりのアーティストという形ではっきりと現れた。プリンスはつねに探究心を持ち、自由奔放なアプローチを取りながら、失敗を恐れずにトライし続けた。あるとき彼は、自分の舞台のダンサーに「神様のお告げであるかのように踊れ[35]」と言ったことがある。彼の人生のほかの多くの側面と同じように、限界を突破しようとする意気込みがそこに感じられる。彼はまたジェンダーの壁を取り払い、ハイヒールやストッキングを履く一方で男性らしさも誇示した。何ごとにも偏見を抱かず試してみるこの一面は、創造能力にとって不可欠だとよく言われる。[36] プリンスは生涯ずっと、同調を拒み、自信に満ちていて、独自の創造性を発揮した。自分の曲はすべて自分で作り、毎回異なる作品を日々書き続け、アルバムの楽曲すべての演奏を自分ひとりでやることもしばしばだった。最初のレコード会社だったワーナー・ミュージックには作品の最終決定権を任せることを拒み、自分の音楽を自らプロデュースするという条件をつけて契約した。焦点がぶれることはなかった。いつも好奇心があって、つねに学び続けていた。

プリンスは音楽業界でも、それを超えた世界でもリーダーだった。彼は想像の世界で心を働かせて、創造性と境界のないアプローチを形にした。それを可能にしたのは、ミラーニューロンである。けれども、ミラー・シンキングの効果はそれだけではない。最初はプリンスの成長過程における影響から始まった。彼は音楽に囲まれていた。自分だけのサウンドを作ったとはいえ、その最初の学習はミラーリングによるものだ。すべての子どもたちが親をまね、無意識に自分を取り巻く環境から吸収するのと同じである。

興味深いことに、ミラーニューロンを取り巻く最初の発見は動きに関連している。プリンスが演奏したすべての楽器、すなわちドラムの音から歌声、ウィンドチャイムやウッドブロックまで、音楽の要素もすべてが動きに関係している。「音の物理的な振動を生み出すための調整の取れた体の動き」[37]は、観察者のミラーニューロンを作動させて、音が鳴るようすとそれを再現する方法を理解させる。カナダ、マギル大学ヘルスセンターの神経科学者イシュトヴァーン・モルナール＝サカーチらによる二〇〇六年の研究からは、このミラーニューロンが、音楽を学び、演奏する人物だけでなく、じつは聴衆とミュージシャンの脳を同期させる働きにまで影響しているとわかる。ストーリーテリングの最中に脳が同調するのと同じメカニズムを発動させる「音楽の共有は、言語や行動が共有されるときとよく似たコミュニケーションを発生させている可能性がある」[38]。

音楽、動作、同期の関係は、音を出すことと音を聞くことのあいだだけでなく、ダンスをするときにも現れるとモルナール＝サカーチは述べている。音楽とダンスは両方とも前頭頭頂のミラーニューロンシステム、すなわち高度な脳の部位と関係がある。そのため、音楽の天才かどうかを左右するのはＩＱだけではなく、きわめて高度なミラーニューロンシステムも決め手になっている。アーティストとリスナーやファンの一体感は、ミラーニューロンシステムにおけるもうひとつ別の重要な性質とも関係している。それは、とりわけ人気のあったミュージシャンが死去したときによく見られるような、この種の関係を取り巻く感情のほとばしりだ。たとえば、最近ではデヴィッド・ボウイ、ジョージ・マイケル、そしてプリンスその人が例としてあげられる。

わたしは幸運なことに、二〇〇二年にロンドンにあるホール、ハマースミス・アポロでプリンスのライブを見ることができた。彼の音楽とともに育ったこともあり、いつも好きで買ってはいたが、これといって熱烈なファンでもなかった。その後、夫に出会った。彼はプリンスに関するありとあらゆることを知っていて、その才能に魅せられていた。わたしにもその気持ちはわかったが、やはりそれほどはのめり込まなかった。ところが、そのコンサートには心を打たれた。プリンスと聴衆との一体感は途方もなく大きく、ほかでは体験できないものだった。彼の死を知ったとき、わたしは自分が動揺していることにショックを受けた。当時のアメリカ大統領だったバラク・オバマまでもが声明を出した。「今日、世界は創意の象徴を失った。ポピュラー音楽の音と軌跡にこれほどまで大きな影響を与えた、あるいはその才能で数え切れない人々の心に触れたアーティストは、わずかしかいない。わたしたちの時代においてもっとも才能にあふれ、多くの作品を残したひとりとして、プリンスはすべてを成し遂げた」

プリンスはなぜそれほどまでたくさんの人の心を強く動かしたのだろう？　たとえば彼の創造性に対する尊敬の念、彼の個性、勇気、そして好奇心など、理由はいくつもある。けれども、人々がプリンスに強い思いを抱く理由のひとつは、彼が自分自身を音楽に捧げていたからではないかとわたしは思う。モルナール＝サカーチは、音楽による表現は、ミュージシャンの感情を表すメッセージを伝達すると述べている。すべての要素がそれぞれの役割を果たしている。歌詞は言葉の意味を表し、メロディー、ダンス、たくさんの異なる楽器から発せられる音色も、さらに多くの意味を伝えている。わたしたちの、またこの場合にはプリンスの、複雑で微妙な感情の気配が響いて「中間の認知プロセスがなくても、わたしたちの直感的かつ即時の『動作の同一化』あるいは内面における他者の行動の模倣としての共感[39]」が起きるのである。そうした反応が原因で、創造性豊かに作られた物語を聞く場合と同じように、聴衆はミュージシャンと、あるいは互いに、つながっていると感じる。したがって、ミュージシャンはロールモデルのよい例である。彼らの創造性がミラー・シンキングを介してわたしたちの感情とつながっている。彼らはまた、想像力を駆使する方法も教えてくれる。プリンスは自分の想像の世界に限界を作らなかった。わたしたちの多くは創造性と聞くと自分には手の届かないものであるように感じるけれども、じつはだれでも発揮できる。そのカギはミラーニューロンの働きである。

そのさいには「メタ認知」スキル――白昼夢の状態から出たり入ったりできる意図的かつ意識的なコントロール――の発達が役に立つ。また練習を重ねれば、それを駆使する能力を高めることも可能だ。わたしは仕事上で出会った創造性豊かな人々がそうするのを見てきた。最初から高いレベルのメタ認知コントロールを目指していたのでなくても、彼らはそれを成し遂げ、またつねに活用している。同様に、認知的共感を用いて情動的共感の感じ方を変化させる方法も学習できる。そうしたコントロールがおよぼす影響は、チリ、サンチャゴの八つの高校で二二八人の生徒を調べた二〇一九年の研究に示されている。その研究では、創造性を計測するにあたって、ギルフォードのオルターナティブ・ユージーズ・テスト［一定時間内に、たとえばレンガや板など、あるものの用途を思いつくかぎりたくさん考え、その結果から創造性を判定するテスト］が用いられた。結果として、自分の注意力をコントロールでき、また白昼夢を意識的に用いることができる生徒のほうが創造性が高いとわかった。この研究の代表者である心理学准教授のデヴィッド・プライスは「創造性は、コントロールされた思考プロセスと自発的な思考プロセスの特定の組み合わせに左右されているのかもしれない」と述べている。[40] 調査対象となった生徒たちにはその能力がある者もない者もいたが、スキルは訓練によって強化できる。意識して練習したり、マインドフルネス瞑想などの方法を用いたりして、意識から無意識へとなめらかに切り替えられるようにするなど、メタ認知スキルを発達させればよい。

白昼夢を建設的に利用する――内省

各方面のリーダーが活用している、想像力のもうひとつの構成要素は内省である。白昼夢というタイトルにはそぐわないように感じられるかもしれないが、シンガーはきわめて重要な要素だと考えている。何より、この精神活動では実際に過去のできごとを心のなかで再現しているため、まだ検証されていないとはいえ、ミラー・シンキングが伴われていると考えてよいだろう。統合失調症と同じように、すでに自分のコントロールがおよばなくなっていたり、またそのできごとにとらわれすぎていたりすると、そうした再現が心に負の影響を与えてしまう可能性がある。心的外傷後ストレス障害(PTSD)に苦しむ人にはそれが多いが、ほとんどの場合は効果的なツールになりうる。

内省は無意識に行われていることもある。たとえば、仕事の最中に終わったばかりの休暇を夢見心地に思い出しているとき、あるいはその日にだれかが言った言葉の意味を考えようとしているときなどがそうだ。過去のできごとや体験に意味を与えるという点でも内省は役に立つ。たとえば、日中に同僚からふいに怒鳴られたけれども訳がわからなかったとき、のちに「心のなかで再現する」ことで、その日は特に疲労からストレスが溜まっていたことを思い出すかもしれない。脳が、相手のいつもと異なる行動を特定の背景に組み入れて、意味を理解させるのである。この種の白昼夢は、思いやり、道徳的推論、自分と他者の行動や情動的反応の理解、他者の見地に立った考察など、幅広い社会性と情動のスキルにとっても不可欠である。[41] こうしたスキルは自覚なしに用いられている——社会的なやりとりに欠かせないものだからだ。リーダーにとっては、影響を与える、引きつける、交渉する力をつけるためにとりわけ重要であり、意識的に用いれば一段と強力な手段になりうる。

わたしがプロファイリングをするときには実際、相手の未来の行動を予測するために、まず過去を再度体験してもらう。だれでも昨日起きたこと、先週、去年、というように過去を振り返る。けれども、忙しいときには、それがたくさんのやるべきこと、疲労、週末にたどり着くだけで精一杯の生活のなかで忘れられてしまう場合がある。一生を振り返るためには意識的な内省が必要だ。わたしが見てきた人の多くはしばらくそれを経験していなかったが、内省は必ずひらめきと悟りをもたらす。わたしは自分をたんなる進行役だと思っている。そうしたひらめきはたいてい自己の再評価から生まれる。それを建設的に実行する時間と空間を持てばよいだけだ。

以前、世界的な石油会社で、数千人の従業員を抱える事業のひとつを再編する手伝いをしたことがある。テキサス州ヒューストンで出会ったある人物は、明らかに、それまで一五年間果たしてきた役割に適していなかった。わたしは彼がどのような人物で、新しい形に移行する組織のなかで何にふさわしいかを報告しなければならなかった。問題は、どの角度から見ても、彼がふさわしくないことだった。わたしはこのような仕事が大嫌いである。好きな人などいないとは思うが、苦悩のあまり眠れなくなる。報告するために再度飛行機でアメリカへ行く段になって、わたしは不安でいっぱいだった。その人物の前に座って、書類を渡し、彼が読むのを待った。彼は泣き出した。大の男がわたしの前でむせび泣いていた。胸がばくばくした。わたしは深呼吸をしてから、大丈夫ですか、どう思いますかと尋ねた。すると彼は言ったのだ。「よかった」。驚くわたしに、彼は慌てて続けた。「何年ものあいだ自分に合わない仕事をやってきた。自分でもわからずにただなんとなく続けているだけだった。でもこれでやっと、心の底から楽しめる仕事を探すことができる」。なんとなく続けているだけ――ほとんどの人は少なくとも人生のどこかでそう感じたことがあるだろう。だれにも自分の夢を追えるだけの金銭また実際の自由があるわけではないが、自分に合わない仕事や生活から抜け出せない状態というものは人間の進化にそぐわない。大昔の祖先は、昼は狩りや採集、身を守ることに費やしたが、夜は火の周りに集まってストーリーを語るだけでなく、一日を振り返ることに費やした。炎を見つめながら考え、失敗から教訓を得て、次はどうすればよいかを学んだ。

内省は、昨日のことであれ、何年も前のことであれ、たんに過ぎ去った人生を追想するものと考えるのは簡単だ。それなら気楽にできるし、たいした影響もない。しかしながら、二〇世紀になろうかというころにアメリカの哲学者ジョン・デューイはそれを、「人の経験に多大な影響を与えるダイナミックかつ意図的なプロセス」として、むしろ目的のある活動だと説明している。彼いわく、

「人は経験から学ぶのではない。経験を内省することから学ぶのだ」[42]。この説は数十年にわたる研究によって裏づけられている。たんなる無意識の白昼夢より内省のほうがはるかに重要で、しかもそれを意図的に行えば、学習の成果を著しく高めることが示されているのである[43]。実際、わたしたちがすでに特定分野の知識を持っている場合、内省は学習にさいして活動や経験と少なくとも同じくらい大切であることがわかっている。ある調査研究では、外科医を例にとってその現象が説明されている。

心臓外科の研修医を例にあげよう。指導者のもと、彼女は一〇件の手術を終えた。心臓外科医ができるかぎり早く上達すれば、だれもが恩恵を受ける。さて、研修医はそれから二週間の計画を自分で立ててよいと言われた。その期間にさらに一〇件の手術をしてもよいし、同じ時間を使って数件の手術と、自分のしたことが適切だったのか不適切だったのかについて理解を深めるための内省とを交互に行ってもよい[44]。

内省に時間を取ると実際に手術をしてチームを助ける時間が少なくなるが、研究結果によれば、手術室にいる時間を増やすよりも内省を行うほうが効果がある。意図的に内省する時間は研修医をよりよい外科医に育て、最終的には患者にも利益をもたらす。まさに急がば回れの例であり、またその過程でミラー・シンキングが用いられている。

科学者によれば、これは脳にもともと備わっている機能と関係している。人が意図して内省を行うと、認知（思考と問題解決）能力を発達させる脳の力が強化されるのだ。[45] 内省によって課題の理解が深まり、課題を実行できたことで自信もつく。世界の秀でたリーダーたちを見れば、内省は日々の、あるいは少なくとも週に一度の習慣になっている。たとえば、数例をあげると、ベンジャミン・フランクリンは内省で一日を締めくくっていたし、ネルソン・マンデラ、アルバート・アインシュタイン、マヤ・アンジェロウ、あるいはチャイコフスキーもそうだった。そして内省には、できごとを思い起こして再現し、感情や意味、よい点や悪い点、学んだ教訓を熟考して整理するための想像力が必要である。

したがって、人生のどの地点にいるかに関係なく、内省する——意識的な白昼夢を見る——時間を取ることにはすばらしい利点がある。一方、学習の手段として用いる以外にも、ミラー・シンキングのこの形には心の健康と幸福感をもたらす効果もある。不安や懸念を建設的に処理するために役立つからだ。内省が自己認識を高めるため、何が自分を疲れさせているのか、何が問題の原因なのかに気づけるようになり、ものごとを大局的に見て、自分の力を理解し、幸せな瞬間や心温まる言動を思い出せるようになる。さらに、自分という人間、自分がしていることの理解が深まり、何ができるのか、何が得意なのか、何が好きなのかが明確になる。つまりそれは、自分の人生のそうした側面に焦点を当て、そこに時間を使えるよう、計画を立てられるということである。自分にできることを考えるために立ち止まらなければ、先ほどの石油会社の男性のように、知らないうちに人生を無駄に過ごしてしまう。

こうした数々の利益が明らかであるにもかかわらず、内省は社会で積極的に促進されているものごとではない。実際、テクノロジーとソーシャルメディアを介して注目されることを望む風潮は、わたしたちから白昼夢と内省の機会を奪っているのではないかと危惧される。子どもたちのこととなると、とりわけ心配だ。テクノロジーの早いテンポは、すでにぎゅうぎゅう詰めのカリキュラムにさらに圧力をかけて、子どもたちから学校教育に関連する学習の機会のみならず、先に述べたようなまさに基本となる社会性と情動の学習機会も奪うおそれがある。[46] 対面のやりとりが制限され、経験と人間関係から自分の意味を見つけ出すための内省が妨げられる。[47]

一八〜二二歳の大学生二三〇〇人を対象にしたカナダの調査では、五年の期間に、テキストメッセージのやりとりが増加した一方で、内省は減少した。また、テキストメッセージの利用頻度が高い場合、コミュニティの社会的平等と正義を助長するような道徳的な内省の頻度が低く、誠実に生きることが重要だと考える頻度はさらに低かった。[48] テキストメッセージやソーシャルメディアは、意味に突き動かされる観察脳ではなく反応脳を巻き込んでいるのだから、そうなって当然だろう。学校で子どもたちに施される社会性と情動の教育レベルが本来あるべきレベルよりすでに低いことを考えると、これは積極的に取り組むべき問題である。内省の指導は、見て学ぶロールモデリングとならんで、生涯を通じて社会性と情動のスキルを磨く手段となる。たとえば、看護学校の生徒は、ショッキングなできごとのあとで理解、洞察、自己認識を深めるために、日誌をつけて、考えや気

持ち を書き留め、自分の体験を記録するよう促されることが多い。この座って書くという単純な作業が、ショッキングな体験の意味を理解し、また心の健康を保つために役立つ。これなら、だれでも何の指導も受けずに実行できるうえ、ほとんど練習時間も費用もかけずに学校環境で促すことが容易だろう。

また、ストーリーテリングに備わっているメカニズムをうまく利用すれば、周囲の人と効果的にコミュニケーションを図り、すぐれたロールモデルとなり、何よりも他者と共鳴するレベルでメッセージを伝えることができる。くわえて、ミラーニューロンが大きく貢献している白昼夢と想像を介せば、だれもがみな自分のストーリーテリングの能力を駆使できる。異なる未来を心に描き、そこへたどり着く方法を見据え、世界の複数の要素をいっぺんに心でとらえて問題を解決し、世界に創造性をもたらすことは、よりよい未来を形作るうえで欠かせない。同様に、自分がだれなのか、何なのか、なぜなのかを内省する機会を持つことは理解と学習を可能にし、同じことを実行するよう他者を奮い立たせることにもなる。

第7章　観察のテクニック

一九七五年一〇月一日午前一〇時、歴史上もっとも注目を集めたイベントのひとつが始まろうとしていた。六八か国の視聴者が興奮しながら待っていた。フィリピンのアラネタ・コロシアムの満員の観客は期待でざわめいていた。公式の収容人数は六万人だが、通路などのスペースにもたくさんの人がすし詰め状態だった。現地にいたスポーツ記者のケン・ジョーンズは言った。「観客数を言っても意味はないでしょう。ふたりが見えてからというもの、隅から隅まで人でいっぱいです。通路も埋まっています。壁から壁まで汗だくの人々が押し寄せています。梁《はり》の上を這っている無謀な観客の姿も見えます[1]」

容赦ない太陽がアルミニウムの屋根を照らしつけ、ただでさえ蒸し暑いフィリピンの熱気にくわえて、エアコンのない会場、満杯の観客、スポットライトの熱で、気温は四九度を超えていた。[2]

出場者のモハメド・アリが「スリラー・イン・マニラ」と名づけた戦いが、まさに始まろうとしていた。ジョー・フレイジャーとアリの第三戦となるその最終戦に向けた盛り上がりは相当なもので、何週間も前から世界中の人々の期待と賭け金は膨らむばかりだった。アメリカのケーブルテレビＨＢＯのニュースキャスターで、コメンテーターのドン・ダンフィーが「ジョー・フレイジャーが控え室からリングのほうへ向かっているようです」と述べるやいなや、会場のざわめきが大きくなった。歩くフレイジャーを追うスポットライトとカメラが白い線になってスクリーンを横切る。だが、群衆に遮られて、その姿は見えない。フレイジャーがリングに近づいてロープをくぐり、完全に姿を現すと、観客の声援は一段と大きくなった。

その試合の数週間前、アリは報道関係者を招いてフレイジャーを執拗にあざけった。あるインタビューで、アリは子どものように挑発的なあてこすりで相手をばかにした。「マニラでゴリラをやっつければ、おれはキラーでチラーでスリラーだ」。彼は笑いながらおもちゃのゴリラをパンチした。記者らも笑った。フレイジャーは引っ込んでろと言わんばかりに、アリはゴリラをポケットに入れてぽんと叩いた。ベトナム戦争の徴兵で陸軍に入ることを拒んだアリを支え続けたフレイジャーは、すでにアリに裏切られたと感じていたが、これは行きすぎだった。三六年後に亡くなる直前まで、フレイジャーはアリのこの侮辱を許さなかった。いずれにしても、こうしたドラマすべてが、迫りくる戦いの興奮を押し上げた。

「アリが出てきました。大声が上がっています」とダンフィーが言った。カメラのフラッシュがアリの通る場所を照らす。拍手、応援の声、口笛、シュプレヒコール。「モハメド・アリがリングにゆっくりと近づいていきます。これぞ入っていくときの王者の姿。しかし出ていくときこそが重要です。

さあモハメド・アリの勇ましい瞬間です」[3]。ふいに、スポットライトに照らされたアリの顔が画面いっぱいに広がった。ターコイズブルーの襟のついた銀色のガウンが、彼の肌の色と対照的だった。いつもはジョークを飛ばしておもしろがっている男が、忘れられないほど真剣な表情で遠くを見つめていた。アリがリングに上がると、すでに騒然としていた観客の声がますます大きくなり、耳をつんざくその轟きがスタジアムいっぱいに広がった。

ふたりの男はリングの中央で向かい合い、目を合わせた。ふたりの巨人が、一九七〇年代風のターコイズブルーのシャツとネイビーのボウタイを身につけた小さなレフェリーの上にそびえ立った。始まる前からアリはあざけり続けた。「お前には無理だ、ジョー。お前には渡さない。おれが葬ってやる」

アリは飛ばしてきた。フレイジャーが考えていたよりも速かった。そのため、初めのころのラウンドはアリが優勢だった。けれどもフレイジャーは諦めることも、屈することもなかった。フレイジャーは戦い続け、アリをコーナーに追い詰め、ダウン寸前まで持っていった。インディペンデント紙の記事にケン・ジョーンズは以下のように書いている。

第四ラウンドまでに、アリのパンチは精気を失っていた。疲れてきたのだ。暑さ、強烈なライト、むっとするような酸欠状態の空気、そしてフレイジャーのスタミナがアリを弱らせていた。強烈なパンチが交わされ続けるうちに、いつしか疑問が芽生えた。フレイジャーはあとどれくらい耐えられるのだろう？　アリにはあとどれくらいの力が残っているのだろう？　第六ラウンドになっても、フレイジャーはまだアリの前に立ちはだかっていた。それどころか、まだアリに攻撃をしかけてきた。破壊力のあるフックがボディに繰り出された。[4]

なぜこの状況から目が離せないのだろう？　観察者の脳内で起きていることを考えればよい。ミラーニューロンの活動をイメージしよう。だれかがたたかれているところを見たら、どのように感じるだろう？　興奮、アドレナリン、ひるむ、かわす？　スポーツの観戦は自分の目の前で、ストーリーが生で展開されている状況である。ケン・ジョーンズは続けた。

両者の猛烈な攻撃に、見ている側は、ふたりの身を案じると同時に、彼らの勇気と、勝利への執念に驚き、感動した。第一二ラウンドで、アリは再びリードを奪い、フレイジャーをよろめかせた。第一三ラウンド、左からの強いパンチがフレイジャーのマウスピースを観客席へ飛ばした。フレイジャーは血を吐いていた。（中略）フレイジャーはもうアリのブローをブロックすることも、かわすこともできなかった。[5]

第一四ラウンドまでに、アリとフレイジャーはどちらもよろめき、まっすぐに立っていることさえ難しかった。アリがフレイジャーに放った強烈な一発で、フレイジャーの右目は腫れ上がり、ほぼ完全に閉じていた。一〇年前の事故で、フレイジャーの左目はほとんど見えていなかった。それでも両者は戦いを止めようとしなかった。フレイジャーのトレーナーだったエディ・ファッチが戦いにストップをかけた。それは見ていて苦しいほどだった。

第一五ラウンドが始まる前に、フレイジャーの命を心配したのだ。ところがフレイジャーはそれに怒鳴って応じた。「止めるんじゃねえ！」 ファッチが指を出して、何本見えるかとフレイジャーに問うと、彼は答えられなかった。アリはのちにこう語っている。「まるで死のようだった。おれが知っているなかで、いちばん死に近かった」。タオルをかけられたアリは膝をついて崩れ落ちた。もう何も残っていなかった。

これは、史上最高のヘビー級の試合として賞賛されている。まだ各家庭にテレビがなく、ライブ配信をする電子機器などどこにもなかった一九七五年当時、一〇億人の視聴者がこの試合を見た。[6]そのほとんどはボクシングをしたことなど生まれてから一度もなかっただろう。今日、世界のスポーツ観戦者の合計はサッカーで四〇億人、クリケットで二五億人、テニスで一〇億人だ。だが世界にサッカーをプレーする人が四〇億人、クリケットをする人が二五億人、テニスをする人が一〇億人いるわけではない。[7]自分ではプレーしないにもかかわらず、それほどまでに多くの人がスポーツに引き込まれるのはなぜだろう？

スポーツ観戦は楽しく、見ている人を釘づけにし、感情を揺さぶる。どのような集団を見ても、高い割合で人々があたかもそれが自然であるかのようにスポーツと結びついている。たとえばサッカーファンなら、応援しているチームの試合を見るために、毎月かなりの距離を移動しているかもしれない。おそらく同じチームのサポーターとのつきあいに多大な時間を費やして、チームのグッズを買い、メディアで選手についての記事を読み、サッカー全般についてもフォローして、自分の子どもにも同じことをするようそそのかしているだろう。それはあまりに自然なことで、いつしか自分のアイデンティティの大切な一部になっている。スポーツ観戦はまた、自分がそのスポーツを学んでプレーする力をつけるうえでも重要だ。スポーツは観察、学習、実践の側面をあわせ持っている。スポーツを介して生じる本能的かつ情動的なつながりは、健康増進の手段である。そこから精神的にも身体的にも価値ある行動のしかたを学べる。

スポーツを考えるにあたって、まずミラーニューロンの基本原則——イタリアのジャコモ・リッツォラッティとそのチームによる最初の発見——に立ち返ろう。現在ミラーニューロンとして知られるものは、サルの脳内で、研究者がランチを手にとって口に運ぶのを見たときに反応して発火した。そこで解き明かされた状況は、人がスポーツを観戦するときに生じる状態、また同じ動きを実際に行ったり学んだりするときの状態と同じである。

著名な神経科学者のマルコ・イアコボーニは、たとえば野球の試合といったスポーツ観戦時に、実際に自分でプレーするときに反応する脳の多くの状態が再現されることについて、以下のように説明している。

プレイヤーがボールをキャッチするところを見ると、自分でキャッチするときと同じニューロンがいくつか発火する。試合を見ているだけなのに、まるで自分もプレーしているかのようだ。プレイヤーの動きを理解できるのは、その動きの原型が自分の脳内にあって、その原型が自分の動きに基づいているためである。[8]

競技を学んだことやプレーしたことがなくても、わたしたちはなおもそれを理解して、スリラー・イン・マニラのような状況を見て興奮する。おそらくほとんどの人は、ただ幼児がおもちゃを取り返そうとするだけの行動であっても、人生のどこかで人や物をたたいてしまった経験があるだろう。つまりそれは脳にとって、よく知っている行為と動作だ。格闘遊びでも、ダンスでも、トイレに行きたくてその場で跳ねるのでも、わたしたちはみな飛び回ったことがある。ボクサーの動きの多くはみな、イアコボーニが言うところの「類似動作の特性」を持っている。つまり、一般的な行為に関わるものとよく似た筋肉が動かされているのである。わたしたちは、怒っているときに目をじっと見つめると相手も見つめ返してくると知っている。コンサート、サッカーの試合、パーティーなど、だれでも群衆にまざっているときの興奮状態を経験したことがある。自分を限界まで追い詰めて、もう何も残っていないと感じるときの状態もわかっている。わたしたちは、スポーツ、競争、期待のストーリーを生で体験したことがあるため、徹底的に熱中することができるのである。結果がわからずに目の前でストーリーが展開されていくのを眺めると、ミラーニューロンが発火して、さらに興奮が高まり、ストーリーをリアルに感じられる。

場合によっては、視覚だけでなく、そのときに働いている別の知覚がミラーニューロンを活性化させて、より深い観察学習をもたらすことがある。スリラー・イン・マニラはアメリカでは生放送されなかったため、多くの人が見たくても見られなかった。観客はその試合を録画放送であとで見るか、大金を払って現地に行くか、全米各地の映画館でライブ観戦するか、ラジオで聞くしかなかった。ワシントン・ポスト紙のスポーツコラムニスト、トム・ボズウェルは、試合を見に行くより、繰り広げられるストーリーを語り直すコメンテーターを介して聞くことを選んだ、たくさんの人のなかのひとりだった。トムは当時を思い出して次のように記している。

それ以前もそれ以降も、フレイジャーがアリと戦ったときほど、スポーツイベントで手に汗を握ったことはない。(中略)そして、どちらに味方していたかによって――フレイジャーとアリはいくつもの次元で時代のシンボルだったため、だれもが彼らを深く案じていた――心臓の鼓動が激しくなって「けがはどれくらいひどいのだろう」と気になってしかたがなかった。わからないことがいまいましかった。それでいて、そのほうがよかった。ミステリーがさらなる緊張をもたらしたからだ。[9]

なぜ聞くほうがよいのだろう? ミラーニューロンはフルに活動していた。聴衆は、群衆の歓声やアナウンサーの説明といった事実を聞くだけでなく、自分の心のなかで想像し、試合を再現する必要があった。人によっては、それが「群衆の身になる」感覚を高める。聴覚のミラーニューロンは、行動とは関係のない音よりも他者の行動に関連する音を聞いたときに活発になり、それが共感に結びつくと考えられている。[10] そのためわたしたちは他者の気持ちを想像できる。ストーリーのようなものを聞くときには、脳の言語処理領域が、聞こえてくる言葉に関連するさまざまな部位だけでなく、感覚領域とも結びつけられる。運動皮質や感覚皮質などの脳の部位が、それぞれ動きと感覚に結びつく言葉を聞いたときに発火することを発見したヴェロニク・ブランジェの研究を思い出してほしい。ラジオ解説は、試合のようすをこと細かに説明するため、これらすべての感覚が関わっている。それゆえ、そのような詳しい説明を伴わない観戦と比べて、脳の多くの部位が刺激を受けているのかもしれない。

ミラーニューロンはまた、期待のプロセスでも重要な役割を果たす。[11] 人はじつは期待から喜びを得ることがわかっている――予想すること自体が楽しいのだ。[12] 脳の多くの部位がこの種の状況に関わっている。つまり、わたしたちはただ観察して予想するだけではなく、点と点を結びつけて、物語の全容を導き出してもいる。出場者の経歴やストーリーは、視聴者と選手のあいだに個人的なつながりを生む。観客は友人、登場人物、個人、あるいは自分がなりたい人物像を応援しているように感じるのである。

スーパーミラーニューロン

しかしながら、スポーツの観察者としての役割から、学校、クラブ、あるいはプロレベルまで実際にそれを学習する地点へは、どのようにたどり着くのだろう？　また、基本の習得後はどうすれば上達するのだろう？　繰り返しになるが、スポーツに関連するさまざまな動きの学習を可能にしているのはミラー・シンキングである。その基本になっているのは、見えているものをまねするわたしたちの脳だ。そうなると、ミラーニューロンとその働きについて大きな疑問が持ち上がる——もしかすると本書を読んでいるうちに、あなたの頭にはすでに浮かんでいるかもしれない。学習するために観察しているとき、実際に体を動かさないでいられるのはなぜだろう？　活性化した脳が筋肉に指令を出すのに、テニスを見ているときには自分はサーブを打たず、ボクシングの試合を見ているときに隣の人を拳で殴ることがないのはなぜだろう？　それらをコントロールしている何らかの脳のメカニズムがあるはずだ。では、それは何か？

答えとまではいかないが、少なくとも提案されているメカニズムは、イアコボーニの研究に戻ればわかる。イアコボーニは考えに考え、詳しい研究と調査を重ねて、ひとつの結論にいたった。それは、基本的なミラーニューロンの機能をコントロールしている何かが存在するはずだ、ということである。少なくとも、観察しているときに抑制といった形で動作をコントロールしているもの、例をあげるなら、だれかがボールを投げているのを見ても自分が投げないように引き止めているものがあるはずだ。それは、神経の発火を抑えるだけでなく、実質的に「一歩下がって」動作すべてを統制する脳の働きである。たとえばテニスのサーブをひとつのまとまった動きにまとめているものがそれだ。そうやって脳は、何が起きているのかを理解し、整理して、調整するのである。[13]

二〇一〇年、イアコボーニは、このミラーリングを支配する役目を果たしているものをスーパーミラーニューロンと名づけた。それは、脳のより進化した部分で、ゆっくりと反応する、観察領域にある前頭葉の細胞である。この細胞は「スーパー」な能力を有している。言うなれば、ほかのミラーニューロンのリーダーであり、まとめ役だ。しかし、この仮説にどれほど説得力があっても、イアコボーニにはそれを証明する手段がなかった。そのためには、単一のニューロンの活動を記録する必要があり、先に述べたように、それを人間で行うことは不可能だからだ。その難問についてあれこれ考えていたとき、イアコボーニは偶然、昔の同僚に出会った。その同僚、世界的に名の知れた神経外科医のイツァーク・フリートがちょうど複雑な神経外科手術を施そうとしていたところだったため、イアコボーニは思いがけず仮説を検証できることになった。フリートは、脳を直接観察できるまたとないその機会に、患者のグループから研究を行う承諾を得た。彼が手術をする部位、すなわち観察可能な領域は、まさしくスーパーミラーニューロンが存在するとイアコボーニが考えていた場所だった。

手術の目的は二一人の患者の重度のてんかん症状を和らげることだった。フリートが患者の脳の前頭葉に入れた微小電極によって、一一七七個という驚くべき数の細胞の細胞外活動が記録できた。

そこで、その千載一遇の好機に、イアコボーニとの共同研究で、観察しているけれども実行していないときに活性化する脳の領域が調査された。調査のあいだ、患者は別の人が手で物体をつかむところを見ているように言われ（統制群と実験群を分けるため）、それから自分の手でその物体をつかむよう求められた。結果として、イアコボーニの仮説が正しいことが明らかになった。彼がスーパーミラーニューロンと名づけたミラーニューロンの小さなサブセットが、動作の観察時に行動を抑制していたのである。

この事例証拠は、スーパーミラーニューロンが単純な模倣動作をより複雑な動作、行動、感情の組み合わせへとまとめ上げていることを示すものだと、イアコボーニは考えている。つまり、これこそが、自分では実際に投げることなくだれかがボールを投げているところを観察でき、また投げるという動作のばらばらな局面をひとつの複雑なパターンへとまとめることのできるメカニズムということになる。したがって、スポーツの動作を学ぶためには、ミラーニューロンシステムが必須である。たとえば、テニスでサーブの手本を見せているコーチを観察すると、以下のような手順をたどっている。

1　正しい構えになるように立ち位置を決める（すでにサーブを見たことがあって、この第一段階を行う方法を知っているものと仮定する）。

2　前方の足に若干体重をかけながら、目の前で何度かボールをバウンドさせて、手、腕、体をリラックスさせる。

3　指先で軽くボールを持ち、体の前でボールが軽くテニスラケットに触れるように、手を構えのポジションへと動かす（ここでも、構えのポジションがどのようなものであるかは知っているものと仮定する）。

4　ゆっくりと体重を後方の足へと移動する。

5　体重が後方の足に乗ったら、トロフィーポーズ（それが何を意味するのかを理解するためにはまず観察しなければならないことを示す一例）へと体を動かしていく。

6　両手を一緒に下ろしてから、肩を使って、ボールを投げるほうの腕を空へ向かって持ち上げる。肘から動かすようにして腕はまっすぐ伸ばす。腕が頭上に上がったところで手を開き、ボールを離す。

7　ボールを投げるほうの腕が上がるのに合わせて、ラケットを持っている利き手を振り子のように背中側へと、頭の後ろまで振り上げる。

8　腕の動作が完了するまでに完全に曲がった状態になるように、膝を曲げる。[14]

この文字で書かれた指示だけでは、テニスのサーブの達成はもとより、理解するだけでもかなり難しい。やり方を学ぶためにはロールモデルを見て、ミラーニューロンを発動させなくてはならない。それだけではない。腕や肘の位置、力を入れるべき腕の場所、投げるときに使う腕の場所、ボールを持つときの手と指の正確な位置、ボールを持つ強さ、ボールを離すタイミング、ボールを投げ上げる高さ、異なるタイプのサーブのやり方など、指示書だけでは多くの側面がわからない。正しく実行するためには指示と観察の両方が必要である。実際、二〇〇二年に、ギリシャ、デモクリトス大学体育学ならびにスポーツ科学准教授のエレーニ・ゼトウが、バレーボール選手の技能を向上させる「もっとも理想的な」方法は、言葉による説明と「手本」の動きの観察を組み合わせることだと述べている。[15] そして、たとえ初心者であっても、正しい順序で、正しい強弱で行うためには、それらすべての統制が取れていなければならない。どうやって？　スーパーミラーニューロンが数えきれないほどの情報をつなぎ合わせて、命令を出しているのである。スーパーミラーニューロン、あるいはそれに類するメカニズムが、ミラーニューロンから集まるそうした複雑な情報すべてを意味のある形へとまとめ上げているのだ。

スーパーミラーニューロンはスポーツなどの体を動かす活動だけを担っているのではない。個人と個人、個人と集団のあいだのやりとりといった、複雑な実社会を取りまとめる役割を果たしているとの仮説も立てられている。それがあるために、わたしたちはコミュニティや職場で、だれがだれに何を言ったのか、だれが好意的で、だれが不親切で、だれなら秘密を打ち明けてよいのか、だれが大きな影響力を持っているのかを覚えておくことができる。スーパーミラーリング機能のおかげで、見たり、聞いたり、感じたりすることの経過を追えるのである。[16] むろん、それは、相手選手の行動を理解して予測し、相手チームの流れを理解して対処し、自分の考えや感情の動きを追うことが必要なスポーツとも密接な関係がある。

どのようなスポーツでも、基本を学んで慣れてきたなら、さらに理解を深め、磨きをかけて、上達していくことになる。自分の能力を高めるためには観察が必須だ。ほんの一瞬で優位に立つためには、ミリ秒単位で予測できるよう感覚中枢と運動中枢の連携を磨き上げなければならない。そのために行われていることの大半は、ミラーニューロンシステムの育成である。それによって、自分が上達する方法がわかるだけでなく、相手の次の動きを読む能力も身につく。あるいは、わたしの大好きなスポーツ、スノーボードで言うなら、スロープ、岩、異なる地形、変化し続ける雪の状態を予測して行動を決定するための能力ということになる。

わたしは子どものころからスキーをしているが、スノーボードを始めたのは二〇代になって遠方へ旅してからだった。オーストラリア各地でサーフィンをしていたときに出会ったサーファー仲間と一緒に、わたしは冬にニュージーランドへ渡った。友人たちは、スキーよりサーフィンとの共通点が多いスノーボードをやるべきだと言った（もちろん彼女たちはみなスノーボーダーである）。そこでレンタルショップに行った。友だちは、ひとりで練習するわたしを山の中腹に残して、山頂に上がっていった。見て、滑って、転んで、起き上がることをこれでもかというほど繰り返したおかげで、わたしはそのシーズンのあいだにいっぱしのスノーボーダーになった。

ニュージーランドにいたときに知り合ったわたしの親友は、もう何年もフランスアルプスでスノーボードスクールを運営している。多くの男性がイギリスからやってきて、どれほど自分がうまいかを彼女に見せようとする。彼女自身もとびきりのスノーボーダーで、競技の選手ではないものの、世界有数のスノーボーダーと一緒に滑っている。彼女が言うところの自信過剰な「お客さん」がきたときは、しばらくのあいだ鼻高々に滑らせておいてから、颯爽と彼らを追い越して滑るのが、彼女のちょっとした悪ふざけである。どれほどがんばって追いつこうとしても追いつけず、彼らはたいてい雪だるまになって転がっていく。スノーボードのおもしろいところは、多くの人が自分にもできると考え、実際ある程度まではできる——山を滑り降りる——のだが、ベストな滑り方を知らないことである。実際、スノーボードは気楽なスポーツなのだから「正式な」やり方など存在しないと考えている人が多い。わたし自身も残念ながら、しばらくのあいだはその発想に陥っていた。その後、インストラクターになる訓練を受けてようやく、自分のやっていたことがみなまちがいだとわかった。

わたしのスノーボード歴における大きな転換点のひとつは、指導を受けたときに自分の姿を実際に動画で見たことだった。自分がボードのどこに体重をかけているのか、ターンするにあたっていつゆるめているのかを自分の目で確認することができた。動画は自分の滑り方のミラーであり、自分の姿を観察する絶好の機会だった。ひとたび正しいスノーボードの姿勢を教えられると、わたしは自分の姿を分析することができた。これは、観察し、自分が見ているものを理解しているあいだ、自分が動かないようにするスーパーミラーニューロンがなければ不可能である。プロのスポーツ選手では映像分析は常識になってきている。サッカーの試合、テニスの試合、あるいは陸上選手のスタートを通常のスピードとスローモーションで再生すると、テクニックを視覚的に細かく分析できる。改善箇所が示されれば、それを学び、効果的に生かすことができる。スポーツを楽しく自己流にやるのではなく適切に学ぶということは、あえて意識する、知ったうえで注意を向ける方法の一例である。意識して観察し、意識して練習し、意識して実践し、また意識して逆ミラーリングをすることはすべて、テクニックを極めるプロセスの断片だ。わたしは何年ものあいだスキーヤーとして、スノーボーダーが滑るところをリフトの上から眺めていたが、それはただの娯楽である。スノーボードをする友だちも観察したが、何となく滑るのではなく、スノーボードをスポーツとして格段に深く理解できるようになったのは、意識的また意図的にそれぞれのステップを分析したためである。わたしは、人生のさまざまな局面で、いつも偶然に、観察学習を指示されずに行ってきた。けれども、指示があると、意識的な観察の焦点が明確かつ鮮明、着実かつ意味のあるものになった。選り抜きの選手にとってはそれがトレーニングの要である。彼らは自分のパフォーマンスの細かい部分を絶えず見直している。わたしたちが人生で遭遇する多くのものごと、とりわけ社会的で情動的なものには、それと同じくらい詳しい分析が必要である。ところが、ほとんどの場合は自覚されないため、分析は無意識だ。たとえば、だれかの顔の表情を読み取るためには、脳内で詳細な分析が行われなければならない。人と関わるたびに、神経回路網が形成される。それらを使わないでいると、ミラーニューロンシステムが十分に発達しない。詳細に注意を払うことをしなくなったスポーツ選手のごとく、わたしたちの社会性と情動のスキルは衰えてしまう。しかしながら、たとえ常時ではなくても、そうしたスキルを意識していれば、それらを磨く絶好のチャンスが訪れる。

成功を視覚化する

プロのスポーツ選手は自分の技能を高めるためにもうひとつ重要な方法でミラーニューロンを使っている。それは視覚化だ。スタンフォード大学の社会科学ならびに心理学の名誉教授であるアルバート・バンデューラは、さまざまな観察学習研究の生みの親である。バンデューラによれば、言葉で指示や説明を受けたのちに、それを視覚的なイメージに変えることができる人は、そうでない人よりも大きな成果を出せる。[17] ミラーニューロンの研究がそれを裏づけている。人が学習しているとき、ミラーニューロンは観察された動作を細かい断片に分けてから、のちに一連の動作を再現できるように、脳の特定領域にマッピングして順序よくならべておく。[18] その後、ミラーニューロンは、その動作が実際に行われるときも、だれかが実行しているところを観察するときも、またイメージされたときも、同じ神経基質を活性化する。[19] この能力を活用してイメージ、つまり視覚化すると、「現実」の動作も実際に向上することがわかっている。[20] そのため、視覚化は選り抜きのスポーツ選手がテクニックで優位に立つために欠かせない要素となっている。休んでいるあいだ、あるいは負傷しているあいだでさえ、ねらいどおりの好結果を出すために技術を磨くことができる。そしてそれは実際かなりの成果を上げている。

予選の前、F1ドライバーは目を閉じて座り、走行コースを心に描いて、ブレーキを踏む箇所すべて、一〇〇〇分の一秒のあいだに決断を下さなければならないカーブのすべてについて考える。それだけで、一周数キロのコースを回るとき、グリッドのポジションがいくつか変わるほどの差が生まれるかもしれないからだ。二〇一二年ロンドンオリンピックの七種競技で優勝したジェシカ・エニス＝ヒルは、大会前に視覚化を用いて「完璧なテクニックを思い描いた。その完璧なイメージを頭に描ければ、うまくいけば実際のパフォーマンスにも影響するだろうと」考えたのである。ウィンブルドンの試合前、イギリスのテニスの王者アンディ・マリーはだれもいないコートに行くことでよく知られている。「だれもいないセンターコートに座って、そのコートとそこでプレーした試合について少し考える」と彼は語った。それを未来に投影することで、彼は最適な心のあり方へと自分を導く。「トーナメントで勝ち抜けるよう最高の気分になりたいんだ[21]」。

インディペンデント紙のインタビューで、スポーツ心理学者のスティーヴ・ブルは言った。「イメージするさいにもっとも重要な点は、音、光景、においなど複数の感覚を用いることである」。イメージトレーニングに大きく頼っていたことで知られるサッカー選手、ウェイン・ルーニーについて、ブルは次のように述べている。

ルーニー（のような選手）の特別なところはその想像力だ。心のなかで得点を入れるシーンを描くとき、彼は、自分の足がボールを蹴る感覚、足元の芝のにおい、観客の歓声を感じられる。

その信じられないほど鮮やかなイメージが自信、焦点、明晰さ、思考のスピードを高めるため、スポーツ選手は心の準備を整えられる。イメージを使えばどのようなシナリオにも備えられる。観客の反応は？　もし一対〇で負けていたなら？　場面に即したキックを放つには？　一方、イメージは筋肉にも信号を送るため、選手は実際の動きにも備えることができる。心のイメージが鮮明であればあるほど、脳の働きは強くなり、実際の試合で筋肉が同じ身体の動きやテクニックを達成できるよう準備が整えられる。[22]

このようにミラーニューロンを用いて視覚化するあいだに聴覚、嗅覚、視覚、触覚の感覚を取り入れれば、パフォーマンスはさらに強化される。完璧なキック、棒高跳び、バックハンドストロークをしているときと、同じ光景、音、においを使って刺激を与えながら練習すれば、脳内のパターンは強くなるばかりだ。

イアコボーニが提唱している暫定的な仮説と同じように、実際には体を動かさずに同じ動作を繰り返し続けるという性質から、視覚化もまたスーパーミラーニューロンに依存しているにちがいない。視覚化を可能にするにあたって、スーパーミラーニューロンがさまざまな感覚や筋肉の動きなど、脳の特定領域における活動を制御また調整しているのである。

脳がまちがえるとき

人生のさまざまな局面で、わたしたちが無意識に観察かつ模倣しているものごとは数えきれないほどあるが——会話をしながら足を組むこと、話や着こなしに対する仲間の影響など——観察しても模倣しない状況も少なくとも同じくらいたくさん存在する。わたしたちはまた、自分でもわからないほどのレベルで細かく複雑な処理を行い、社会の状況に応じている。

脳のそのメカニズムを直接測定することは現時点では不可能だ。正確なメカニズムがまだ明らかではないなかで、脳のそうした複雑な働きを解明するために研究者が試しているひとつの方法は、イアコボーニの発見のようなデータと脳がうまく働かなかった場合の研究とを組み合わせることである。脳損傷や心理学的な機能不全がある場合、神経科学者はその異常な行動や考え方から貴重な情報を得ることができる。患者が理解や実行できないものごとと、正常に働いていない脳の領域とを照らし合わせれば、健常者における同じ領域の一般的な機能がわかる。

脳についてまだよくわかっていなかった時代からしばしば引き合いに出されている有名な例は、一九世紀アメリカの鉄道労働者フィニアス・ゲージの事例である。ゲージは、新しい線路を引くために爆発物で岩を除去する仕事をしていた労働者の親方だった。一八四八年九月一三日、彼らは、細い穴を掘って、鉄の棒で奥深くに爆薬を詰め、岩を吹き飛ばす準備をしていた。普通は、爆薬のあとに粘土や砂など、化学反応を起こしにくい物質が挿入される。そうすれば爆発の力が作業員がいる外側ではなく岩のほうへ向かうからだ。ところが、どういうわけかゲージの鉄の棒が岩にぶつかって火花を発し、火薬が爆発して、一メートルの長さの棒が、彼の左のほおから目の後ろを通って、頭蓋骨前部の左側を貫通した。爆発の威力は破壊的で、棒は一〇メートル離れたところに着地した。驚いたことにゲージはこのおそろしい事故でも命を落とさず、ハーロウという名の医師に手当てを受けたあと、自力で歩いて現場を立ち去った。ゲージは片方の視力を失ったが、ひとたび傷が治ると、それ以外は健康に見えた。[23] ところが、何か月ものあいだ傷の治療にあたっていたハーロウは、ゲージの行動にショックを受けた。彼の説明によれば、ゲージは、

(前略)ありえないほど汚い言葉で罵り(以前はそうではなかった)、仲間にまったく敬意を払わず、自分の欲求にそぐわない抑制や助言は我慢できず、ときに手に負えないほど強情になり、それでいて気まぐれかつ優柔不断で、作業について多くの計画を立てても、取り決めるやいなやほかの計画のほうがふさわしいと思って放棄する始末だ。知的能力と表現は子どものようだが、大きな男の動物的な感情を併せ持っている。[24]

事故以前のゲージは、人から慕われ、温かく、「すべての計画をきちんとやり通す」信頼の置ける人物だった。[25] ゲージの事例からは、脳の前頭葉が実行している機能が計画性と感情の制御であることがはっきりとわかる。現在ではその事実が確認されているが、今ほど綿密に正確な記録と照合

することのできなかった時代に起きたこの事例は、事実の説明というよりは例証として用いられることが多い。しかしながら、いかに脳の領域の損傷と機能不全が、その領域の役割を理解する助けになるかはよくわかる。注目すべきは、ゲージのけがが、イアコボーニがスーパーミラーニューロンの働きを調べたところと同じ脳の領域にあることだ。

現在では、手に入る情報のレベルがきわめて正確であるため、それをすでにある大量の知識と組み合わせ、高度な画像テクニックを用いて、さらに細かい脳の領域を特定することができる。脳の一般的な働きは大部分が判明しており、場合によっては、ミラーニューロンのような詳しい機能についても、より鮮明に理解できるようになった。それでも、まだ不確かな部分はたくさんある。スーパーミラーニューロン、もしくはそれと同等のものが担っている領域については大まかにわかっているが、どこでどのように機能しているかという正確な詳細はまだ確かめられていない。

スポーツ以外で、ミラーニューロンとそのコントロールメカニズムのようなものの両方に左右されると考えられる分野は、自分と他者の区別を保つことである。観察あるいは視覚化しても自分ではその動作を実行しないでいられるのと同じように、他者の意図や気持ちを理解しながらもそれが自分の感情ではないと認識できることにも、何らかの理由があるはずだ。たとえば、だれかが愛する人を失ったことに共感するとき、相手が悲しんでいるのを見て自分の脳もある程度までその感情をミラーするけれども、相手が泣いているからといって必ずしも自分が泣くわけではない。相手の感情をミラーしているのに、自分が同じ気持ちにならないのはどうしてだろう？　それが相手の感情であって自分のものではないとなぜわかるのだろう？　学者が言うところの「自他」の理解はとてつもなく複雑である。したがって、何らかの管理、統制に頼っているはずだ。

わたしたちは日々のやりとりでいつも、顔の表情、言葉、ジェスチャー、姿勢、雰囲気から相手の意図を推定し、相手の目的を理解しようとしている。同時に、そうした自分の推定や理解が相手の次の言動とその理由に与える影響を予測しようともしている。主としてそれは共感と関係している。ウィーン大学生物心理学教授のクラウス・ラムらは二〇一六年、その背後にあるかもしれないメカニズム――複雑な社会的手がかりを検知、選択、追跡することを可能にする働き――を探る論文をイギリス王立協会で発表した。[26] 論文のなかで彼らが注目したのが共感能力を持たない人々の臨床研究である。一般に共感を覚えるような体験をしても活性化しない脳の部位を特定すれば、健康な人の共感に関わる部位を特定できる。彼らは、自他の理解の欠落を示すもっとも極端な例とも言える精神病質者（サイコパス）を調べた。

精神病質とは良心の呵責や罪の意識が欠落する障害である。大部分の人は、身体的あるいは精神的な苦痛を受けている人と接触すると、ある程度まで自分もその苦痛を感じる、つまりミラーする。手短に言うと、精神病質者はそうならない。ラムが論文で引き合いに出しているのが、二〇一三年にさまざまなレベルの精神病質を持つ一二一人の男性受刑者を調査した、シカゴ大学の心理学ならびに神経科学教授ジーン・ディセティの研究である。ディセティらは受刑者に、たとえば釘を踏みつける、引き出しに指をはさむなど、痛みを伴う筋書きに関係する写真を見せ、そのあいだｆＭＲ

Iを用いて彼らの脳をスキャンした。fMRIは、苦痛を伴う経験が自分に起きる絵を見ているときと、他者に起きる場合の両方で参加者の脳をスキャンするために用いられた。これは視点転換法として知られている手法で、ここで述べている自他の区別と関係がある。健康な成人では、通常はそれが共感反応を引き起こす。

自分が苦痛を感じると想像するとき、受刑者の脳は普通の健康な人と同じ反応を示した。ところが、精神病質の傾向が最大だった受刑者では、他者が苦痛を受けていると想像したときには、脳の活動レベルがはるかに低かった。[27]それに関連する脳の特定部位は、恐怖を処理する扁桃体と、ゲージの例が示すように、感情、共感、道徳観を制御するために必要不可欠な腹内側前頭前皮質だった。[28]

この事例証拠について「やや矛盾している」点は、ディセティの研究の精神病質者は通常の脳の活動を示さなかった一方で、ほかの研究では精神病質者も共感するよう指示されれば共感できると示されていることだと、ラムは説明している。ラムの見解によれば、生まれつきの共感反応の欠落を補うような何らかの「トップダウン」のメカニズムがあることが示唆される。よって、イアコボーニの仮説に戻る。「ミラーニューロンの上位にあるものをスーパーミラーニューロンと呼ぶのは、それらがスーパーパワーを持っているからではなく、それらが概念的な機能上のニューロンの層で、普通のミラーニューロンの『上位』にあり、活動の統制と調整を行っている可能性があるためだ[29]」

しかしながら、スーパーミラーニューロンは、そのきわめて重要な神経認知メカニズムの説明として最適な仮説ではあるけれども、まだ確実とは言えない。この神経プロセスについての問題は社会神経科学の「暗黒物質」と呼ばれている。[30] 先へ進むためには、依然として大量の調査と理解が必要である。

今わかっていることは、まだ研究では再現されていないけれども、イアコボーニとフリートによって発見されたスーパーミラーニューロンのような何かが、脳の前頭皮質に存在するということだ。それは感情、共感、道徳性の統制を担っている領域であり、精神病質の受刑者に見られる異常と関連している。感情、意図、行動の予測について自分と他者を区別するための神経回路がそこにあると考えるのは理にかなっている。

人はもともと利己的なのか、それとも利他的なのか

イアコボーニらによる最近の研究からは、[31] 今後の調査によって直接スーパーミラーニューロンに結びつけられそうな新たな働きがわかっている。正確なメカニズムと呼称はさておき、その研究が示唆するものはまさに画期的で、ロールモデリングの観点から探ってみる価値がある。それは、人は生まれながらにして善人なのか、悪人なのかということである。わたしたちは本能的に人のためになる行動をとるのだろうか、それとも自分勝手な行動をとるのだろうか?

生まれつき道徳的なのか、それとも堕落しているのかという問いは何世紀も前から激しく議論さ

れてきた。人はこの世に生まれるときは道徳観念がなく、道徳は学習するものだと、アリストテレスは述べた。聖アウグスティヌスは、人間はつねに邪悪に魅せられると説いた。一七世紀イギリスの哲学者トーマス・ホブズは、人は不道徳であり、それを避け、制御することでのみ善が生まれると提言した。それに対して、ジャン＝ジャック・ルソーは、人は本来親切で純真であり、社会のせいで堕落すると主張した。けれども現在では、神経科学、生物学、心理学の知識が進歩したおかげで、この問いに対する明白な答えを探せるようになった。イアコボーニらは、真実を明らかにするために役立つ興味深い証拠の発見に成功した。

神経科学者レナード・クリストフ＝ムーアを陣頭に、イアコボーニのチームは最新のテクニックを使って、前頭葉の特定の領域で働きが妨げられたときにどうなるかを調べた。[32]わたしがイアコボーニに会ったとき、彼はその研究について生き生きと語った。研究では観察脳内のふたつの領域——背外側前頭前皮質と背内側前頭前皮質——で活動を妨げるために「シータバースト刺激法（cTBS）」と呼ばれる方法が利用された。参加者はもうひとりの参加者と「独裁者ゲーム」と呼ばれる経済ゲームを用いて、自由に一〇ドルを分け合うよう求められる。まず年収が表示された相手の顔写真を見せられる。収入は低いか高いかのどちらかだ。写真の人々はロサンゼルスに実在し、実際に金を受け取ることになっていた。この研究のねらいは、相手の社会経済的地位と、写真から受ける印象の支援の必要性によって、気前のよさが変化するかどうか、である。写真を五秒間見た参加者は、続く五秒のあいだにキーボード上の〇～一〇のボタンを押して、何ドルを相手に与えるかを答える。実験の設計上、参加者が「自分を印象づける」あるいは「期待に沿う」ために判断を下すことがないよう、決断は匿名にされた。

イアコボーニらによれば、前頭前皮質の信号が妨げられて、脳がいわゆる観察脳でゆっくりと理性的に考える能力を制限されると、人は気前がよくなった。観察脳を使えない参加者は反応脳の衝動に頼り、その結果、相手に対して向社会的、協力的、利他的になったのである。相手の社会経済的地位が高くても低くても同じだった。イアコボーニらは人間本来の傾向は向社会的だと結論づけた。つまり、幼いころは自己最大化と向社会的な傾向が共存しているけれども、大人になるにつれてそれが変化するのだと言える。したがって、人間はそもそも利己的なのか利他的なのかという質問については、この研究を含むいくつもの新たな証拠から、喜ばしいことに、生まれたときは利他的だとわかる。わたしはイアコボーニに再び会って、人がもともと寛大かどうかを制御しているのはスーパーミラーニューロンだと思うかと尋ねた。彼は答えた。

われわれが行った研究では独裁者ゲームで気前のよさが増大しましたが、わたしが著書でスーパーミラーニューロンと名づけたものが、ミラーシステムに妨害されたのかどうかははっきりとは言えません。実際のところ、それらの介入を前提とする必要がないからです。「普通の」前頭前皮質のニューロンだけで気前のよさを下げられるのかもしれないし、それらがミラーシステムによって活動を妨げられた可能性もあります。

脳のメカニズムと正確な機能が何であっても、この研究は驚くほど画期的であり、高度なテクノロジーに邪魔されることなくうまく利用すれば、人類の役に立ちそうだ。イアコボーニの調査はまた、人はきわめて社会的な種で、生き残れるかどうかが大きく他者に左右されるとする、現代の進化心理学とも一致している。これはひとつの研究でしかないが、たとえば、イェール大学[33]、ノースカロライナ州のデューク大学[34]、ドイツのライプツィヒにあるマックス・プランク人間認知ならびに脳科学研究所[35]など、ほかの調査からも証拠は急速に積み重ねられつつある。ハーヴァード大学とイェール大学の専門家が実行してネイチャー誌で発表した、発達心理学、道徳哲学、生物学の分野を超えた研究もまた同じ結論に達し、この概念に真実味を持たせている。人の最初の本能は、自分勝手ではなく協力的に行動することなのだ[36]。

わたしたちは類いまれな方法で他者と結びついている。ミラーニューロンシステムがその証しだ。わたしたちの行動、意図、考え方は他者の脳でミラーされ、わたしたち自身の脳も他者をミラーしている。自分を守りたい、また自分にとってよい結果になってほしいと考えていれば、本能的に他者にもそれを望んだとしても不思議はない。実際、人が向社会的になる主要な動機は「個人の境界をぼやけさせるような共感の反射」によるものかもしれないと、イアコボーニらは結論づけている[37]。彼はわたしとの会話の最後をこう締めくくった。そうしたニューロンの名前が何であるかにかかわらず、「そのようなニューロンが果たしていると考えられる役割は、自分という認識を保つこと、そして不要な模倣を制御することです」。だれかがボールを投げるのを観察するときに自分では投げないというようなことから複雑な感情まで、さまざまな動作についてそう言えるのかもしれない。

ミラーニューロンシステムと、接触した人すべての感情を含む何もかもを拾い上げる人間の傾向がわかった今、自他の境界を理解することはますます重要になってきている。

第三部　よいミラーリング・悪いミラーリング

第8章　悪いロールモデル

二〇〇七年一一月七日の朝、一八歳のペッカ＝エリック・アウヴィネンは学校にいるはずだった。アウヴィネンはフィンランド、トゥースラのヨケラという町で生まれ育ち、一二〜一八歳の四〇〇人の生徒が通う地元の高校へ通学していた。

アウヴィネンはフィンランド鉄道で働くアマチュアミュージシャンの父イスモと母ミカエラ、そして弟と一緒に住んでいた。[1,2] 音楽が大好きなイスモは、フィンランド人ギタリストのペッカ・ヤルヴィネンと、イギリス人ロック・ブルースギタリストのエリック・クラプトンから息子の名をつけた。アウヴィネンは学校では目立たない生徒で、友人もおり、問題を起こしたことはなかった。けれどもその日の朝、彼は初めて授業をさぼった。学校へ行く代わりに、家でインターネットに接続してユーチューブに動画をアップロードした。一一時二八分、彼はコンピュータの電源を切ると、自転車で一・七キロ離れた学校へ向かった。鉛色の雲が垂れ込めた寒い日のことだった。

学校についたアウヴィネンは正門を通らず、何人かの生徒たちが昼食を取っていた食堂の地下へと続くドアから入った。そこから上がった教室の廊下には、雑談をしながら英語の授業が始まるのを待っていたヨニ・アールトネンとサメリ・ヌルミがいた。[3] ガーディアン紙のインタビューで、続いて起きたできごとについて、ヨニは以下のように語っている。

「彼はゆっくりと慌てずにぼくらのほうへ歩いてきた。じつを言うと、ぼくらはあまり気にしていなかった。そうしたら、二メートルくらい離れたところで立ち止まった。ぼくが見上げると、彼もこっちを見ていた。それから腕を持ち上げ、銃を向けて、撃ち始めたんだ」[4]

ヨニは逃げたが、親友のサメリは逃げられず、殺された。校長がスピーカーから「今すぐ教室へ入って、鍵をかけ、隠れなさい」とアナウンスするまでのその後の六分間で、アウヴィネンはさらに五人の生徒を殺した。アウヴィネンは怒鳴りながら廊下を進んだ。「全員ぶっ殺してやる」。彼は合計で六九発の弾を撃ち、男子生徒五人、女子生徒ふたり、そして校長の八人を殺害した。最後の弾は自分のために残してあった。

警察官は現場の混乱について、生徒たちが窓から飛び出し、大急ぎで隠れ場所を探していたと述べた。[5] アウヴィネンの教師のひとりは語った。「現実とは思えませんでした。わたし自身も教えたことのある生徒が銃を手に、大声をあげながら、こちらへ向かって走ってきたのです」。アウヴィネンは一一月七日の朝にアップロードした動画に「ヨケラ高校大量殺人事件」とタイトルをつけていた。

なぜこのような事件が起きたのだろう? 平和なことで知られ、世界最高の教育システムを持つフィンランドの、見たところ普通の健全な家庭で育った少年が事件を起こした。彼を取り巻く環境には、このような行動のミラーとなるような人物は友人や教師も含めてだれもいなかった。そもそもこれはミラーリングなのだろうか？　そうだとするなら一体だれの？　そしてなぜ？

フィンランド法務省は大量殺人事件後、攻撃にいたった過程に注目して報告書をまとめた。それによると、アウヴィネンは高学年になるにつれて、友だち作りが一段と難しくなったと感じ、孤独になって、引きこもっていった。「現代の若者にはそぐわない」価値観を持っていた彼の両親の行動もその一因だったと考えられている。両親はほかの生徒の親をつかまえて、子どものしつけがなっていない、振る舞いがなっていないと苦情を言うことさえあった。確証はないが、アウヴィネンはある程度まで親の考え方や態度をミラーリングしていたのだろう。そうなると、学校の友だちとの溝は広がるばかりである。聴取を受けた教師らは、家庭内で押しつけられた価値観によって、アウヴィネンはますますほかの生徒とうまくつきあうことが難しくなり、極端な考え方のせいでいじめられたり笑われたりするようになったと考えていた。[6]

自分で選ぶつながり

これまで見てきたように、人は、つながりたいという強い欲求に突き動かされている向社会的な生きものである。ひとつの環境に必要なものが見つからなければ、ほかの場所に見つけ出そうとする。そうしなければ、孤独になって、身体と精神の健康が大きく損なわれるからだ。つながる場所を求めたアウヴィネンはインターネットに目を向けた。彼はウェブコミュニティで学校の殺人事件に関する会話に加わり、オンラインで知り合った人々とチャットをした。それが彼にとっての自分の居場所になった。さらに家庭の影響が重なったことで、アウヴィネンは学校の生徒たちから部外者、つまり外集団の一員と見られるようになったにちがいない。本書の初めのほうで、属している集団によって人の態度が大きく変わることを論じた。神経科学者のグリット・ハインによれば、わたしたちは相手が内集団に属していると共感を覚えやすく、苦痛を受けている人を助けようとする。逆に、内集団に属していない人に対しては共感しにくいばかりか、苦痛を受けているところを見て愉快にさえ思う。その影響を直接大量殺人に結びつけることはできないとしても、それは長い悪循環により積み重なって極端な結果をもたらす心理学的要素のひとつである。

アウヴィネンはオンラインで知り合った人々に理解を示した。彼らがアウヴィネンにとっての内集団になったからだ。彼はオンラインの友人を信頼し、長い時間彼らと接した。ロールモデルに必要な条件はすべてそこにあったように思われる。くわえて、青年期の脳は社会的なニーズ、グループへの帰属、内集団の影響にきわめて敏感であるため、ミラーリングの影響を大きく受けやすい。

ヴァージニア州にあるジョージ・メイソン大学の共同研究者、マレン・ストレンジオクらによる研究論文は、メディアの暴力的な内容が青年期の脳に与える影響について論じている。ストレンジオクらはｆＭＲＩを用いて、参加者に段階的に暴力的な動画を見せた。すると、参加者が見る動画の数が多くなればなるほど、参加者は内容に対して鈍感になった。また、日ごろから暴力性の高いメディアに接している人が、暴力に対してもっとも鈍感だった。これはつまり、暴力の犠牲者に対する共感と同情のレベルが下がり、敵対するような状況に陥りやすくなって、さまざまな状況に対する反応が暴力的になるということである。通常は脳の高度な領域、特に左外側眼窩前頭皮質が社会規範に違反していることに気づき、集団の求めに合わせるよう行動を修正する。しかしながら、何が普通かという認識は時間とともに変化し、暴力にさらされ続けた青年期の左外側眼窩前頭皮質の反応はどんどん悪くなる。言うなれば、普通だと感じられる状態が変わるのだ。[7] 青年期の若者が暴力的な内容や攻撃的なロールモデルに触れる時間が長くなればなるほど、残虐行為が普通の状態になって、それがもたらす影響も感じなくなる。

アウヴィネンが新しい集団の仲間になったことで、ミラーシステムで模倣される行動規範が変化した。彼は学校の同級生と足並みをそろえるのではなく、新しい友だちの危ない態度や考え方に同調するようになった。またそれによって、極端な暴力に対して一段と鈍感になり、悪循環に陥ったのだろう。同級生とはますます異なる存在になって、新しくつながった過激な集団と通じ合うようになったにちがいない。アウヴィネンが同級生の「活動規則」から離れるにつれて、暴力を牽制する本来のメカニズム（左外側眼窩前頭皮質）も崩れていった可能性がある。

オランダ、フローニンゲン大学のヤープ・コールハースは、ラットにおける攻撃性の影響の研究で、敵対行為の発現はたいてい社会規範によって制御あるいは修正されると説明している。[8] 人間の「社会規範」は文化、慣習、倫理観、信仰、法律などで構成されている。しかしながら、ストレンジオクの研究が示しているように、道を誤ると、そうした行動を制御する機能が以前と同じようには働かなくなり、通常であれば暴力を抑えている圧力バルブが事実上消えてしまう。アウヴィネンが同級生の規範からはずれてしまったことで、攻撃性はもはや抑え込まれず、むしろ、新しい友だちに賞賛されるようになった。結果として、アウヴィネンは大量殺人という暴力を社会コミュニケーションの手段として用い、除け者にされた自分の絶望を表現したとも考えられる。

調査官が彼のインターネット上のやりとりを調べると、彼がアメリカの学校の銃乱射事件に夢中になっていたとわかった。彼はユナボマーことセオドア・カジンスキーに憧れ、ヒトラー、ナチス、またコロンバイン高校銃乱射事件を起こしたエリック・ハリスとディラン・クレボルドについて動画を投稿していた。[9] アメリカの心理学者で学校乱射事件の専門家であるピーター・ラングマンは、「アウヴィネンとハリスの文章の類似点があまりにも多すぎてここですべてを参照することはできない」[10] と述べて、アウヴィネンが書いた内容のほとんどはそうした人物の文章が手本になっていると指摘している。つまりこれは、アウヴィネンの脳にあるミラーシステムを介して行われた、行動の直接のミラーリングとしか考えられない。

ラングマンはまた、ヨケラなどの大量殺人は、メディアがしばしば描いているようなたんなる「模倣」殺人とは言えないと説明している。盲目的な殺人犯崇拝、過去の大量殺人に対する何気ない言及、大義を掲げた共感、他者の願いの実行、名声を得たいという欲求、殺人者とともに率いる革命など、それ以外にもさまざまな要因が複雑に絡み合っているためだ。[11] しかしながら、ひとつ共通しているのは、大部分が何らかの形でミラーリングと模倣に関わっていることである。ラングマンによれば、殺人者は「さまざまな個人的理由から過去の犯人に魅力を感じている」[12]。本書で論じてきたように、ロールモデルとつながりが築かれると、行動がミラーされる可能性ははるかに高くなる。くわえて、集団への帰属、年齢、仲間の影響に対する脳の感受性、攻撃性の表現方法など、ほかの複雑な社会的また神経生物学的な要素が働いていることもわかる。

フィンランド、トゥルク大学の発達心理学教授カイ・ビヨルクヴィストもまた、ヨケラの銃乱射事件に触れ、通常は平和なフィンランドで学校内銃乱射事件のリスクが高まっていると警鐘を鳴らしている。たとえば、二〇〇八年九月二三日にはカウハヨキのセイナヨキ応用科学大学で、どう見てもヨケラの影響を受けたとしか考えられない銃乱射事件が起きたが、警察の報告によれば、それから二か月のあいだに二〇〇件の脅威が発生した。[13] 実際に起きた事件についての報道だけでなく、広い意味でのメディア暴力の増加によって事態が深刻化しているのではないかと、ビヨルクヴィストは述べている。ミラーニューロンの機能に関する研究において世界でも指折りの専門家であるイアコボーニによれば、数多くの研究が示している結果に「疑いの余地はない。メディア暴力との接触が模倣暴力に大きな影響を与えている」[14]。そして、それはあらゆる集団、あらゆる人種の子どもたちに当てはまる。その結びつきはきわめて強力で、受動喫煙と肺がん、骨密度とカルシウム摂取、アスベストとがんの関係をしのぐほどだ。[15] 現在ではそうした暴力模倣の根底にある神経学的なメカニズムの証拠が明らかになりつつあり、以前にも増してメディア暴力との結びつきが示唆されると、イアコボーニは述べている。アウヴィネンの行動に関するいくつかの仮説は証明できないが――何しろ彼にインタビューすることもｆＭＲＩを使って脳を見ることもできない――メディア暴力とミラーリングの神経生物学的な条件を結びつける幅広い証拠は、これがミラー・シンキングの結果であることを裏づけるばかりだ。

過激な社会集団

テロリストの行動は単独殺人者のそれと大差ない。動機は異なるが、行動のメカニズムには驚くほど多くの共通点がある。実生活でいかなる社会集団にも属していない孤独な人は、帰属したいという思いに駆られてつながりを求め、インターネットでそれを見つける。実際、若いテロ志望者はイデオロギーそのものに賛同しているというよりむしろ、内集団の一員になりたがっているということが研究からわかっている。[16] ジーン・ディセティとクリフォード・ワークマンは、[17] 単独の銃乱射事件と同様、過激化についても、関わっている要素は複雑だと述べている。彼らによれば、テロリストの活動は、進化論、社会心理学、人格心理学、認知心理学、政治学、神経科学を通して考える必要があるという。特に、集団力学、対人関係のプロセス、価値観や個人の経歴はもちろん、アウヴィネンのときのようなミクロ社会学的なプロセスを含む分野に目を向ける必要がある。

おそろしいのは、テロリスト集団が若者を勧誘する方法が、ほかの過激派集団の方法よりも意図して慎重に考え抜かれていることである。そのテクニックは事例証拠を直接参考にしたものではないかもしれないが、それでもこれまで探ってきたメカニズムの多くをうまく利用している。たとえば、徐々に社会的な影響を拡大していくという慎重に組み立てられた方法で「大義」を広めた、イラクとシリアのイスラム国と称する集団を例にとろう。このグループは当初、暴力との関わりを控えめに見せていた。暴力は「すでに受け入れられている」社会規範に反するため、人々に反感を持たれる可能性が高い。そこで彼らは、テロリストの活動について、思わず賞賛せずにはいられないようなストーリーを作って、若者を引き寄せた。当然のことながら、ストーリーテリングはパワフルなメカニズムであり、ミラーシステムを介して人を引き込む。「かっこよく」いかにもまねる価値がありそうな映像によって、新人はじわじわと、より過激で暴力的な内容にさらされていく。そうするうちに若者の社会規範に対する考え方が変わり始める。「かっこいい」要素は集団内の社会的地位を持ち上げる。新人には手本となるリーダーがあてがわれ、直接のミラーリングが促進される。それらがみな積み重なると、その社会で望ましいと考えられている行動を自分もしたいという欲求と誘惑が大きくなる。インターネット上の行動と社会的影響について詳しいスタンフォード大学のロザーナ・グアダーノ[18]によれば、そこでは、すでに集団に属していて尊敬すべき人物とみなされている人々が、リーダーとして過度に褒めたたえられている。そうした人物の生きざまが新人の若者に伝えられ、同じ人生を歩めば自分も尊敬されるようになると思わせるようなイメージと、それを実行する方法が教え込まれる。仲間が自分のことをどう思うかがきわめて重要な年齢の若者にとって、それは大きな動機になる。そこで彼らは神経レベルで行動をミラーし、自分の脳内に尊敬する人物の行動を文字どおり書き写す。[19] そうやって、時間の経過とともに、新人はテロリストに強い共感を示すようになる。内集団の一員となるだけでなく、抱負、目標、信念、態度が、心のなかのモデルと同じ姿へと変化するのだ。若い過激派の勧誘を脳内の特定の領域だけを見て説明することは不可能だが、関連する多くの複雑な要因にミラーニューロンが関与していることはわかるだろう。

広い世界に目を向けると、ロールモデリングの基盤となっているインターネットとその影響力が、地理的な制約を受けることなくさまざまな迷い人を引き寄せている。太古の祖先の時代には、過激な思想を持つ人であっても、それがよほどの有力者でないかぎり、部族の一員であり続けるために部族の認識に合わせる傾向にあった。さもなければ集団の自然作用で部族から追い出されてしまうからだ。そうなると死は免れないため、結局は集団に合わせるか、少なくとも過激な意見は表に出さないようにする。結果として、だれもが、すでに受け入れられている行動を模倣する。集団の新たなメンバーもその行動に足並みをそろえる。次のように考えることもできるだろう。いつも全員がスーツを着ているオフィスで働いていたら、たいていは自分もスーツを着る。一方で、社員がジーンズとTシャツで仕事にくるような普段着の方針を示している会社に転職したなら、そこでもスーツを着続けるだろうか？　おそらく着ないだろう。自分が加わった集団に合わせるはずだ。それが普通である。その集団に属したいと思うのである。

今日、狂信的な思想を持つ人々は、インターネットを介して何千キロも離れた場所にいる同じような考えの人と独自の内集団を作ることができる。社会の残りの人々が同意しなくても気にしない。自分たちの生存の脅威にはならないからだ。そのようなコミュニティは不適切な思想に対する社会の「抑止力」とはならずに、そうした思想を強化して新たな「規範」を作る。その結果、さまざまな地域で多くの過激な行動が起きることになる。会社の服装規定なら、それも悪くない――スーツを着続けていたら、その会社の別の部門の人もスーツを着ているとわかるかもしれない。けれども、過激な行動となると、引き起こされる結果はもっと深刻だ。『ノーミーを殺せ *Kill All Normies*』[20]の著者、アンジェラ・ネイグルは社会的また政治的分断の拡大について語っている。「ノーミー」とはあなたやわたしのような人のことだ。普通の好み、意見、政治的な見解を持ち、普通のニュースに触れ、現実の世界で生きている人々である。極右やその他の過激なサブカルチャーがオンラインで集まって「ノーミー」と呼んでいるのは、わたしたちのことである。彼らが言うところの「無知で無教養だから」「説明したって通じない」相手はわたしたちなのだ。現実社会で「普通」のことがオンラインでは「普通」ではないのである。ネイグルは、そうしたオンラインの世界に生きているのは、権利を奪われた若者だけでなく、大人だと指摘している。彼女はエコノミスト誌のインタビューに次のように答えている。「容赦ない競争を促す個人主義が、恋愛や私的な領域にまで持ち込まれているのです。そしてそれはきわめて反社会的です」[21]。これは、インターネットの力に助けられ、互いの行動、考え方、態度をミラーリングして悪化させている「悪い」ロールモデルの一例でしかない。

悪影響

「悪い」ロールモデルはオフラインの人々にも大惨事をもたらしかねない。とりわけ説得力のある強いリーダーの影響を受ける場合がそうだ。ドナルド・トランプ前大統領が支持者に「悪い」影響を与えていると考える人は多い。たとえば、アメリカの調査報道センターによれば、トランプが大統領になってから、アメリカでは、反ユダヤ主義やイスラム教徒に対する偏見から、肌の色、国籍、性的指向に基づく暴力的なヘイトクライム（憎悪犯罪）まで、不寛容を示すすべての指標が急激に上がった。[22] ある調査では「トランプ効果」仮説を立証するために時系列分析（一連のデータを時間の経過に沿ってならべる方法）が用いられた。すると、トランプの選出は、それ以外の要因を考慮してもなお、全米で報告されたヘイトクライムの統計学的に有意な増加と関連があった。[23] トランプが大統領になってから最初の一八か月に、三九州で、トランプに結びつく侮辱や攻撃が一五〇件以上も報告された。

トランプの影響力は絶大だ。彼の前任者は多くの人にリベラルで公正だと考えられていたが、トランプはある民主党の女性議員に向かって「完全に崩壊して犯罪がはびこっている、もといた場所」へ「帰れ」と述べ[24]、メキシコからの移民をアメリカに「寄生する」犯罪者や「強姦犯」呼ばわりし[25]、さらには「アメリカにやってくるイスラム教徒を完全に遮断する」べきだと述べて[26]、正反対の価値観を示した。当然のことながら、こうした態度は社会でミラーされた。ミラーニューロンの働きに支えられている模倣は文化を習得するために不可欠で[27]、人々は地位、名声、成功を示している人物を模倣する傾向が高い。そしてアメリカの大統領はそのすべてを持っている。

人はまた、人種という点で自分に似ている人をミラーすることが多く、それも「トランプ効果」を悪化させることになったのだろう。UCLAの社会神経科学助教エリザベス・レイノルズ・ロシンらによる二〇一二年の研究では[28]、模倣するときの神経活動が人種によって変動するかどうかに焦点が当てられた。この調査では、参加者がジェスチャーをまねているあいだ、fMRIで神経活動が観察された。ジェスチャーの手本は、参加者と同じ人種の人と、ふたりの「人種の外集団」、すなわち参加者とは異なる人種的背景を持つ人が行った。全員がヨーロッパ系アメリカ人だった参加者は、ヨーロッパ系アメリカ人、アフリカ系アメリカ人、中国系アメリカ人という三つの異なる民族の人たちの映像を提示された。参加者は、映像のなかで実演される手のジェスチャーをまねずに観察する、演じる人の「静止」画像を見る、あるいは中央に黒いバツ印のある白い画面を見る行動のうち、いずれかを行うよう求められた。すると、外集団と比べて、自分と同じ人種のジェスチャーを見たときにさまざまなレベルの神経活動が観察された。各条件で活性化した脳の領域から、「人種を処理する」部位が模倣システムの活動を変動させている可能性があることが示唆された。

結果はまた、参加者の脳がアフリカ系アメリカ人よりも中国系アメリカ人を見たときのほうが活発だったことも示した。これは社会的地位に関連しているのではないか、つまりアメリカ文化ではアフリカ系より中国系のほうが高く評価されているため、参加者はアフリカ系より中国系の人の行動を模倣する傾向にあったと、研究者らは結論づけている。この研究は、人が模倣やミラーリングを学習するさいに人種が偏見を作っていることを示す経験的証拠となっている。

名誉あるヨーロッパ系アメリカ人の大統領としてトランプが選出されたあとの「実社会」環境に起きたミラーリングにおける人種の効果は、あっという間に伝染した。技術が進歩した現代社会では個人と個人がつながるスピードが速いため、それは高速で大規模に伝わった。不確かではあるが、先に述べた研究では、ヨーロッパ系アメリカ人はアメリカで大多数を占めているために、トランプの考え方、行動、態度となおさら強く結びつき、また模倣したという見解が示されている。もっとも懸念される問題は、この憎悪のパターンが極右や成人にとどまらず、学校の教室へと広がることである。オンラインニュースのバズフィードによれば、子どもたちがトランプの言葉を用いて、ラテン系、中東系、アフリカ系、アジア系、ユダヤ系の級友をいじめるケースが数十件も見つかっている。[29]

ギャングがすきまを埋める

だれが政権を握っていようと、どの社会にも恵まれない貧しい人々の集団がある。イギリスで言うなら、ハックニー（ロンドン）、ハンズワース（バーミンガム）、モスサイド（マンチェスター）が、ちょうどルアン・ジョンソンの生徒たちが暮らしていたカリフォルニア州の貧困地区に匹敵する。家族全員が貧困と戦い、高い失業率に苦しみながら地域社会で生き残ろうともがき、かろうじて心の健康を保っている状態のとき、ギャングは――まさにテロ集団のように――居場所を与える。今述べたような場所で育った若者たちは、ジョンソンの生徒だったラウル・サンチェロやエミリオ・ラミレスのように、尊敬と権力を得るためにギャングの一員になる。それは自分を取り巻く貧困から逃げるための、仕事をしていないという屈辱的な地位から脱出するための道だ。子どもたちがギャングに関わる一番の影響は仲間である。若者が「反社会的な」友人と交わると、自然に向社会的な接触が制限されてしまう。ロールモデルとなる暴力に直接さらされると、コミュニティ内にその影響が映し出される。たとえば、銃暴力にさらされることと攻撃性には強い結びつきがある。[30]暴力行為に触れた若者は異なる行動規範を学び始め、反社会的な思想や態度が強化される。研究者が言うところの「逸脱したロールモデル」はギャングに入ってしまう最大の危険因子だ。[31]それでも、希望もある。二〇一五年、カリフォルニア・ヘルシー・キッズ調査に参加していた二万六〇〇〇人の生徒を対象に行われたすばらしい研究から、周囲にギャングメンバーの仲間がいるという有害な影響が、共感によって和らぐことがわかっている。これは、若者は共感レベルが高いため、ギャング以外の場所で社会的な絆を築くことができれば、親交や支援をギャングに求めなくなるからだと、研究者は考えている。[32] ジョンソンが見せた共感は、教師がその役割を果たせるという実例だが、研究によれば、そうした共感は家族から与えられることも多い。[33] したがって、ミラーシステムは悪いロールモデルの行動を吸収するという負の効果を生む一方で、同じシステムがその有害な影響を和らげる役目も果たせることになる。

世界のリーダーやギャング以外に、メディアで取り上げられる有名人も、その人物と関わりがなければそれほど顕著ではなかった固定観念や規範を強化して、人種差別、ヘイト、攻撃性を悪化させる。ボクシングのタイソン・フューリー、アメリカンフットボールのO・J・シンプソン、プラキシコ・バーレス、レイ・ライス、サッカーのルイス・スアレス、スタン・コリモアらはみな、その暴力的な行動が大々的に取り上げられた、名の知れたスポーツ選手である。スポーツ選手がいかに有力なロールモデルになるかについてはすでに述べた。したがって、それが原因で少年が暴力に賛同し、それが普通のことだと認識してしまっても驚くにはあたらないだろう。メディア暴力にさらされることが多い子どもは、暴力をまねることも多い。

少女たちはどうだろう？

女性でもテロリスト集団に加わる例はあるが、たびたび指摘されているように、女性はギャングになったり暴力に感化されたりする可能性が低い。青年期の女性は、家族に次いでポップスターを二番目のお気に入りのロールモデルとして評価することが多い。最近の調査ではそこへソーシャルインフルエンサーが加わる。女性の有名人は聴衆に影響を与えるのだろうか？　二〇一五年、ニュージーランドの研究者が、一三歳未満の子どもの性意識について分析するために、日常生活における「トゥイーン」（八～一二歳）ポップカルチャーと少女たちについて調査した。その結果、ポップカルチャーが子どもの虐待と性的暴行のリスクを招き、少女たちに「アイドルの影響で時期尚早な性的関心」を持たせていることが示された。これは、ミニスカートを穿いてメイクをする子どもを心配するのとはちがい、政策課題として優先的に取り上げられている。イギリス、アメリカ、オーストラリアでは二〇一三年に、少女の性意識と「商業的小児性愛」は早急に解決すべき社会問題であるとして[34]、それに焦点を当てた一連の政策文書が発表されている。

この早すぎる性への関心は、家庭でこれ見よがしに振る舞う幼い少女らの親がもたらしているのではない――少女らが目にするメディアの有名人から直接影響を受けていると考えられる。ニュージーランド、ヴィクトリア大学心理学准教授のスー・ジャクソン[35]が言うところの「性的役割が区別され、『性の対象として見せる』おしゃれポルノ」が氾濫している分野は何と言ってもポップミュージックである。ミレニアム以降、性的に露骨な内容が増加している。たとえば、ディズニーのドラマ『シークレット・アイドル　ハンナ・モンタナ』で一一歳のときに芸能活動を始めたマイリー・サイラスは、一七歳のときに「キャント・ビー・テイムド」というミュージックビデオで一気に音楽界に飛び込んだ。そのビデオで彼女は、露出度の高い黒のレオタードを身につけ、サドマゾヒズムの装具を連想させる革ひもを巻きつけて、官能的なダンスをしている。男性優位のエンタメ業界で食いものにされたと、本人はのちに心理的なダメージを受けた状況を説明しているが、それでもやはり彼女の存在は少女たちに多大な影響を与えた。[36] 長年テレビを通して触れ、つながり、信頼できるロールモデルとして彼女を見てきた少女たちは、目で見たものをそのまま吸収するにちがいない。脳内のミラーシステムは観察した動きを繰り返すだろう。ミラーニューロンはまた、幼い視聴者に性的魅力が意味するものを理解させもする。多くの子どもは意識的にまねしようとして見るのではない。なぜなら、だれでも他者の行動を絶えず自発的かつ無意識に推論して、自分の精神モデルに取り込む前に評価しているからだ。そうした推論は日々の社会的理解にとって重要である。[37] しかしながら、子どもによっては過度にまねるかもしれない。いずれにせよ、注意を払った子どもの大部分はある程度の影響を受ける。

オランダ、ラドバウド大学社会心理学教授のアプ・ダイクスターハウスの説明によれば、人は意図して他者の行動をまねなくても、他者がしていることを知覚すると無意識に行動を調整してしまうため、すでに存在する自分なりのものの見方と行動のしかたに、他者の行動パターンがわずかに入り込む。[38] つまり、少女たちの場合、性的特徴を示す行動が自分のレパートリーに組み込まれ、同時にそれが社会的に受け入れられる行動として標準化されることになる。集団レベルで見ればこれは、少女たちがサイラスやその他の有名人のロールモデルから学習し、学校や仲間内で繰り返して、自分たちの世代の文化のなかへその行動を伝染させるという意味である。若者の脳、とりわけ青年期のそれは特に社会的なやりとりの影響を受けやすく、敏感に反応する。ＵＣＬ認知神経科学研究所の研究者らは、[39]いかに「社会脳」――「顔の表情を読む、生物学的な動きを検知する、他者の精神状態について推論するといった社会的知覚処理」に関連する領域――が青年期に著しい変化を遂げるかについて説明している。論文では、数多くの神経画像と行動の研究を参照して、成人形成期に入る前、子どもがまずティーンエイジャーへと発達するときに神経レベルで出現する、無数の行動ならびに認知的変化が明らかにされている。そうした変化は、探究心や新奇探索性（新しいものごとへのチャレンジ欲）、情緒不安定（むら気）、社会的顕著性（社会的また情動的な情報に対する敏感さ）を高める。[40]脳画像からは、青年期初期の子どもたちはとりわけ他者の感情表現に敏感で、そのために余計に不安定になることがあるが、その一方で――よい影響を与えるロールモデルや仲間のほうへ注意が向けられた場合だと考えられるが――適応性の高い行動や脳の発達が促されることもあるとわかる。たとえば、ワシントン大学の心理学者らは、社会脳の領域が活発だと、社会的な不安や問題行動が減少すると述べている。[41]ＵＣＬの研究者らは、そうした社会的能力の発達、そして脳内でそれらが互いに作用する状況について理解を深めることで、なぜ青年期の若者が成人へとうまく移行していけるのか、あるいはつまずいてしまうのかを見通せるようになると主張している。カギとなる要素のひとつは、ロールモデルのよしあしの度合いかもしれない。神経レベルの社会情報処理とそれがもたらされる背景は、青年期の若者における心の健康リスクを理解するうえで特に重要である。

ミラーシステムの正確な働きを示す直接の神経学的な証拠はないが、現在までの神経科学と社会心理学の解釈から、有名人の影響は大きいと推論できる。それはフェミニズムや性的指向だけでなく、ライフスタイル、健康、容姿、購入品、その他日常生活におけるたくさんの要素の選択にまでおよんでいる。ニューヨーク・ポスト紙のある記事は、カーダシアン家の一〇年は「アメリカを根本から変化させた」と述べている。それは「性を意識しすぎるトゥイーンとティーンエイジの少女たち、テキストや写真で性的メッセージをやりとりするセクスティングやオンラインでの過剰な情報共有、そして今や『ソーシャルメディアのインフルエンサー』が職業の選択肢」となったひとつの世代を作り上げた。[42] 南アフリカのプレトリア大学で二〇一四年に実施された調査の結果から、そのようなロールモデルにさらされたときに生じるふたつの一般的な問題が明らかになっている。まず、体を使って利益を上げることが普通だと女性が頻繁に考えるようになる。次に、体を権力を得る手段として用いることができると知る。

キム・カーダシアンはパリス・ヒルトンのスタイリストとして脚光を浴びるようになった。二〇〇七年、スターの卵かつインフルエンサーとしてのキム・カーダシアンの経歴は、元交際相手のラッパー、レイ・ジェイとのセックス・テープが流出したことから始まった。これは売名行為だったと広く考えられているが、本当かどうかは別として、そのおかげで同じ年に開始されたテレビのリアリティ番組でキムとその家族をフィーチャーした『カーダシアン家のお騒がせセレブライフ』に注目が集まったことはまちがいない。勢いはおさまらず、二〇〇九年にはプレイボーイにヌードが掲載され、さらにフィットネスビデオの『フィット・イン・ユア・ジーンズ・バイ・フライデー』がリリースされた。このビデオは彼女のゆっくりとした動きをまねして「ぜい肉を溶かし」、金曜日までにジーンズを格好よく着こなせるようにするという趣旨だった。

大人の目から見れば、これは非現実的であり、さして重要とも思われない。しかしながら、何とかしてみんなと一緒になりたい、何としても自分も仲間になれる方法を探し出したいティーンエイジの少女は、この裕福で、美しく、社会的な名声のある人物はまねをするに値すると信じて夢中になってしまう。つまり、キム・カーダシアンが、きれいに見せなければだめ、スタイルを保たなければだめと述べると、それを言葉どおりに受け取ってしまうのである。これを書いている時点で、キム・カーダシアンにはインスタグラムで一億四七〇〇万人のフォロワーがいる。それだけの人数が影響を受けているのだ。それにもかかわらず、彼女が描いているものは非現実的である。だれもがセレブになれるのではないし、だれもが彼女のような容姿を持てるのではない。キムが体型を変えるための手術に七万ポンドをかけたということを考えればなおさらだ。

ある学者によれば、キム・カーダシアンのような女性のイメージは「女性が受け入れられ、尊敬され、賞賛され、成功して、幸せになるためには、特定の外見を備えていなければならない」[43]という考え方を助長してしまう。そしてそれが問題の核心だ。本書を読んでいるあなたやわたしがカーダシアン家の価値観に賛同するかしないかは別として、だれでも幸せになりたい。みな本質的に、健康とならんで幸せを願っている。成功でさえ、最終的には幸せにたどり着く。広範囲にわたる調査によれば、幸せと心の健康の土台となる要素は、人生に意味と目的を持つこと、すなわち自分がどういう人間で、何を心から信じて、世のなかにどのように貢献できるかを深く理解することである。ところが、先に述べたような売り込み方では反対の方向へ引っ張られてしまう。それらは、幸せと成功とが実現不可能なものの上に成り立っていると語り、役に立たない方法を勧め、人生のうわべだけを強調しているのだ。そうした女性を取り巻くメディアの騒動では「成功をつかむために教育と知識を通して力を与えること」ではなく「美しさと性に重きが置かれてしまっている」[44]

スクリーンのミラーリング

調査によれば、子どもたちは平均で日に七時間以上[45]、スクリーンを眺めている。学校以外の時間と余暇は、スクリーン上で同じ映像を見ている仲間と過ごしている。つまり、セレブやインフルエンサーが社会や文化の規範に影響を与えたとしても、なんら不思議はない。問題は、ミラーシステムの働きによって、少女や若い女性がこうした外見の理想を取り入れて自分のものにしてしまうと、自己肯定感、自己像[46]、そして自分の体に対する不満[47]に著しい影響が生じることである。それはまた、痩せたいという願望を強め、過食症などの摂食障害の症状を悪化させるという危険な循環を生む[48]。男性に対しても同じことが言える。完璧な男性のイメージが注目を浴び、いたるところに見られるようになったためだ[49]。

しかしながら、有名人に一杯くわされているのは子どもと青年だけではない。ある程度まではだれもがそうである。広告会社やマーケティング会社はそれをよく知っており、ちゃんとした理由があって、製品を勧めるために頻繁に有名人を起用する。そのほうがよく売れるからだ。だが、なぜ？　イギリス、ダラム大学で文化の進化を専門とする人類学者のジェイミー・テラニは、[50]人が有名人に惹かれ、まねをしたいと思うのは、もとをたどれば人間だけに見られる名声という特徴にあると考えている。名声は、数千年前、人類が生き延びるための手段として身につけた社会学習の形と関係がある。そして、その社会学習はミラーニューロンに関与している。

　太古の祖先の時代に生きていると想像してほしい。アフリカの草原で、あなたの主要な関心は生き延びることと繁殖することである。しばらくのあいだ、あるタイプのヌーを狩ろうとがんばっているのだが、どうもここぞという場所へ槍を投げることができない。毎回逃げられてしまう。同じ部族集団にいるある男性は——ここではフレッドと呼ぼう——狩りがずば抜けてうまい。彼は集団内で「名声」を得ている。ある日、まさに自分が狩ろうとして仕留められなかったタイプのヌーを携えて、フレッドがキャンプに戻ってきた。翌日、一緒に狩りに行かせてもらい、ヌーだけでなく狩り全般において、フレッドが槍を投げるところをじっと観察する。狩りのときに何をしているのか？　どのように構え、立ち、投げているのか？　どのような槍先を使っているか？　獲物を追いかける前にどれくらい観察しているのか？　何を観察しているのか？　フレッドとともに数日、数週間と狩りに出かけるうちに、あなたは彼の行動をミラーする。するとどうだろう、長いあいだ逃げられていたヌーを狩ることができた。そこであなたがしばらく苦労していたところを見ていた友だちが、どうやって成し遂げたのかと尋ねる。あなたは事情を教える。そこでフレッドの名声がまた上がり、部族の人が彼から方法を学ぼうと狩りについていくようになる。あなたは女性にもてるようにもなる。有能なハンターは尊敬され、パートナーとしての価値が高いからだ。あなたはまた自分が学習したことを、甥や友人の子どもたちといった他者にも教える。フレッドから学んだほかの人々も同じことをする。そうやって、上手な狩りの方法は部族のメンバーへ、さらに未来の世代へと伝えられ、それぞれの世代がその方法に改良を加えることで、時間の経過とともに技術と精度が磨かれていく。これは知識と熟練の技を後世へと伝えるすばらしい方法だ。しかしながら、テラニの説明によれば「この戦略はどちらかといえば手あたり次第に行われるため、成功とは何の関係もない行動も含めて、ロールモデルが見せる行動を丸ごと全部取り入れてしまうことになりかねない」[51]

たとえば、フレッドが毎日狩りに出かける前に、数分間片足でぴょんぴょん飛び跳ねていたとしよう。それが狩りの能力にプラスに働くのかどうかはわからないが、フレッドがやるのだから、自分のやり方からそれを除外してしまうのは気が引ける。狩りには関係ないと言えるだけの証拠はない。インターネットで確認するわけにもいかないし、正しく推論するほどの知識もない。そこであなたは片足で跳ねる行動もまねる。ほかの人も同じだ。何世代か経つうちに、それは狩りに出かける前に必ず行う複雑な踊りになる。現在のわたしたちは、幸運を祈るダンスやおまじないを見て、それには何の根拠もないと述べることができるが、祖先には知りようがなかった。同じように、未来の世代はわたしたちの世代を見て、奇妙な顔になるのになぜボトックスを注射して小じわを取ったりしたのだろうといぶかしむかもしれない。

名声に基づく学習、つまりだれかが成功しているからと追随して模倣する方法は、彼らを成功へ導いた特定の要素ではなく、ロールモデル全体に目を向ける大まかな戦略だと、テラニは言い切っている。今日のわたしたちには、成功を可能にした要素をそうでないものと区別するだけの知識があるのだとしても、進化を通して考えると、わたしたちの心は人物全体に焦点を合わせることに向けられている――すべての行動をミラーしようとしているのである。デヴィッド・ベッカムが特定のオーデコロンをつけているからといって、そのオーデコロンをつければ一流のサッカー選手、ハンサム、あるいは裕福になれるわけではないし、そのように考えるのはどう見てもおかしいのだが、ベッカムに憧れる若い男性はできるかぎり彼のすべてをまねようとする。憧れの人物が後押ししているものを買ってしまうのだ。

祖先の時代には、学習という点で、行動をミラーすることのよい面がおそらく悪い面にまさっていたにちがいない。学習が適応行動と直結していたためだ。しかしながら現代人は、美容整形のように、テラニが言うところの「それ自体がまったく価値のない」行動を多く模倣している。それを見れば、有名ブランドが商品の宣伝に有名人を起用する理由がよくわかる。メディアに大きく取り上げられる有名人は世間の注目を集めやすく、人々は彼らの服装や行動を見境なくコピーするからである。セレブはそうと知りながらブランドのスポンサー提供を受け入れ、特定の高級ブランドでデザインされた衣装を着ることに同意する。わたしは、幾人かのデザイナーがアカデミー賞やゴールデン・グローブ賞、あるいは最新のライブで着てもらうための権利を得ようとして躍起になっているところをこの目で見たことがある。数千もの人がスターのまねをして同じものを着たいと思うことを、彼らは知っているのだ。けれども多くの場合、その数千人は意識してミラーしているのではない。売り上げに表面的な影響をもたらすものは、ファンやフォロワーの心にはるかに深いレベルでインパクトを与えている。有名人はみなそれを心得ておくべきではないのか? また、悪いロールモデルではなく、よいロールモデルになりたいのであれば、悪循環や悪い規範を強化するのではなく、それらを断ち切る方法を模索すべきではないのか? テラニは問う。「わたしたちは富や成功のイメージをむさぼる。それらが名声欲をそそるからだ。けれどもセレブは本当によいロールモデルなのだろうか?」[52]

彼らは有能な狩人でも採集人でもなく、食べものを確保したり、なわばりを守ったりする能力が高いためにその地位にのぼりつめたのでもない。社交性があって、パートナーを惹きつけることには秀でているかもしれないが、わたしたちはじかに彼らに接するわけではないため、そうした領域で成功をもたらす行動のニュアンスを知ることができない。それにもかかわらず、人はなおも無意識に彼らの行動をミラーして、マーケティングや広告にまんまと引っかかる。それは脳がそのように進化したからだ。では、責任はどこにあるのか？　製品ならそれでもよいが、行動、価値観、態度をまるごと選択するとなると話は別だ。幼い子どもやティーンエイジャーを形作っているのは何と言ってもやはり親などの保育者であることはまちがいないが、子どもたちの目はすぐにスポーツ選手、ポップスター、ソーシャルメディアのセレブに移ってしまう。次章で述べるが、そうした人々には、絶大な好影響をもたらす力がある。その一方で、楽しみや軽い気晴らしのための存在でありながら、暴力、攻撃性、性差別、人種差別を根づかせてしまう一因となって、個人と文化の形成に重大な結果を招いてしまうこともある。

そのような理由から、社会の代弁者となりつつあるメディアには大きな責任がある。そこで発信され強化されているのは、もはや教会や学校や家庭の価値観ではなく、それどころかテロリスト集団の価値観であり、意味も目的もないのに他者に追いかけさせようと自分の生活を美化する人々が一部の善意の人々と肩をならべている。けれども子どもにとって、いや大人にとってさえ、だれを追えばよいのか、だれの話に耳を傾ければよいのか、何が正しくて何が誤りなのかがわかりにくい。

メディア自体もそれに気づいており、著名な人々の多くは責任と対策を十分に理解している。また、まねてよいこと、悪いこと、それはなぜなのかという説明は、子どもたちの生活に直接関わっている親や個人のロールモデルにかかっている。行動の意味、憧れるべきものなのかどうか、またその理由について、きちんと話し合うべきだろう。

追随する人物も居場所もないと、つまはじきにされた若者はギャングに入ったり、過激化したり、果ては暴力行為に走ったりするかもしれない。有名人は、かつて価値観や能力で――ほとんど意味のないフォロワーの数ではない――尊敬されていた人々の代役を担っている。オンラインの世界では、昔の社会なら尊敬にも注目にも値しなかった人々に接する機会が増えており、今日ではインターネット上でだれでも脚光を浴びられる。脳がミラーするよう作られているために、ティーンエイジから成人形成期という人生のなかで周囲の影響を受けやすく感受性の強い時期に、わたしたちはミラーする相手を探す。そのときに最適な人物が見つからないと、よからぬものごとや人物がその代役を担ってしまうことになる。

第9章　よいロールモデル

ジャミーラは一九八六年にロンドンのハムステッドで、インド人の父とパキスタン人の母のあいだに生まれた。マイノリティ（少数派）で同級生ほど恵まれていない家庭で育った彼女は、学校で身体的また言葉による嫌がらせを受けた。[1]あるインタビューでジャミーラは次のように語っている。

「学校ではかなり太っていたときもあったの。ほかの女の子とは見た目がちがっていた。みんなより背も高かったし。肌は荒れていて、歯科矯正の金具もはめていたわ。たしかに外見でいじめられたけど、子どものときはおもに人種が理由でいじめられた。それは本当にひどかった」[2]

ジャミーラは摂食障害を起こし、一四〜一七歳のあいだは拒食症で苦しんだ。いじめ続けられるうちに自分が悪いと思い込むようになって、自分の生い立ちや容姿を恥ずかしいと感じるようになってしまったと、大人になってから述べている。[3]

イギリスのテレビ局、チャンネル4でクリシュナン・グル＝マーシーのインタビューに答えて、ジャミーラは言った。子どものときは「まるでそれ以外に選択肢のない情報攻めにあっているみたいだった。女性が知性で賛美されることなどなくて（中略）手に取った雑誌はこぞって、減量のための商品を売り込むか、痩せろと書いていたわ。細くなければ何の価値もないと言わんばかりだった」[4]。彼女にはよいロールモデルがなく、まねをする有名人も、人と同じでなくてもよいと言ってくれる人もいなかった。

ジャミーラ・ジャミルは大人になってチャンネル4、BBCラジオ1の司会者になり、最近ではアメリカNBCのヒットドラマ『グッド・プレイス』に出演するハリウッドのスターになった。知名度の高い地位を得た彼女は、ロールモデルとしての自分の責任を公然と認め、熱意を持って、その立場が与えてくれるチャンスを受け止めている。ジャミルは自分が信じるものごとのために立ち上がり、マイノリティの女性を代表して、自分自身に欠けていたミラーとしての役割を人々に対して果たしている。

ジャミルは、自分のありのままの姿を愛そうと訴えるボディ・ポジティブからフェニミズム、人種、LGBTQ（性的少数者）の権利にいたる幅広い問題について、ソーシャルメディアで率直に意見を述べている。ジャーナリストから注目度の高いセレブまで、その気になれば彼女のキャリアにマイナスの影響を与えることができる人々に挑むことも辞さない。たとえば、ジャミルはグル＝マーシーのインタビューでキム・カーダシアンを「羊の皮をかぶった狼」と呼び、こう続けた。「女らしく見えるからというだけで、信頼して、自分の味方だと思ってしまうのだけれど、彼女が売り込んでいるものは女性を幸せにしてくれない。（中略）売り込まれているのは自意識だから」。ジャミルは膨れ上がる社会規範を打ち砕いて、人がミラーすべき、それとは別の姿勢や方法を築こうとしている。

二〇一九年三月、インスタグラムである投稿を見たジャミルは大きな衝撃を受けた。それは女性が一列にならんでいる写真で、それぞれに数字がつけられていた。その数字が体重だったのだ。彼女はブログに書いた。「こうやって女性は自分たちの価値を教え込まれてきたんだわ」。彼女は続けた。

目に映っているものが信じられなかった。（中略）その投稿は彼女たちの体重をどう思うかを尋ね、それからフォロワーに「あなたの体重は？」ときいていた。（中略）なんて的外れで有毒で無意味なことなんだろう？　まったく重要ではないものごとについて若い女性の不安を誘う以外に、この投稿がやろうとしていることは何なんだろう？　わたしたちは女性に自分たちの価値についてこんな風に教えているの？

これを受けて、ジャミルはわたしの重さという意味の「アイ・ウェイ」というインスタグラムのアカウントを開いた。その目的は人の重さを体重ではなく人柄や功績で測ることである。彼女は、メディアが描く完璧なイメージや体重以外で自分の価値を考えるよう人々を促したいと考えている。今これを書いている時点でアイ・ウェイのフォロワーは一〇〇万人。世界各地の男女から投稿が上がっている。ここで模範となっている姿勢は、見た目だけでなく内面に価値を見いだすと、またソーシャルメディア上の非現実的なイメージのように見えなければならないというプレッシャーを感じないようにすることだ。ミラーニューロンは、それまでの自分の価値のとらえ方にくわえて、これをメンタルモデルとして拾い上げて吸収するだろう。人によっては、以前の負のイメージに置き換わりさえするかもしれない。

ジャミルはよいロールモデルだと言える。多くの人をよい方向へと導いている。ただし、よく悪態をつくので、親によっては子どもにフォローさせたくないと思う場合もあるかもしれない。彼女が元モデルであることから、ボディ・ポジティブを唱える集団の代表には適していないと考える人もいる。しかしそれでは、よいロールモデルとはいったい何かという論点がはぐらかされてしまう。よいモデルあるいは悪いモデルであることは主観的なのか？　だれが決めるのだろう？　さまざまな疑問が浮かぶが、要は、何を代表しているのか、どのような人間なのか、どのような発言をしているのかについて、ひとりの人間をばらばらに分解して異なる側面ごとにとらえればよい。

ロールモデルに大きな期待が集まっている分野はスポーツである。多くの家庭で、スポーツは子どもから大人へと成長する時期のライフスタイルや考え方と驚くほど絡み合っている。そこに信じられないほどたくさんのチャンスがあることは、ほぼまちがいないだろう。たとえば、ジョン・マカヴォイを例にとろう。彼は名の知られた強盗から人生をスタートして、イギリス国内でもっとも警備の厳しい刑務所に収監されたが、現在はナイキを代表するプロのトライアスロン選手である。

刑に服しているあいだ、マカヴォイは熱心にジムを利用し始めた。「よいロールモデル」となって素質を十分に発揮するよう励まし続けたひときわ協力的な刑務官と力を合わせ、彼は自分の人生観をすっかり変えた。そのおかげで彼は犯罪から足を洗っただけでなく、出所してからプロのスポーツ選手への道を歩むことになった。マカヴォイは今、スポーツには力があるというメッセージを広めたいと考えている。テレグラフ紙のインタビューではこう語った。「昔のとおり続けていたら、もう死んでいたと思う。あるいは刑務所にぶちこまれて、鍵を捨てられていたかね。どっちにしても同じことだ。スポーツがぼくの命を救ったんだ」[5]

インタビューで彼は、犯罪を繰り返していたころの生き方は自分がミラーした世界そのものだったと述べた。彼は自分が暮らしていたコミュニティ内の態度、価値観、考え方、行動を吸収し、とりわけ、いずれも常習犯だった継父とおじをミラーした。彼の脳が知っていたのはそれだけだったのだ。やると決めたらやり抜き、好奇心旺盛で、がむしゃらな性格だったため、そのような環境下ではいつも犯罪を「成功」させていた。けれども、健全な環境に置かれたとき、その同じ性格が異なる価値観、考え方、行動をミラーし始めた。

マカヴォイはたびたび学校で講演し、子どもたちにスポーツをするよう促している。学校の体育の教師がロールモデルとして子どもに関わって、彼らの能力と可能性を解き放つことができれば、自己肯定感と自信だけでなく、将来達成するものごとも大きく変わる。ケリー・ホームズは、シングルマザーの娘としてケント州の公営住宅で育ったが、学校で苦労したことを明かしている。彼女は自分に自信がまったく持てず、何をしてもだめだと感じていた。だがそれは、体育教師が彼女に目をつける前の話だ。ケリーに走る能力を見いだした教師は、集中し、努力し、自分自身を信頼するよう彼女を促して、自己肯定感を持たせた。それがホームズの人生の転機となった。それに続く努力と奮闘によって、彼女は二〇〇四年のアテネオリンピックで、イギリス史上初めて陸上競技八〇〇メートルと一五〇〇メートルの両方で金メダルを獲得した女性アスリートになった。すべての子どもにホームズと同じ才能が必要だという意味ではない。けれども可能性に気づけば、道が開かれる。親でも親戚でもない大人が子どもに関心を持ち、その子の可能性を信じるだけで、前向きな人生の軌跡を描けるようになることが多い。子どもとその脳がミラーするものを、建設的な方向へ転ずるからだ。最終的にホームズのような地位になった場合には、ロールモデルとして大きな責任を負うことになる。スポーツのロールモデルは、目標を達成し、勝利し、困難を克服するという成功への道のりで、彼らを追う何千人もの人々を感化する、すばらしい手本となる。しかしながら、彼らにその責任を負わせてよいのだろうか？　それは世界の最高峰になったスポーツ選手が引き受けるべきものなのだろうか？

ミラーになるプレッシャー

一九九三年のナイキの広告で、ＮＢＡのバスケットボール選手であるチャールズ・バークリーが以下のように述べてそれに抵抗した。「ぼくはロールモデルなんかじゃない。（中略）ロールモデルになるための報酬ももらっていない。バスケットボールのコートを走り回るために金をもらってるんだ。親がロールモデルになればいいだろう？　ダンクシュートを決められるというだけで、人様の子どもを育てる義務はないはずだ」[6]。当時の彼の論点は、すぐれたスポーツ選手であることはロールモデルとはまったく関係ないということだった。しかしながら、現実には、彼らが受け入れようが受け入れまいが、スポーツ選手はロールモデルなのである。全体として子どもは男女とも一番のロールモデルとして親をあげてはいるが[7]、スポーツ選手は、とりわけ男児でリストのかなり上位に食い込んでいる[8]。イギリスではサッカー選手軍団がその枠に入る。彼らはおそらくもっとも大衆の目に触れる機会が多いロールモデルだろう。彼らの影響が大きい理由は、子どもたちが選手の行動を見て理解できるところにある。実業家や政治家が実際に何をやっているのかを理解したり、それに同調したりすることはそれよりずっと難しい。スポーツ選手の成功までの道のりは見ることができ、どのような背景や生い立ちからでもスターになれることがしばしばはっきり見て取れる。つまり、同じ道をたどる自分の姿を想像しやすいのである。くわえて、勝利、競争、大勢の観客は刺激的で、高額な報酬は輝きと華々しさを伴っている。選手の性格や日ごろの生活などさまざまな側面を網羅するストーリー全体が、メディアの注目によってひときわ強調される。しかし、台座に載せられることがつねによいとはかぎらない。重い責任も負うことになる。

二〇一九年、サッカーのウェブサイト、プロスト・インターナショナルに「なぜ女性アスリートはみなロールモデルのプレッシャーにさらされるのか」と題された記事が掲載された。そこでは「ロールモデルの問題は、普通の人とは異なり、完璧で欠点がないことが期待される」点だと指摘されている。「理想の」ロールモデルという点では、これはある程度正しい。ときにわたしたちは何かを親のせいにすることがあるけれども、実際に親に完璧を求めてはいないし、教師、親戚、医療関係者に対してもそのような期待は抱いていない。では、スポーツ選手にそれを求めることは彼らにとってフェアなのだろうか？　記事では特に、ラグビーのサラセンズ・ウィメンズのフランカーでイングランド代表でもあり、ワールドカップで優勝も経験したマーリー・パッカーについて触れている。彼女は二〇一八年に飲酒運転で二度目の有罪判決を受けた。これは選手に憧れる若者に負の影響を与えかねない行動あるいは態度だと言える。むろんパッカーだけではない。脚光を浴びている人々はスポーツに秀でているが、だからといってすべての側面で完璧とはかぎらない。

けれども、特定の行動や価値観については彼らも責任を負うべきだろう。プロのスポーツ選手としての技能ではなくても、スポーツでエリートレベルに達しているという点で、その責任は仕事内容に含まれていると言ってよいはずだ。成功を望み、自分のベストを出すべく練習している若者たちは、望みや夢がかなえば自分もいずれ注目の的になると知っている。注目されたくないなら、進路の相談をしたほうがよい。パッカーの飲酒運転について述べた同じ記事で、スコットランドのサッカー選手、エリン・カスバートは自分の地位に付随する義務を認めてこう語っている。「わたしたち二三人全員がロールモデルになったのです。子どもたちを育てる責任があると思っています。子どもたちはわたしたちを仰ぎ見ています。グラウンド上で活躍し続けなければなりません」。荷が重いように感じられるかもしれないが、彼女たちの立場を考えればそうにちがいない。また、恵まれない環境で育った黒人女性アスリート、女性ラグビー選手、女性サッカー選手といった、これまでに取り上げた人々について語るときは特に、彼女たちが新しい世代の女性にとって、障壁と固定観念を打ち破った強力な手本となっていることを心に留めておくことが重要である。それでもやはり、彼女たちもわたしたちと同じ人間だ。完璧な人など存在しない。

実際、映画やフィクションに出てくる究極のヒーローやヒロインを見ても、完璧なロールモデルなど存在しない。たとえば漫画のスーパーヒーロー。超人ハルクやスパイダーマンは望んでもいないのに超人的な力を得た人間で、ほぼまちがいなく神経症の傾向がある。X－メンは突然変異体で、地球上の一般人とは異なるアウトサイダーであるために溶け込もうとして苦労する。スーパーパワーを持たないヒーローにさえ欠陥がある。ジェームズ・ボンドは大酒飲みで、ギャンブルをし、危険運転をして、女性をくどいては見捨ててほかの女性に乗りかえる。『ハリー・ポッター』に出てくるハーマイオニー・グレンジャーは理屈っぽく、ときに人を見下すような態度をとり、頑固で、ストレスがかかると友だちにあたり散らす。こうしたキャラクターに欠陥がなければ、たとえヒーローやヒロインであってもしっくりこない。わたしたちが他者の行動を手本にするため、すなわちミラーニューロンがよいところを模倣するために、欠くことのできない要素——心のつながりや信頼や共感が持てないのだ。欠点のあるキャラクターは、わたしたちに理解できるもの、自分のなかにも存在するものを示してくれる。架空の人物であるにもかかわらず彼らは希望をもたらし、たとえ意識していなくても、彼らにできるのならわたしにもできると感じさせる。実社会のよいロールモデルについても同じことが言える。

人はだれでも何らかのロールモデルだ。その基本的な要素についてはすでに探ってきた。つながり、信頼、共感、そして接触。それらがロールモデルになるための重要な要素である。しかしながら、それらはマハトマ・ガンジー、マザー・テレサ、ジャミーラ・ジャミルだけでなく、ユナボマー、ISISのリーダー、キム・カーダシアンにも当てはまる。ヨケラの銃撃犯ペッカ・アウヴィネンがユナボマーと心の結びつきを作り、オンラインの友人に信頼を寄せ、彼らの目的に共感したことについてはすでに触れた。あるいは過激な若者はISISとつながって、信頼を寄せ、熱心に映像を見てその行動にさらされていた。それほど極端な例ではないが、キム・カーダシアンは、若い女性と心をつないで、ティーンエイジャーや大人になり始めたころの脳を引き込むような外見の美しさ、仲間意識、社会的地位といったものごとを教え込んだ。つまり、要素はそれらだけではないはずだ。基本的な要素はミラーリングを促進するけれども、それだけではよいロールモデルにはならない。ではどうすれば?

ひとりでも大きな変化をもたらす

社会には広く知られている善悪の理想があり、それは文化や自分が所属する集団によってさまざまに異なる。一般に「よい」という言葉は、思いやりがあって他者、とりわけ自分よりも恵まれていない人に手を差し伸べること、自分が持つ力を十分に発揮して社会に貢献するために学び、人間として成長すること、また次世代のために世界をよりよい場所にすることなどに関連している。こうした要素は宗教や哲学だけのものではない。これまで見てきたように、より多くの事例証拠から、生物学また神経学的な見地からも同じ見解が明らかになりつつある。すなわち、人間は向社会的な種なのである。したがって、それらの要素が「よい」ロールモデルの動機づけになっていてもおかしくない。くわえて、「よい」ロールモデルには、責任を自覚して受け入れ、偏見を持たずに、ある程度の自己認識を維持しながら、自分と他者にベストを尽くすことが期待されている。

反応脳と観察脳についてはすでに述べた。要約すると、反応脳はすばやく考え、直感的だ。意識されておらず、環境の刺激に即座に応える。寛大さの研究からわかるように、通常、人は他者に寛大な反応を示すが、脅威にさらされると「戦う」といった生存本能が表に出てくる。新皮質と関係のある観察脳はゆっくり考える部位で、そこでは意思決定や計画が実行されている。観察脳は理性的な思考に関連する意識的また意図的な脳の領域である。食べる、繁殖する、なわばりを守るといった本能的な動機や衝動に突き動かされることは少なく、高度な目的に関する思考によって動かされている。研究によれば、観察脳を使って、自分たちが心地よく暮らせるよう社会に幅広く貢献しているとき、幸福度はピークに達し、わたしたちはもっとも充実していると感じることがわかっている。

ならば、悪いロールモデルの場合にはどうだろう。たとえば性、容姿、金銭（地位に関係がある）で成功を望むキム・カーダシアンのように、ほかの動機によってそうしたよい志が曇ってしまうのだろうか。それとも自分で正しいと思い込んで、観察脳を介して人間本来の姿とは異なる意思決定をするのだろうか。そのどちらかだろうと早々に結論づけてしまう人もいるかもしれない。だが、こう考えることもできる。安心、安全だと感じられるときには、観察脳が働いて、わたしたちは世界についてじっくり考え、意味を理解し、より深い意味を探る。けれども、現代社会の生活や脳に与えられる絶え間ないストレスと緊張がそれを上書きしてしまうことがある。悪いロールモデルはまさにそういう状態だと推論できる。

実際、わたしがロールモデルのひとりだと考えるネルソン・マンデラの志、すなわちアパルトヘイトと弾圧を終わらせようとしたことは、圧倒的に前向きだが、彼も最初のころはそれほど社会のためになるとは思えない行動をとっていた。わたしの義母はアパルトヘイト下の南アフリカで育った中国系移民で、英語とアフリカーンス語を話す。彼女はマンデラがまだ若かったころ、目的を達成するために他者に暴力を振るっていたことをじかに知っている。アフリカ民族会議のリーダーだった彼は、政府に「関心を持たせ、耳を傾けさせる」ために、官公庁の建物や発電所に自家製の爆弾をしかけた。無理からぬことだが、義母は今でもマンデラをテロリストとみなしている。彼女の周囲で若者がその行動をまねしていたことが、おもな理由だ。強烈な個性と社会的地位はマンデラの知名度を上げただけでなく、人々が彼の行動、態度、考え方を見習う傾向も高めたことだろう。そして、これまでに述べたように、若者は特に暴力を模倣しやすい。

しかしながら、わたしは、マンデラが不当に投獄され、二七年後に釈放されてから世界のために偉業を成し遂げたと教えられながら育った。したがって個人的にはマンデラは尊敬に値する人物だと考えているけれども、義母の姿勢もわかる。マンデラは獄中で深い内省を経験した。反感を募らせるのではなく、その時間を使って知識を深めた。ひどい扱いを受けても、それを自分の負の感情を省みる機会として利用し、自分を捕らえた人に対する怒りさえこらえて、彼らの視点に立って理解しようとした（認知的共感）。彼は数えきれないほどの伝記を読んで、法律の学位を取るために勉強し、名だたる人々との書簡のやりとりを通して世界についての理解を深めた。自己統制と抑制の価値を学んだ。決定的だったのは、好奇心や探究心が旺盛だったマンデラは、どのような状況でも観察と学習ができたことである。ローマ皇帝マルクス・アウレリウスからエジプトのファラオまで、彼はリーダーシップに興味を抱いた。古代から現代までの数百年分の知恵を吸収し、そこから権力の裏に潜む落とし穴について学んだ。リーダーとして効果的に振る舞う方法について、また、自分の行動だけでなくストーリーを通してコミュニケーションを図り、他者のミラー・シンキングを促す方法について、大量の情報を自分のミラーニューロンに与えた。

釈放後、マンデラはただちに、何世代にもわたるアパルトヘイトによって人種ごとに隔離、分断されていた国をひとつにまとめようと動き出した。ただし、その方法は大きく変化していた。過去には暴力を促す反応脳が優位に立っていたマンデラだったが、このときはミラー・シンキングを活用して、相手の立場で考え、共感し、話を両面からとらえて、その知識を社会のために利用することから始めた。そうするうちに彼は、以前自分を突き動かしていた無意識の衝動がなおも人々を駆り立てていることに気づいた。そこで彼は、領土について共同所有や共同帰属の考えを育て、全体責任という観念を作り上げた。

マンデラは世界中の数えきれない人々に愛され、子どもたちから慕われた。けれども、自分は「超人ではない」ことを十分自覚しており、自身で何度もそう指摘している。[10] 彼はロールモデルとして責任を負いながら、欠点についても隠し立てしなかった。その人間らしさ、誤りを犯すところが、彼をあれほどまで多くの人と結びつけたのである。

最近では、アンジェリーナ・ジョリーがよいロールモデルだと考えられる。彼女は、ヴォーグやヴァニティ・フェアなどの雑誌で「世界でもっとも美しい女性」のリストに幾度となく名前があがるほど、女性が憧れ男性が惹かれるような、脳の原始的な部分の欲求を満たす人物である。それでいて、本人にとってはそうした要素は二の次で、才能ある女優でありながら、言葉を濁さず、意を決して社会によい影響を与えようとしている。『トゥームレイダー』で性的魅力が大きくアピールされているララ・クロフトを演じたことがあるため、フェミニストからは彼女が象徴するものを疑問視する声が上がるかもしれない。だがジョリーは、露出度が高すぎて少女に誤ったイメージを与えると述べて、最初にデザインされた衣装を拒んでいる。運動能力が抜群で、賢い考古学者という個性に焦点を当てるために、意図して原始的な性の動機を遠ざけたのである。ララ・クロフトと『トゥームレイダー』はもともと、典型的な女性の描き方に抵抗する目的でキャラクターが設定されたビデオゲームとして開発された。これまで見てきたように、ミラーニューロンはストーリーに同調し、ロールモデリングという点で人々ときわめて強力かつ直接的な結びつきを作るが、映画の影響は特に大きい。

二〇〇一年、戦争で疲弊したカンボジアで撮影が行われたときだった。ジョリーは苦難にあえぐ人々を見て「目が覚めた」と述べたと言われている。[11]それがきっかけで世界各地の難民危機に関心を抱くようになった彼女は、のちに一八日間かけてシエラレオネとタンザニアの難民キャンプを訪問した。ジョリーはその経験によって世界に対する理解が深まり、恩返しをしたいという思いが強まったと述べている。ミラーシステムを介してもたらされた人々への共感が原動力となったのだ。それから一〇年、ジョリーは三〇か国を巡って、国連難民高等弁務官事務所の親善大使としてフィールド・ミッションや難民キャンプ訪問に携わった。[12]彼女はまた、子どもの移民、弱い立場にある子どもたちの支援と教育、人権と女性の権利の問題に根気よく取り組んでもいる。最初は苦難に耐える人々を見たことに対する反応、つまり向社会的反応脳に突き動かされただけだったが、彼女はそこから一歩先へ進み、観察脳を用いてよく考えて、恩返しをしなければという気持ちを満たそうと決断した。幅広い「社会的な」問題の解決だけでなく「社会全体の」問題解決と、すべての人々が気持ちよく暮らせる社会になるよう貢献することに重点を置いて、熟考のうえで行動を起こしたのである。

けれども、ジョリーもみなと同じように人間で、まちがいを犯すこともあれば欠点もある。彼女が顔の美容整形手術をしているかどうかで憶測が飛び交ったことがあれば、本人がどれほどサドマゾヒズムが好きかを率直に語ったこともあり、結婚と離婚を三度繰り返してもいる。もしかしたらこれは、公私の生活の線引きが必要だという例なのかもしれない。ジョリーにも、ほかの人同様、自分の思うように生きる権利がある。よいロールモデルである著名な人々に、人間らしさを示すような側面を明らかにするよう促しながら、それと同時に私生活を尊重する境界線を引くにはどうすればよいだろう? ジョリーやその他のよいロールモデルに追随する人々に、どうすればすべてを取り込まないよう教えられるだろう? ミラーニューロンは善悪を見分けられない。つまり判断が必要だが、子どもにはそれは難しい。少年期から青年期を通って二〇代半ばまでの成人形成期では、判断はおもに、何が最適かというより、生まれた環境にうまく溶け込む必要性に突き動かされている。したがって、その年齢には、善悪、また何をミラーリングして何を逆ミラーリングすべきかという手ほどきが役立つかもしれない。

マンデラとジョリーは、ロールモデルとしてほとんどの人が「よい」と考えるふたつの異なる例である。ジョリーはまだ四〇代だが、マンデラは釈放されたときすでに七二歳だった。己を知り、反応脳にうまく対処できるようになり、真に目的意識を持てるようになるには時間がかかる。けれどもなかには、長い年月をかけて知恵を深めなくてもそこへ到達する人もいる。グレタ・トゥーンベリはわずか一五歳で、学校を休んで「気候変動に抗議する学校ストライキ」と書かれたポスターを掲げ、スウェーデンの国会議事堂の前に座り込んだことで、その名を知られるようになった。マララ・ユスフザイは、女性の教育を訴えるパキスタンの活動家として、最年少でノーベル平和賞を受賞した。マララもまた世界で注目を浴びたのは一五歳のときだった。このすばらしいふたりの若者はともに、その活動に対して不当な扱いを受けてもいる。マララが少女にも教育を受ける権利があると主張して、タリバンに頭を撃たれたことはだれの記憶にも新しい。トゥーンベリは、とりわけロシア、アメリカ、フランスの大統領から不愉快な言葉を浴びた。

自ら行動を起こしたトゥーンベリはローザ・パークスの影響を受けたのだという。「彼女が内向的な人だったと知りました。わたしもそうです」。そしてそれを知ったことで「ひとりの人間がかくも大きな変化を起こせる」のだと気づかされた。トゥーンベリは自分の目標を追い求めて先人の知恵を借りたが、同時に洞察力に富んだ自らの判断も示してみせた。二〇一八年八月から毎週金曜日に始まった彼女の座り込みを見て、ほかの学生もそれぞれのコミュニティで同じことを始めた。幅広い研究から、人は自分に似た人の行動を模倣することが多いとわかっている。[13]トゥーンベリの抗議活動はあらゆる世代に影響を与えたが、抗議活動を模倣したのは大部分が彼女と同年齢の子どもたちだった。さらに、彼女の知名度が上がるにつれて、その態度と行動に関連する名声も高くなり、ますます世界各地のティーンエイジャーを引きつけ、彼女の行動、態度、アプローチがミラーリングされるようになった。二〇一九年、世界各地のさまざまな場所で、数万人の子どもたちが気候変動に抗議する学校ストライキに加わった。二〇一九年三月一五日金曜日、三〇〇か所を超える世界各地の都市で、一四〇万人を超える学生がストライキに参加した[14]。二〇一九年九月、トゥーンベリは国連で演説した。「あなたたちは中身のない言葉でわたしの夢と子ども時代を奪ったのです。(中略)大量絶滅が始まっているというのに、あなたたちが話すのはお金のことや経済成長のおとぎ話ばかり。よくそんなことができますね[15]」

演説からは、彼女が伝えたい感情とその言葉から生まれるイメージが見て取れ、それが聴衆の想像をかき立てる。意図しているかどうかは別として、彼女はストーリーテリングを用いることで、自分が伝えたいメッセージにほかの人々を引きつけている。ここまでの各章で触れたように、こうしたストーリーテリング、なかでも感情に訴える言葉はミラーニューロンシステムを介して聴衆の脳を彼女のものと同調させる。

イギリスのラッパーで歌手のストームジーは、タイム誌で二〇一九年版次世代のリーダーのひとりにあげられている。二〇一七年、ストームジーはオックスフォード大学のアフリカ系・カリブ系協会から今年の人に選ばれた。BBCのインタビューで、同協会のレネー・カプクは、ストームジーが選ばれた理由についてこう語っている。「彼は黒人の若者が自分のルーツを保ったまま活躍できることを示す、すばらしい手本なのです。(中略)彼は不当な扱いに抗議することを恐れず、わたしたちのコミュニティ内で肯定感を高めました[16]」

ストームジーは二一歳で世に知られるようになった。現在二六歳の彼は、自分が背負っている重みは自分が人間として到達しているレベルを反映しているとはかぎらないと感じている。心理学的な観点に立てばそれは正しい。彼はなおも成人形成期にある。インスタグラムにはこう書かれている。

　ぼくは欠陥だらけだし、大人らしくなる方法を学んでいる最中で、自分がなりたい人間になる方法を模索中だけれど、そうした混乱、そうした人間であることの難しさのなか、超人になろうとしているなかでも、ぼくには目的がある。そしてその目的のおかげでぼくはここまでこられた。[17]

これ自体が、道は踏み外すけれども過ちを率直に認めて責任を取る例として、若者に対する建設的なメッセージの役割を果たしている。結果的によりよい人間になるためであれば、若いときはまちがいを犯しても大丈夫だと、彼自身が手本を見せているのである。

老いも若きも、こうした例はみな、どのような人がよいロールモデルになるのか、またいかに彼らが社会の役に立とうと考えて影響をおよぼしているかを示している。他者を助けたいという衝動は、初めは反応脳から出される本能的な傾向である。けれども、計画的かつ継続した行動は、意味の探求や社会に貢献したいという動機とならんで、ゆっくりと働く高度な観察脳からなされている。ここで取り上げたロールモデルはみな、積極的に自分の欠点を受け入れ続け、自分のような影響力の大きい立場に求められる責任にも応えようとしている。しかし、この責任に対する自覚と欲求がない場合、あるいはあったけれども消えてしまった場合にはどうなるのだろう？　よいロールモデルのままでいられるのだろうか？

手本となる

すぐれたリーダーはロールモデルである。わたしの仕事はおもに、各分野のリーダーが自分自身への理解を深めて、他者と社会に与える影響を認識また修正する手助けをすることだ。それは彼らのリーダーとしての能力を最大限に引き出すためだが、同時にロールモデルとしての能力も最大限に引き出されるため、リーダーはミラーリングが企業の文化や価値観におよぼす影響についても考える必要がある。リーダー、有名人、あるいは広く一般社会でも、他者に与える影響について自覚を失う、あるいは責任を負わないままでいると、自分の能力が十分に発揮されないことから他者に悪影響をおよぼすことまで、さまざまな好ましくない結果を生むおそれがある。日々の生活のなかで他者をいら立たせたり、社会規範にしたがわなかったり、他者を悲しませたりすると、わたしたちはたいてい叱責を受ける。けれどもリーダーなどの著名な人々は、そうした有益な自然の境界がもはや存在しない世界に生きている。たとえば、リーダーがあまりに現実からかけ離れてしまっても、人々は別世界だからルールがちがうと考えてしまう。もっとも民主主義が発達している国家においてさえ、よいリーダーが悪いリーダーになってしまうこともある。リーダーも有名人も、そしてそれに追随する人々も所詮は人間なのだ。

初めはよいリーダーだった人が悪いリーダーになってしまうのはなぜだろう?　よくあるのは「傲慢症候群」で、これは権力や名声が直接の引き金となってプライドが高くなりすぎ、自信過剰になった状態を指す。元医師のデヴィッド・オーウェンはイギリスの政治家で、一九七〇年代に外務大臣になった。彼はそのとき、権力がリーダーに与える精神的なインパクトをじかに目撃した。二〇〇九年、オーウェンはノースカロライナ州にあるデューク大学の精神医学教授ジョナサン・デヴィッドソンと共同で、傲慢症候群の関連要因を概説する論文を書いた[18]。通常のパーソナリティ障害は環境に関係なく成人してからずっと続くのに対して、傲慢症候群は途中で獲得されるパーソナリティ障害だと、デヴィッドソンは述べている。傲慢なリーダーは権力の「中毒」になり、自分はほとんど全能に等しいと信じて、直面している状況の微妙な意味合いについて徐々に無関心になっていく。リーダーなど責任ある立場の人にとって重要な能力のひとつは、環境内の漠然とした流れにうまく合わせていく力である。傲慢症候群ではこれがほとんどすべて失われてしまう。オーウェンとデヴィッドソンは症状の一部として以下をあげている。

・イメージと見栄えを異常なまでに気にする。
・自分の判断に自信過剰で、他者の助言や批判を蔑む。
・ほとんど全能というほどまで自分の力を過信している。

ミラーシステムは社会規範の枠組みのなかで働かせなければならない。遠い祖先の時代には、集団の期待から逃れられるほど群れとのつながりを断つことなどだれもできなかった。部族内の自然な秩序によって、リーダーが傲慢になればすぐさま引き下ろされた。けれども、都市の人口が数百万人を超えている現代では、テクノロジーによってつながることはできても「正常」かどうかを把握できないため、リーダーが暴走しやすい。さらに同じ要因から、古代なら人々にとって「悪い」とみなされたようなリーダーを退かせることもほとんど不可能になっている。

オーウェンとデヴィッドソンの論文では、過去一〇〇年のアメリカ大統領とイギリスの首相における、進行した傲慢症候群の臨床症状に焦点が当てられている。結果として、一八人のアメリカ大統領のうち七人が傲慢症候群の特徴を示しており、そのうちのひとりはジョージ・W・ブッシュで、実際にかなり症状が進んでいた。イギリスでは二六人の首相のうち七人に傲慢な特性があり、デヴィッド・ロイド・ジョージ、ネヴィル・チェンバレン、マーガレット・サッチャー、トニー・ブレアの四人は進行した傲慢症候群だった。最近のイギリス史では、おそらくトニー・ブレアがもっとも興味深く、またなるほどと思えるような例を示している。オーウェンとデヴィッドソンは、ブレアが傲慢に陥った転機と考えられる状況について説明している。

トニー・ブレアの傲慢症候群は、首相になってから二年後の一九九九年、NATO軍のコソボ爆撃をめぐって発症した。クリントン大統領がブレアに「冷静になれ」「国内を意識したスタンドプレーはやめろ」と息巻いたこともあった。ブレアは自分の判断に過剰なプライドを見せ始めた。クリントンの補佐官はブレアの「チャーチルみたいな物言い」をからかい、頻繁にとやかく言われたブレア政権の官僚は「トニーはやりすぎだ、強気に出すぎだ」と語った。クリントンの別の顧問は「コーンフレークにアドレナリンをふりかけすぎているようだ」とブレアを皮肉った。[19]

よかれと思ってのことだったのだろうが、イラク侵攻をめぐるブレアの決断には専門家の助言や側近の忠告が考慮されていなかったと関係者の多くが考えている。イギリス心理学協会会長でリヴァプール大学臨床倫理学教授のピーター・キンダーマンとわたしは、チルコット・レポート（イラク戦争検証報告書）を徹底的に分析して、イギリス政府に宛てた論文を共著した。そのなかでわたしたちは、どこでブレアが道を踏み外したのかについて、また同じ過ちが繰り返されないよう防止する方法について大まかに提言した。それはおおむね自己認識と関係がある。政治家になりたてのころは、臨機応変で、感情知能が高く、対人関係に柔軟な模範として取り上げられることが多かったブレアは、あのとき大きく豹変していた。

一般市民にとっての問題は、リーダーの行動の真相が明らかになるのがずっとあとになってからだということである。そのため、あとから考えてみればやっておけばよかったと思われるような変化を民主主義の手続きを通してもたらすことができない。心配な傾向が現れたときにライバルの政治家やメディアの解説者がそれを訴えることはあっても——論評の豊富な現在の例としてはトランプがすぐ頭に浮かぶが——みなそれぞれの思惑があるためにメッセージがトーンダウンしがちなうえ、リーダーの広報チームが発覚した内容に関する情報を操作してしまうことが多い。リーダーの側近が懸念を表明してくれればよいが、自分たちの将来がリーダーの成功と密接に関係するために、なかなかそうはならない。

それとは対照的に、マンデラは少なくとも晩年には、傲慢症候群とそれを避ける方法に気づいていたように見える。そこで、自己陶酔によって自らの没落を招く代わりに、自国にいる大多数の普通の人々にとって正しいと思われる信条を追い求めた。しかしながらそれは、長年にわたる獄中の内省のたまものである——ほとんどのリーダーや著名人、あるいはわたしたちのだれもが経験できることではない。著書『ネルソン・マンデラ　私自身との対話』(長田雅子訳、明石書店、二〇一二年)で述べているように、彼は明らかに普通の人々について知っていた。

現実の生活で私たちが相手にするのは神ではなく、私たちと同じ普通の人間です。しっかりしていながら移り気で、強くもあり弱くもあり、有名だったり悪名高かったりする、矛盾に満ちた男女です。その血流の中で、ウジ虫が強力な殺虫剤と日々戦っている人間なのです。[20]

マンデラは自分というものの認識を保とうと努めた。そう考えたのはほかのだれでもない、彼自身だった。投獄されていたあいだ、これほどまでの理解を手助けする人などどこにもおらず、明らかな学習方法が彼の前に広げられていたのでもなかった。わたしたちはみな、そこからヒントを得られるかもしれない。

よいロールモデルとは？

心理学的な目で見ると、これまで述べてきたようなよいロールモデルに共通する重要なポイントは、自分が掲げている大義を信じて揺るがないことである。彼らが戦っているものの裏には明らかな意味と目的がある。精神科医、神経学者、そしてホロコーストを生き延びたひとりでもあるヴィクトール・フランクルは、著書『夜と霧』（池田香代子訳、みすず書房、二〇〇二年）で、[21]目的の重要性について説得力のある例をあげている。彼はアウシュヴィッツなどの強制収容所で遭遇したものごとについて触れ、かくも残酷な体験においてさえ、目的意識を持つことで前に進むことができ、生きる理由を得られたと述べている。ともに収容されていた何百人もの人々にインタビューしたフランクルは、虐待を乗り越え、病気を克服した人には大きな目的意識があったと気づいた。そのため生き続けることができたのだ。フランクルは、普通の生活において目的を持たない人は、彼が言うところの「その結果として生じる空虚感」を快楽主義的な喜び、すなわち権力、物質欲、執着、強迫——別の言い方をするなら、反応脳が追い求めるけれども長続きする満足感は得られないもの

──で満たそうとすると述べたことでよく知られている。[22] それらは世界各地のカーダシアン家のような人々が追い求め、また他者にも促しているものごとだと言い換えることもできる。よいロールモデルに手本を示してもらいたいものごととは正反対だ。目的意識を持ち、自分以外にも影響をおよぼす要素、つまり高度な脳が考えるようなものごとを懸命に追求することには大きな力があるため、そこからあらゆる好結果が生まれることがわかっている。精神面では、不安を抑えることができ、[23] うつの症状が軽くなり、[24] 苦しみにうまく対処できるようになる。[25] 身体的な利点としては、心臓病になりにくく、[26] アルツハイマー病の影響が緩和され、[27] 寿命さえ延びる。[28] くわえて、目的意識は幸福感と人生の満足度の主要な構成要素でもある。[29] したがって、それが人目を引く立場にある人々をプレッシャーから守り導く、盾や羅針盤の役割を果たすことは容易にわかる。トップに立つ人々と接する心理学者は、まさにそこを探ろうとする。しかしながら、人生を歩むときの指標として、心の健康を守るため、また人間社会のよい一員になれるように、目的意識を持つことは、あらゆるロールモデル、あらゆる人間に利益をもたらす。

これまで見てきたよいロールモデルの二番目の共通点は、彼らが責任を負う理由が、自分がおよぼす影響を考えているからだけでなく、自分を正しく認識し続けるためでもあることだ。人はだれでも自分だけの長所と短所を持っている。だれにでも欠点があって、好かれることもあれば嫌われることもあり、正しいこともまちがったこともする。大切なのは、メディア上の名声、政治、ビジネス、あるいは自分が親である場合も含めて、社会で目につく役割を果たしていることに伴う責任を認識することである。責務を受け入れることが重要だ。よいロールモデルはそうしている。たとえばジャミルは、自分は完璧ではないと率直に認めて、自身を「成長途中のフェミニスト」と称している。[30] ジャミルは、彼女の容姿を見て、目標を疑う人もいるかもしれないと理解している。それでも、勇敢に己の姿勢を示し、他者の声を届かせるために自らの特権を利用したいと考えている。何よりも、フィクションや繰り返し語られるストーリーで描かれるヒーローやヒロインの完璧さと、よいロールモデルの本当の姿を混同しないことが大切だ。教師、医療従事者、親、親戚、スポーツ選手、リーダー、あるいは映画スターであれ何であれ、社会のどこを見ても完璧なロールモデルなど存在しない。欠点にどう対処するか、どうやって欠点とともに生きていくのか、欠点をどのように描くのかということが重要だ。その決め手となるのが自己認識である。その姿勢こそが、行動とともに、わたしたちを仰ぎ見る人々、時間をともに過ごす人々によってミラーされる。

第10章　世界を変える

二〇一九年一〇月五日、タイのカオヤイ国立公園で、一三頭のゾウがヘウ・ナロク、すなわち地獄の滝として知られる高さ一五〇メートルの滝の上で川を渡ろうとしていた。ちょうどモンスーンの季節で、膨れ上がった川の流れは速く、危険が増していた。ゾウが進むうちに三歳の子ゾウが足を滑らせて滝から落ちた。のちに、一〇頭以上のゾウの死骸が下流で発見された。BBCは現地のバディン・チャンスリカムの話を報じた。「おそらく、小さなゾウが滑ったのでしょう。大人のゾウはそれを助けようとして水に流されたのです」[1]

BBCはまた、ゾウの行動に詳しいニューヨーク市立大学ハンター校の心理学助教、ジョシュア・プロトニクにも話を聞いた。プロトニクによれば「家族の群れの一頭が危険な状態になったときに、ほかのゾウが何としてでも助けようとするということはありえます」[2]

ひと組の母と子のゾウが近くの岩の上で立ち往生しているのが見つかり、公園の職員に救助された。群れで生き残ったのはその二頭だけだった。科学者は、その残されたゾウの心の健康を案じた。

ゾウは仲間が死ぬと悲しむことで知られている。群れの親族が全員死んだとなればどうなることか。プロトニクは続けた。「ゾウは大きな脳を持ち、知的で、社会性があって、共感できる動物です。（中略）わたしたち人間が経験するのと同様なトラウマに苦しむだろうと思います」[3]。科学者はまた、知識が失われることにも大きな懸念を示した。群れの首領格の雌が滝で命を落としたのであれば、残されたゾウは自分たちが暮らしているジャングルについて何世代分もの知識を失ったことになるからだ。それは長期にわたってゾウの行動に影響を与える可能性があると科学者は考えた。

さて、これがわたしたち人間とどう関係があるのだろう？　ゾウはどのような行動をとればよいのかを指示したり紙に書いたりしないが、わたしたちが社会性と情動の学習で継承するときと同じように観察学習を通して知識を伝えている。人間は、とりわけ科学や技術分野で、獲得した知識を共有して積み重ねていく能力があるおかげで、大きく進歩することができた。しかしながら、人の社会性と情動の学習については、今なおその大部分が、成長するときにともに過ごす人、暮らしている集団の文化、各世代がミラーニューロンシステムを発達させる方法に頼っている。ニューヨーク・タイムズ紙の記事で、UCLAの発達心理学教授パトリシア・グリーンフィールドは述べている。「ミラーニューロンは文化の進化における強力な生物学的土台となっている。［現在では］ミラーニューロンが文化をじかに吸収することがわかっている。ソーシャルシェアリング、模倣、観察によって、各世代から次の世代へと文化が伝えられているのである」[4]

ゾウもまた人間と同じように、情報を学習するにあたってミラーシステムに頼っていると考えられる。では、わたしたちも、ジャングルを歩く知識ならぬ、自分たちが存在する社会を理解する能力を失う危険があるのだろうか？　テクノロジーと科学への依存の高まりは、社会が滝の崖っぷちから転落するのと同じ問題を生んでいるのだろうか？　わたしたちは人間らしくあるための能力を徐々に衰えさせているのだろうか？

テクノロジーはミラーを破壊してしまうのか？

テクノロジーの知識を後世に伝え、世代間のみならず世代内でも知識の積み重ねができるという人間の驚くべき能力は、社会を不安定にもしている。その同じテクノロジー、つまりスクリーンへの依存と常用が、ミラーシステムを発達させる機会を大きく傷つけている。わたしたちが個人として、またコミュニティとして、社会性と情動の理解を共有して進化するのを阻害しているのだ。テクノロジーは人らしく育っていく能力を妨げている。これまで見てきたように、人らしくあるためには、暮らしのルールになっている無数の社会的なニュアンスに絶えず適応することが求められる。その自然な人間らしさが失われると、わたしたちは病気になる。心の病はその一例にすぎない。

今日、心の健康は世界の疾病負荷（疾病により失われた生命や生活の質の総計）の主要な原因であり、[5]また増加傾向にある。世界経済における損失額は二〇三〇年までに一六兆ドルになると推定されている。[6]ＮＨＳデジタルが二〇一七年に発表した数字からは、特に若者で問題が生じているとわかる。二〇〇四年には五〜一五歳の子どもの一〇人にひとりが精神疾患にかかっていたが、二〇一七年までにはそれが九人にひとりに増加した。[7] イングランドでは、一六〜六四歳までのじつに六人にひとりが心の問題を抱えている。その根底にある理由のひとつは、他者と心をつないでミラーシステムを使うような、社会性と情動の学習機会が減少していることである。予防という意味で、社会性と情動のスキルを向上させて子どもたちを守るためには、ミラー・シンキングが育まれるような状況や人間関係につねに触れさせることがきわめて重要である。そうすれば、レジリエンス（困難な状況に直面しても柔軟に適応する力）を作るだけでなく、人間らしく、自然のままに、最適な生き方ができるようになるからだ。一方、既存の問題への関心を高めるためにロールモデルを活用する方法もある。

医療の専門家が後押ししているいくつものキャンペーンで、著名なロールモデルが自らの心の健康について明かし始めている。イギリスでは、イングランド公衆衛生庁が立ち上げた#EveryMindMatters（みんなの心が大事）などのキャンペーンに、女優のグレン・クローズやジリアン・アンダーソン、ポップ・スターのジョーダン・スティーヴンス、テレビ司会者のダヴィーナ・マコール、テレビ番組シェフのナディヤ・フセインなど、幅広いロールモデルが参加した。王室の次の世代であるウィリアム王子、キャサリン妃、ヘンリー王子、メーガン妃は、「恥ずかしいことではない、メンタルヘルスについて語ろう」と、ヘッズ・トゥギャザー（一緒に考えよう）と呼ばれるキャンペーンを始めた。[8] 彼らをはじめとする世界各国のたくさんのロールモデルが、自らの苦しみについて明らかにしつつある。たとえば、ヘンリー王子は、テレグラフ紙のインタビューのなかで、母を失ったことが私生活と仕事に「かなり深刻な影響」を与えたこと、またその感情を二〇年間も抑え込んでいたこと、そのために「何度も神経症すれすれの状態」になったことについて語った。それが引き金になって、カウンセリングという形で支援を求め、著しく回復したのだと彼は言う[9]。

伝統的に「感情を表に出さない」イギリス人の代表格のような家庭で育った人物のそのような公の発言は、人々に困難を体験してもよいと感じさせる。また、助けを求める方法、ミラーすべき行動を教えてもくれる。しかしながら、残念なことにメンタルヘルスは複雑だ。今述べたような活動はたしかに、異なるアプローチを理解する集団ミラーリングとして、問題に対する社会の目を変え始めているけれども、それだけでは問題は解決されない。

現在、心の病はかつてないほど効果的に治療できるようになっている。問題は、以前と比べれば人々が積極的に助けを求めるようになっているとはいえ、精神病の薬の処方が前例を見ないペースで増加していることである。そのスピードから、原因は声を上げる人が増えているからだけではないとわかる。テクノロジー、ソーシャルメディア、めまぐるしい生活、離れ離れの家族、社会支援の減少など、さまざまな要因がみな、進化を遂げてきた脳の働きに合わない生き方を強いているのだ。欧米社会で個人主義が進むのとは裏腹に、蓄積されつつある神経科学の知識は、いかにわたしたちが他者に大きく依存しているかを強く示している。イアコボーニが言うように「ミラーニューロンは（中略）わたしたちが自分ひとりで生きているのではなく、生物学的にも進化の過程でも深く互いに結びついていることを示している」[10]。

それを踏まえれば、人がつながる機会を奪うということは、手足の切断や、子どもの健康と成長に必要な栄養を与えない状態と同じことだとわかる。わたしたちは事実上、人間らしく生きるチャンスを奪われているのである。

コミュニケーションのわな

現代の複雑なデジタル世界はまた、善意の素人に声を与えてしまうことで、精神疾患の流行に関連するもうひとつの問題を悪化させている。遠い昔の祖先の時代、部族には、知識を積み重ねてそれをみなの利益になるように伝える、それぞれの分野に秀でた人間がいた。たとえば、病気になれば祈禱師が助け、有能なハンターが大きな獲物を見つけ、丸木舟の職人が使い勝手のよい舟を作った。形は変わってもごく最近まで、テクノロジーによって自分の世界がまさに何百万人もの見知らぬ人に広がる前までは、そうだった。今、わたしたちは情報の嵐に見舞われて、医療のような昔からある分野を除けば、だれの助言を求めればよいのか、もはやわからなくなっている。自然のメカニズムが働かなくなっているのだ。特定の問題について、部族内でもっとも頼りにされている人物に助けを求めるという行動は、ソーシャルメディアでもっともフォロワーが多い人物に助けを求める行動に置き換えられるかもしれない。しかしながらその置き換え論理には専門性が欠けている。

だれが正しい知識に基づいて話をしているのか、だれがそうではないのか？　たとえば、インスタグラムにはメンタルヘルスに関する投稿が一三〇〇万件以上ある。その多くは次のように述べている。

・「食事や間食の代わりに昼寝をするのは逃避である」（フォロワーが一万七六〇〇人のユーザー）
・「言われたことすべてに感情を伴う反応をしていたら、苦しいままだ。真の力とは、一歩下がってすべてを論理的に観察することである。真の力とは抑制だ」（フォロワーが三万六〇〇〇人のユーザー）

どちらの発言も、善意で発せられているとはいえ、まったく役に立たない。これらは心理学に基づいておらず、何千人ものフォロワーをメンタルヘルスの迷路に送り込んでしまいかねない。心理学分野には特にこうした問題が多い。だれもが自分はわかっていると「思い込んで」いるうえ、最近まで心理学者に助言を求めることは不名誉だと考えられていたために、頼る人が少なかったことがその理由だ。しかし、人間の心と行動は複雑である。そしてわたしたちの脳とわたしたちが暮らす世界との不釣り合いが原因で、ますます複雑になっている。

心の健康は紙一重の差で大きく変わる。わたしはそう強く感じている。名の知れたロールモデルが自分の体験や、何が助けになったのかを語ることは有益だが、助言を与えることができるのは専門家だけだ。ヘッズ・トゥギャザーや#EveryMindMattersのキャンペーンのように正しい方法を用いれば、メンタルヘルスのロールモデルは大きなプラスの影響を与えることができる。たとえば「男なら泣くな」といった社会に古くから根づいている観念に揺さぶりをかける役目を果たせるだろう。けれどもわたしたちはおそらくすでに何らかの行動が必要な地点にきている。治療という点でも、根本的な原因を予防するという点でも、専門家から助言を受けなければ信頼できるロールモデルとは言えない。

発端となっているものごとを防止あるいは抑制するにはどうすればよいだろう? そのためには、生涯を通じてより効果的にミラーシステムを活用し、人間らしさの学習はあたりまえではないと知ることが必要である。野生児の例に戻って考えると、人間らしく話す、歩く、食べることをミラーする機会がなかった子どもは単純にそれができなかった。どれほど基本的な生活のスキルを教えられても、生まれたときからそうしたものごとをミラーしてきた子どもたちと比べれば、野生児はいつも一歩およばない状態で、おそらくずっと追いつけないだろう。同様に、社会性と情動のスキルを学習できる状態に十分にさらされなければ、わたしたちが活躍し、成功する能力は最大限まで引き出されない。専門家のあいだでは、そうした知識を後世に伝えていく能力は「累積的文化進化」と呼ばれている。そうやって人間は、ひとりの生涯だけでは達し得ない世界を作り上げてきた。知識が世代を追うごとに少しずつ増やされてきたことは、わたしたちを取り巻く信じられないほどの進歩を見れば一目瞭然だ。けれども、文化のソフトな面、つまり行動や心に関する側面で、学習を抑制してしまったらどうなるだろう？　わたしたちの成長、行動、考え方、他者の意図の理解、周囲の人との結びつきはみな、他者の行動や考え方を自分の脳へミラーすることによって成し遂げられている。スクリーンに依存し、忙しすぎて人の話に耳を傾けられず、次の目標を達成するために追い立てられ、子どもの成績を上げることばかりに夢中になって、自分のことばかり考えていたら、それが最適な形で行えるのだろうか？

累積的文化進化の作用によく似た例は、ロンドン大学クイーン・メアリー校心理学講師アレックス・メスディの二〇一八年の論文にある。彼はわたしたちの知能を高める読み書きの学習を例にあげている。ひとたび読み書きができるようになると、ほかのものごとを学べるようになり、またその知識を伝えることができるようになって、個人と集団の能力がさらに進化する。[11] ミラーシステムの用い方と育て方を学習するときにも同じことが言える。たとえば、話し言葉を学ぶときは、まず一、二の言葉を覚える。そうすれば続けて学んでいくための質問をすることができるようになる。ひとたび質問ができるようになれば、他者の意見を理解するにあたって、相手が考えていることはこれかと質問してその答えを得ることができるようになる。そうやって自分の知識を書き換えていくのだ。わたしたちは想像し、ストーリーを語り、共感し、自分の感情を理解し、社会をうまく渡っていく方法を導き出すことができる。けれども、取り入れる情報が不十分だと、そうした能力を最適な形、あるいは必要なレベルにさえ発達させることができず、精神、道徳、社会、文化の能力が制限されてしまう。

残念ながら、子どもに健やかな感情を教えることまでもが逆効果な場合もある。幼い子どもの精神、道徳、社会、文化的発達が専門のリサーチコンサルタント、トニー・オードは、幸福感や健やかな感情そのものにあからさまな意味を持たせてしまうと、個人主義、内向的な性格、無防備意識が促されることが多いと述べている。つまり、よかれと思って介入しても望む結果は得られない。健やかな感情の基本概念を与えてしまうと、日々の生活で子どもが情動反応の複雑さやあいまいさに触れる機会が妨げられ、学習が制限されてしまうおそれがある。子どもや大人が困難な状況から立ち直るために必要な力は、実社会のやりとりのなかで芽生える。したがって、自然が意図した方法で学ばなければならない。子どもについては特に、健やかな心、つまり人間らしさを育てるために、大人が感情面で彼らを理解することが重要だとオードは強調している。たとえばそれは、相手が経験している感情を理解して適切に応じることであり、言うまでもなくミラーシステムに頼っている。度胸のある子どもなら、リスクを冒していろいろトライさせられるだろうし、心配性の子どもなら安心させ、元気づけることが必要かもしれない。それを可能にするためには、自分が独立した存在であると同時に、他者と相互に依存する関係にあることを、しっかりと認識して受け入れなければならない。[12] また、継続して社会とのバランス、とりわけ他者とのバランスを取り直し、調整し直す必要がある。それこそがミラーシステムを成長させるのだ。わたしたちには互いの存在が欠かせない。そして、個人として繁栄するだけでなく文化を発展させるためにも、有意義かつ微妙に異なるレベルで相互に影響し合うことが必要である。

不自然なシステム（現在の社会）のなかで、きちんとした研究に基づかずによい行いをしようとして逆効果になってしまう例はほかにもある。アンジェリーナ・ジョリーは社会に貢献しようとしている人物であり、有名であるという力をよいことのために利用している。二〇一三年五月、ニューヨーク・タイムズ紙への寄稿で、彼女は予防的乳房切除術を受けることに決めたと勇敢で正直な発言をした。その記事のなかでジョリーは、母親ががんで亡くなったため、自分の子どもたちが同じように親を失うのではないかと、こわがっていると語った。BRCA1遺伝子の検査を受けた結果、彼女は、乳がんにかかる可能性が八七パーセント、卵巣がんが五〇パーセントとわかった。両乳房を切除したジョリーは、自分の経験がほかの女性のためになればとそれを公表した。[13] 役に立つ行動や心構えとして、これはさぞかしよいロールモデルになったにちがいないと思うだろう。

実際、同じ年の一二月に刊行されたブリティッシュ・メディカル・ジャーナルの調査では、ジョリーの記事が発表されたあと、乳がんのBRCA遺伝子検査の検査数は六四パーセントと大幅に増加したことがわかっている。記事から二週間で、アメリカの医療制度にかかった費用は最低でも一三五〇万ドルと推定された。問題は、乳房切除術の件数が同じように上昇しなかった点から見て、遺伝子検査が乳がんの診断には繫がらなかったと考えられることだった。[14] ハーヴァード医科大学院のヘルスケア政策教授アヌパム・ジェナは次のように述べている。「予防的検査やがん検診が十分に活用されていないことを苦慮している医師の観点に立てば、より多くの患者が医療機関を訪れるという点で、著名な人物の公表は望ましい。（中略）けれども、検査が過剰に利用されるという点では、著名人の証言は問題を悪化させる可能性がある」[15]

これはジョリーのせいではない。彼女は人のためを思ってやったのだ。けれどもそれを行ううえで、正しい手ほどきを受けなかったと思われる。彼女にはたとえば、疫学者、医療従事者、心理学者、そしてメディアなど、幅広い領域の専門家からの助言が必要だった。ジョリーは結果を受けて、二〇一五年に、検査と治療はケースバイケースで行われるべきであることを説明する続編の記事を出した。有名人は社会に大きな影響を与えるロールモデルの見本だが、思いどおりのインパクトを与えるためには慎重に計画を立てる必要がある。

個人以外では、ときに政府もロールモデルが与える影響の可能性を有効に活用して、問題解決の手段として利用してきた。残念なことに、事例証拠と関連要因の複雑さをきちんと考慮せずに実行すると、こちらもうまくいかない場合がある。イギリス政府は、恵まれない環境における社会問題の解決策として、メンターの取り組みを導入してきた。そうした介入策はおもに「リスクの高い」若者をターゲットにして、のちの人生でさらに深刻な問題に発展しそうな問題行動を抑制することが目的だった。UCLで子どもの健康リサーチ教授を務めるヘレン・ロバーツは、研究と事例証拠をきちんと理解せずにそうした取り組みを実行した場合の結果を調査している。ロバーツらがある計画を三年間追跡した結果、メンターから指導を受ける前に軽い犯罪で逮捕されたことのある若者がメンターの取り組みに参加した場合に、参加しなかった人よりもその後に逮捕される傾向が高かったとわかった。[16]問題は、そうした取り組みの多くは表面的妥当性が高かった――見た目はすばらしい選択肢に思われた——けれども、取り組みを機能させるために必要なメカニズムが明確に理解されないまま実行されてしまったところにある。失敗の理由としてもっとも多かったのは、メンターとメンタリングを受ける側の関係が壊れたことだった。本書で述べてきたように、信頼はメンタリングの人間関係においてきわめて重要であり、リスクの高い子どもたちともなればなおさらだ。信頼関係が崩壊すると、若者は信頼関係を築く前よりも余計に望みを失い、孤独になり、見捨てられたと感じかねない。この例からは、現在の先進社会では特に、ミラーリングが複雑なシステムの一部になっていることがよくわかる。事例証拠や自然なプロセスを考慮せずにロールモデリングが強要されると、ひどく道を誤るおそれがある。

コミュニティのパワー

意図した結果を得られない数々の例がある一方で、ロールモデリングが主要な目的ではなかったにもかかわらず、明らかに社会にプラスの影響をもたらした例もある。たとえば、インド政府は一九九三年四月、従来は身分の高い男性で占められていたすべての村議会で、だれでも参加できる通常選挙を行うよう命じる憲法改正を実施した。もうひとつ大きな議論を巻き起こした法令は、議席の三分の一を女性に割り当てなくてはならないことだった。その案はニューヨーク・タイムズ紙で「壮大な社会実験」と呼ばれ[17]、国連からは「世界の草の根民主主義における最高の改変のひとつ」

と賞賛された。[18]影響を受けた人の数は八億人を超えた。[19]法案が通過する前は、地方の首長のわずか五パーセントが女性だったのに対し、二〇〇〇年にはそれが四〇パーセントを超えるまでになった。[20]

このプロジェクトの直接の目的は、それまで何百年ものあいだ女性が除外されていた村の政治会合に女性の代表を増やすことだった。しかしながら、二〇一一年、開発経済学者のロリ・ビーマンが、この女性参加がもたらした思いがけない副産物の調査に乗り出した。ビーマンが関心を抱いたのは、男女のバランスが変わったことによって、教育や仕事で女性が達成できるものごとについて、親と子どもの考え方にプラスの変化があったかどうかである。それは直接的なロールモデル効果によって起こりうると、研究者らは考えた。けれども、女性議員が増えただけで古くからの考えを変えることができるのだろうか？　ある村民は語った。「女は家にいるべきで、男が村議を務めるべきだ（中略）女の仕事は料理と洗濯だ[21]」

ビーマンらは、コルカタから二〇〇キロほど離れた場所にある地方行政区で、四九五の村から一一～一五歳の少女八四五三人のデータを集めた。驚いたことに、学業における性差は完全に消えていた。無関係の要因を統制した結果、ビーマンらは、女性がリーダーの立場になり、「その存在が若い世代のよいロールモデルになったことで」少女たちの夢と親の期待に影響をおよぼしたと示すことができた。[22]

インド農村開発省のスダ・ピライ次官補は次のように述べた。「それまで相手にされなかった人々、自分だけでは何も達成できなかった人々に力が与えられたのです」[23]

よいロールモデルの存在は、行動のみならず心構えのモデリングの機会にもなった。議員の割り当て制度が作られる前は、親も子も女性がリーダーの役割を果たしているところを見たことがなかった。それでは想像のしようがない。自分がそうした地位に就く姿を少女が想像したり、それも可能性のひとつだと親が考えたりすることがどうしてできるだろう？　けれども、ひとたびミラーが作られると、それが関連コミュニティにとてつもなく大きな影響を与えた。しかしながら、先に述べたメンターの例では必ずしも望む効果が得られなかったのに対し、この事例ではロールモデリングがこれほどまでプラスに働いたのはなぜだろう？

もっとも単純な理由は、変化が既存のコミュニティ内で起きたために、学習プロセスが滞りなく行われたことである。人間関係がすでに築かれていて、つながりと信頼があり、以前からの集団が存在し、日ごろから一定レベルで接していた。つまり、脳がミラーリングを行う環境が初めから整っていたのだ。

むろん、だからと言って、計画的なロールモデリングがけっしてうまくいかないということではない。けれども、自然に形成されたコミュニティの枠を少しでも超えたなら、ためらわずに学問を頼ることが重要である。メンターの取り組み自体は機能するけれども、コミュニティの外部からの介入である場合には、やはり専門家の助言を受けるべきである。大きな成功を収めたメンター運動の物語は、二〇世紀になろうかというころに始まった。

アーネスト・ケント・コールターは、一八七一年にオハイオ州コロンバスで医師の息子として誕生した。オハイオ州立大学を卒業後、一八九三年に地元で新聞記者を務めたあと、[24] ニューヨーク・イヴニング・サンの地元記事編集補佐になった。ニューヨークの記者になったコールターは次第に、子どもたちが経験している貧困、犯罪、親の不在、不十分な教育が気になり始めた。貧しい人々を助けるために何かしたいと思った彼は、法律の仕事を目指した。それでもまだ納得がいかなかったため、とにかく行動を起こそうと、一九〇四年に地元教会の会合で語りかけた。

子どものためになる方法はひとつしかありません。熱心で誠実な男性ボランティアが兄のような存在になり、面倒をみて、正しい行いをするよう助けるのです。この大都市で少なくともひとりの人間が自分に個人的な関心を持ってくれている、生きているか死んでいるかを気にかけてくれていると、その子が感じられるようにするのです。ボランティアをお願いします。[25]

コールターは直感的にミラーシステム、すなわち子どもたちがよりよい生活を送っている人々とつながり、そこから学習する必要性を理解していた。グループのメンバー四〇人がメンターのボランティアを買って出た。「ビッグ・ブラザーズ」と名づけられたコールターの取り組みはその後、勢いを増しただけでなく、彼が生涯を捧げたおかげで今日まで続いている。[26]

現在、ビッグ・ブラザーズ・ビッグ・シスターズ・オブ・アメリカ（ＢＢＢＳ）と呼ばれているそれは、その種の活動としては世界最長かつ最大だ。ほかの多くの取り組みとは異なり、そこには活動の内容、運営方法、取り組みの結果を立証する事例証拠がそろっている。

今日、ＢＢＢＳは貧困家庭の子どもと、一般に二〇〜三四歳で大学卒の成人ボランティアとを組み合わせている。取り組みは子どもの親や後見人が自発的に支援を要請するところからスタートする。その後、ロールモデル候補がケースワーカーの審査を受ける。そこではメンタリングを受ける側の子どもと良好な関係を築けるかどうかを確認するための面接のほか、家庭訪問、安全上のリスクの有無を見るための犯罪歴や身元照会が行われる。

組み合わせが決まると、たいていの場合はメンターと子どもが少なくとも一年間は月に二〜四回会って、子どもの好みに応じて勉強、料理、スポーツなど、さまざまな活動を行う。活動はだいたい三〜四時間だ。最初の一年は、ケースワーカーがメンターはもちろん子どもや親と毎月連絡をとって、支援を申し出たり、関係に問題があればそれを解決する手助けをしたりする。メンターは子どもの行動や性格を直そうとするのではなく、子どもを応援する友人として関係を築くよう促される。[27] そこからは数々の感動の物語が生まれている。

たとえば一一歳のテレルは、おばいわく「闇のなかにいて」その姿には「何かが足りなかった」[28]。テレルは取り組みに入会し、同じく子どものころにメンターの世話になったテレンスと組み合わされた。テレルの両親はともに刑務所に入っていたため、彼はおばと暮らしていた。弟は三歳で死亡し、兄や妹とは離れ離れになっていた。驚くまでもなく、テレルは信頼と怒りの感情に深刻な問題を抱えており、困難な状況にあうとたちどころに攻撃的な反応を見せていた。テレルのおばとおじは助けてやりたかったが、メンターの取り組みには消極的だった。テレルの生い立ちを考えると、おばの言葉を借りれば「いつかまた立ち去ってしまう可能性のある人に会わせる」ことだけは避けたかったのだ。テレル本人も気が進まなかったと、のちに当時の気持ちを振り返っている。「生い立ちというか、それまでの経験があったから、あまり人を信用していなかった」

けれども、テレンスはあきらめることなく、テレルを助けるために必要な結びつきを築き上げた。テレルが話したくないことは無理にきかなかったけれども、一貫して自分はどこへも行かないと示してみせた。ふたりが出会ってから一年経ったころ、テレルが心を開き始めたときのことをテレンスは覚えている。墓地の横を車で通ったとき、テレルが言ったのだ。「弟があそこにいる。あそこにお墓があるんだ」

おばは当時を思い出して語った。「テレンスがきてくれるようになって、気づいたときには、テレルに輝きが戻ってきたの」。テレンスに心を開き、彼をロールモデルにしたことで、自分の人生は変わったとテレルは言う。テレルは今、友だちと一緒に授業をさぼることはしない。人生でやりたいことを見つけて、そこへたどり着くことに集中している。「将来の計画は、大学へ行って、州兵になって、歯医者になること」だと彼は言う。また「テレンスみたいにビッグ・ブラザーになって、その取り組みを続けていきたい」とも考えている。[29] モデルとなる人間との出会いは、テレルにとって、自分と同じような境遇の人から学び、自分がどのような人間になれるのか、いかに状況を変えられるのかを理解するための、道しるべとなった。その手本となったのは、一般に忙しい家庭環境にはいないような、じかに社会性と情動の学習の機会を与えることのできる人物だった。

さらに、テレンスが示した共感が、テレルの生活環境における負の影響を和らげる役目を果たした可能性も高い。研究でも、同様の状況で共感がもたらす緩和の効果が報告されている。共感的理解に自分のミラーシステムを用いることのできるメンターは、問題を軽減するばかりか、子どもの共感能力を発達させる助けにもなる。テレルは神経のメカニズムは知らないかもしれないが、実際の効果についてはよくわかっている。「この取り組みがなくて、テレンスとの出会いやおじさんの介入がなかったら、今ごろはよくない集団のなかでよくない人たちのまねをしていたと思うよ、絶対」

BBBSの取り組みがもたらす影響の詳細な分析は、ランダム化比較試験を用いて行われている。調査に選ばれた一一三八人の子どもたちは、五六パーセントがマイノリティで、四三パーセントが恵まれない家庭環境で暮らしていた。取り組みの効果は、子どもがメンターと組み合わされてから一八か月後に測定された。結果は明らかにプラスの効果を示した。[30]

・違法薬物の使用開始は四六パーセント、飲酒開始は二七パーセント、暴力行動は三二パーセント下がった。

・学校をさぼることがかなり少なくなった。
・学力の平均にわずかながらも有意なプラスの影響があり、学校の勉強に自信を持てるようになった。
・信頼度が上がって、親、家族、同級生とよい関係を結べるようになった。

以下の保護因子もまた、人間関係によってもたらされている。

・反社会的な行動や薬物使用とは正反対の文化規範への接触
・健全な思考の促進
・目標の設定と前向きな未来志向
・学校に対する前向きな態度と能力についての自信の増加
・向社会的な同級生との関係の改善
・コミュニケーション、対人、意思決定、批判的思考、問題への対処、自己管理のスキルの改善

この取り組みからは、「適切に」行われるロールモデリングは、社会に大きなプラスの影響を与えるとわかる。残念なことに、ほとんどの取り組みは事例証拠に基づいておらず「最適な実行方法」を考慮していないために、失敗に終わることが多い。[31] 実行にあたって、自然に発生した関係ではな

く「介入」の形をとっているときは特に、ロールモデルに対するサポートが必要である。しかしながら、うまく機能すれば効果は絶大で、負の社会的影響を最小限にするだけでなく、それぞれの子どもが可能性を十分に発揮できるよう道筋をつけることにもなる。子どもたちと社会の両方にもたらされる長期の利益には計り知れない価値がある。

ロールモデルにはさまざまなマイノリティにプラスの影響をもたらす力があるが、特に青年期で効果が大きい。だれひとりとして同じような気持ちを抱いている人に出会わず、関係も結べないティーンエイジャーは、ひときわ傷つきやすく、自信を持てず、人生に確信を抱けないことが多い。ＬＧＢＴＱの若者を例にあげると、ロールモデルがいない場合には、飲酒、自傷、果ては自殺など、健康や行動のリスクが上がる。[32] それとは対照的に、ロールモデルがいると青年期の発達がよい方向に促されて、それが感情のレジリエンス、自分には価値があるという気持ち、将来に対する自信を築く手段となる。[33]

ニュージャージー州にあるラトガース大学の社会福祉学部助教ジェイソン・バードは、ロールモデルがＬＧＢＴＱの若者の健康に与える影響について調査している。バードによれば、調査参加者の大部分がロールモデルはいないと述べたという。アメリカでは、ＬＧＢＴＱの人々は人口のおよそ三・五〜八・二パーセントを占めており、実際的な観点からも「自分と同じような」ロールモデルを見つけて人間関係を築くことは難しい。せっかく子どもが憧れのロールモデルを見つけても、そのロールモデルと直接触れ合えないために、むしろ心理的な苦痛が増してしまう。ＬＧＢＴＱの子どもたちには、助言や安心感にくわえて考えや気持ちを打ち明けられる安全な場所が必要である。そのため彼らには直接やりとりができる相手が必要だ。見ることはできてもつながることができないと、彼らはますます疎外感や孤独を感じる。

解決策として提案されているのは、他所ではわたしたちの妨げになっている、ほかならぬテクノロジーの活用である。二〇一四年、トロント大学で実施された調査では特に、ＬＧＢＴＱコミュニティのアイデンティティ形成に焦点が当てられた。インターネットを使ったテクノロジーによって、通常なら手の届かないロールモデルと直接つながりを持つことができるようにしたところ、その影響は大きく、きわめて有益であることがわかった。テクノロジーを通して、必要なサポートとアドバイスを受け、オフラインでカミングアウトする前に気持ちを共有できる場所を与えられた子どもたちは、自分のアイデンティティを探り、また安心して受け入れられるようになった。[34] これはテクノロジーが共感のつながりやロールモデルの機会を妨げるのではなく、それを助けるすばらしい例であり、ことによるとほかのコミュニティでも実行可能かもしれない。

スポーツは人々を巻き込んで前向きな社会変化をもたらすことのできる、とてつもなくパワフルな手段である。それほど昔でもない、わたしが子どもだったころを思い返すと、有名な女性のアスリートの記憶がない。うれしいことに、スポーツ界の女性のあり方は変化している。ケリー・ホームズ、エリン・カスバート、マーリー・パッカーはみなその証拠だ。最近の女子サッカーワールドカップはイギリスのテレビで広く放映され、ＢＢＣによれば「過去最多の」六九〇〇万人が視聴した。

けれどもそれはまだ、二〇一八年ワールドカップのトーナメントでイングランドが敗れたときの、男子サッカーの二六五〇万人にはかなわない。[35] そしてこれはただの一例にすぎない。ある学者いわく「幅広いスポーツメディアでなおも女性に関する報道が不十分であり、重要視されていないという証拠はいくらでもある[36]」

運動をしている少女の数は少年よりもかなり少ない。[37] 複雑な理由がいくつもあるのかもしれないが、決定的なのは、先に数人を取り上げはしたけれども、スポーツ界に女性のロールモデルが不足していることである。オーストラリア、アメリカ、カナダ、イギリスで実施された調査はみな、よいロールモデルの欠如が女性のスポーツ参加の大きな障壁となっていることを示している。[38] 逆に、オーストラリアの研究からはまた、スポーツをする女性ロールモデルに接すると、青年期の運動やスポーツプログラムへの参加が促進されることもわかっている。[39]

この現象に焦点を当てた画期的な調査は、オーストラリア、ヴィクトリア大学スポーツ運動科学カレッジの運動スポーツ心理学者ジャネット・ヤングらによるものである。ヤングらは七年生（一二～一三歳）と一一年生（一六～一七歳）の七三〇人の少女を対象に、ロールモデルがいるかどうかを質問した。回答はスポーツにかぎらず、だれでもよいとした。同時に、ロールモデルの性別、年齢、スポーツの経歴についても答えを求めた。参加者本人の運動の状況も記録された。少女らは三年間追跡調査された。その結果、調査に参加した大多数の少女に、女性でスポーツをする五〇歳未満のロールモデルがいるとわかった。最多の回答は家族、友人、スポーツ界の有名人だった。これにはまた、スポーツ選手の知名度が全体的に高いオーストラリア文化が反映されているのだろうと、ヤングは述べている。オーストラリアではほぼまちがいなく、ほかのどの国よりも国民にスポーツが浸透しているため、スポーツ界に女性の代表がたくさんおり、少女らは模倣するためのロールモデルを見つけやすいのである。

重要なのは、スポーツをするロールモデルがいる少女は、スポーツをしないロールモデルを持つ少女と比べて、自ら運動をする傾向が高いことである。ヤングの調査からは、スポーツ界の女性スターと運動の関係だけでなく、家族や仲間が運動レベルを左右する役割を果たせることも明らかになっている。これは非常に重要な点で、あらゆる方面の研究でも繰り返し証明されている。すなわち、親が運動をすると子どもも運動をする可能性が上がる。あなたが何らかのロールモデルなら、あなたの運動レベルが、周囲の人々、とりわけ子どもたちに影響を与えるのである。

別の集団、なかでもオーストラリア先住民族の女性は、それ以外と比べて運動に参加する程度が「著しく低い」。先住民族ではない女性の六六・七パーセントに対して、先住民族の女性ではわずか二三・三パーセントだけが運動をしている。先住民族の若い女性からは、重要な欠落要因として、ロールモデルとなるような先住民族の女性アスリートがメディアに登場する機会が少ないという声が上がっている。[40] 同じ問題はアフリカ諸国にも見られる。性差別の問題について権利の向上を図るために「スポーツをするロールモデル」の可能性に注目した調査で、マラウィ、ザンビア、南アフリカの研究が分析された。結果からは、スポーツに参加する女性が少ない理由にはひとつの共通点があるとわかった――スポーツをする女性のロールモデルの欠如である。[41]

状況は主要なスポーツではわずかに改善されてきているものの、マイノリティの代表は明らかにいない。性別、人種、性的指向のどれをとっても、目に見えるスポーツのプロがいることが重要である。バスケットボール選手のチャールズ・バークリーの発言とは裏腹に、現実に、スポーツ選手はロールモデルである。子どもたちはスポーツのスターを仰いで、することなすことを模倣するのだ。それがよい行いで、アスリートがマイノリティ集団を代表していれば、そうでなければ存在しなかった世界への扉が開かれる。ロールモデルは夢や希望を育て、自信を持たせ、足跡をたどるための道筋を作る。けれどもそれは、それを追いたいと思う子どもたちがそこに自分と同じような人間を見いだして、心からその道を信じることが大前提だ。

スポーツにおける理想のロールモデルは、すべての環境の少年少女にとって重要である。子どもたちはスポーツのロールモデルを仰ぎ見てミラーする。行動、価値観、人生に対するアプローチを模倣する。アスリートにはそのたゆまぬ努力と決意、困難に直面したときに見せる立ち上がる力が成果として現れる――子どもたちはそれを見ている。トップに立つためには、失敗、失望、けがと向き合い、もう一度がんばろうと自分を奮い立たせながら、自分のなすことすべてにおいて前向きな思考を持たなければならない。見た目がよいから、ユーチューブで果てしなく投稿を続けているから、その地位に立っているのでは断じてない。アスリートにはたくさんの長所があり、大人は喜んで子どもにまねをさせられる。これまで述べてきた内容と比べれば、このミラーリングはロールモデルとの距離がかなり離れているけれども、発達、性のアイデンティティ、社会に自分の居場所を見つけることに対して計り知れない影響を与えるとわかっている。社会が進化している方向が原因で従来の重要なロールモデル（祖父母、おじ、おば）との触れ合いが減少の一途をたどっている現在、これはますます重要になってきている。メディアを通して子どもたちが見るロールモデルの存在は、子どもの発達過程においてかつてないほど注目を浴びているだけでなく、重要度も増している。コペンハーゲン大学のスポーツ社会学教授ゲルトルーデ・フィスターは以下のように述べている。

［スポーツの］ロールモデルやスターは、人に一体感を与え、解釈や行動のパターンを模倣させる。ゆえに、少年期や青年期の子どもに対してきわめて重要な役割を果たしている。彼らは子どもたちに、自分を取り巻く環境や社会のなかで進む道を見つけ出す方法を与えているのだ。ロールモデルやスターが若者文化において大きな意味を持っていることは一致した見解である。彼らはそこでイメージ作りに貢献し、「集団」との一体感を強化し、「内集団」とよそ者との分け隔てを作っている。[42]

考え方を変化させる仕事

マクロレベルの影響から離れて、なおも多くのマイノリティ集団を巻き込んでいる問題に目を向けよう。それは雇用主である組織だ。大小を問わず、そうした環境は広い社会と比べれば、期待される雇用率や雇用数についての規制がたくさんある。それでもやはり同じ問題が存在している。ビジネスにおけるマイノリティ、ＳＴＥＭ（科学、技術、工学、数学）分野の女性、女性リーダー、障害者などはみな、経済と意思決定によい影響をもたらすと認識されているにもかかわらず代表的な人物が少ない。そうした分野でもバランスをとるべきだと大勢の人が考えているにもかかわらず、依然として同じ問題が残っている。その悪循環を断ち切るためには、だれの目にも見えるマイノリティのモデルを作り、その存在と採用が多数派にも、過小評価されている集団にも、「普通」に感じられるようにしなければならない。ミラーリングを行うためには、目指すものがどのような姿をしているのかを理解し、行動をまねできると思える必要がある。自分が才能も野心もある黒人女性で、けれども自分の産業界に黒人女性が現在にも過去にもひとりもいなかったとしたら、行動のミラーリングははるかに難しい。自分でその姿を想像しなければならないばかりか、それは可能だと他者を納得させて、次々に困難を克服していかなければならないからだ――一筋縄ではいかない。

それを成し遂げた先駆者たちはきわめて強い個性の持ち主で、ほかの人なら尻込みするような犠牲を払っていることが多い。男性優位の文化のなかで成功した最初の女性は、そこへたどり着くためにあまりにも多くの時間とエネルギーをつぎ込んだために、子どもがいなかった。それを見た若い女性はこう思うかもしれない。「わたしはミラーしたくない。そんな犠牲は払いたくない」。何と言っても、人はものごとを分解して自分に関係のある部分に目を向けるのではなく、全体的にとらえる傾向がある。では、最初に道を作る人物をたんなる例外ではなく真の変化の足がかりにするためにはどうすればよいのか？　状況を変えるためには突破口を開く人間が一定数必要である。そうすればミラーの集合体として、幅広い個性や好みを持つさまざまな女性に合う多彩なロールモデルができる。ビジネスリーダーとして成功する女性――多様な民族、多様な生い立ちの女性たち――が増えるにつれて、ほかの女性もその道を達成できるのではと思えるようになってきている。時間の経過とともに、それがよい循環を生むはずだ。どのようなマイノリティにおいても同じことが言える。たいていは、たったひとりのロールモデルでは不十分である。だれもが普通だと感じ、ミラーリングを可能に、また行いやすくするためには、よりたくさんのロールモデルが必要だ。「見えなければできない」という言い回しが、多様性と平等を求めるさまざまなキャンペーンで用いられている（むろんつねに女性が対象とはかぎらない）。キャンペーンを進めている人はミラーニューロンについての知識は持っていないかもしれないが、学習の手本になる人がいなければ悪循環は断ち切れないと認識していることはまちがいない。

しかしながら、モデルを増やすことは容易ではなく、一夜にしてできることでもない。そのためには相当な努力が必要である。果敢に挑戦して、自身もロールモデルになっているのが、ブレンダ・トレナウデンだ。ブレンダは二〇一六～二〇二〇年一月、FTSE一〇〇企業で女性役員の比率を最低でも三〇パーセントにすることを目的として設立された「30％クラブ（サーティーパーセントクラブ)」の会長を務めた。その役割を担っていたあいだ、彼女は多様性が必要であることを理解また支援してもらうために、世界中のＣＥＯに働きかけ、説得し、納得させ、味方につけた。この取り組みは、イギリスの上位一〇〇企業で女性役員の割合が三〇・四二パーセントに達した二〇一九年九月に、[43]大きな節目を迎えた。その変化は無限に続く好循環を作っている。女性やマイノリティが目に見えるようになればなるほど、模倣しやすくなるからだ。ブレンダその人も、わたしやほかの多くの人にとってのロールモデルのひとりである。彼女はまた、幸運にもわたしがメンターと呼ぶことのできる友人でもある。

多様なロールモデルの影響は取締役の域を超えて広がっている。たとえば、マイクロソフトの調査によれば、ＳＴＥＭ分野に関心を持つ少女の数は、学年が上がるにつれて減少する。男子生徒と同じ数学の学力で入学するにもかかわらず、関心を失う傾向があるのだ。その結果、全体として、女性はＳＴＥＭ分野に少なく、特に世界的に需要が大きい工学とコンピュータ科学でそれが顕著である。[44]世界経済フォーラムでは、人工知能、またロボットやその他の最新テクノロジーの急速な発展によって、仕事の性質がものすごいスピードで変化していると説明されている。未来の求人市場では、コンピュータを利用しない技能か、技術的なものかにはっきりと二分される可能性が高い。[45]予測によれば、人間、機械、アルゴリズムのあいだで新たな分業体制が作られる結果、世界で少なくとも一億三三〇〇万の新しい役割が生じ、女性もその労働力として大きな割合を占めることになる。ところが、調査によれば、社会が豊かになって性差が縮まるにつれて、ＳＴＥＭ分野で学位を取る女性がさらに少なくなるという。[46]これは「男女平等のパラドックス」と呼ばれている。[47]では、どうやってその問題と戦えばよいのか?

ヨーロッパの一二か国で、一一～三〇歳のおよそ一万二〇〇〇人の女性を対象にしたマイクロソフトの調査からは、ロールモデルがいると、STEM分野に興味を抱く少女や若い女性の数が平均してほぼ二倍になることがわかっている。[48]また、たとえば化学というように、特定分野のロールモデルがいるだけでSTEM分野全体への関心が高くなるという結果も示されている。ロールモデルはSTEM分野で成功する自信、その学問分野に対する熱意、技術分野の仕事への興味を高めた。少女や若い女性たちはすでにその分野で活躍している女性を見ることで、ミラーシステムを通して、自分がその役割についたときの姿を容易に想像できるようになったのである。

ロールモデリングはいじめのような社会問題を解決するために活用することもできる。学校のいじめと聞くと、仲間を引き連れた不良グループが無力な年下の少年を見下ろすように立ちはだかるイメージが浮かぶが、残念なことに、いじめは職場にも蔓延している。文化規範が――それそのものもミラーニューロンによって受け継がれているが――遊び場以上に、いじめを助長する役割を果たしていることが多い。また、子どもではなく大人のあいだでも、オンラインのいじめが深刻な現象になりつつある。ハーヴァード大学の講師を務め、著書もある社会心理学者のエイミー・カディは、研究結果を誇張したと非難されるいじめを受けたことがある。根拠のない非難だったが、その執拗さは並外れて激しく、憂慮すべきものだった。一番ひどいときには、殺すと脅されたことさえあった。まさにこわいという言葉だけではとても言い表せない状況で、相手は道理をわきまえているはずの心理学分野で世界に名だたる専門家らだというのだからなおさらである。行動についてだれよりもよく知っているのは彼らであるはずだ。カディは勇敢にそのいじめ、そしてまた広い世界でのいじめ行為にも立ち向かった。実際、それは彼女の二冊目の著書『いじめる人、傍観者、勇敢な人 *Bullies, Bystanders and Bravehearts*』の題材でもある。いじめのパワーを断ち切るためにはロールモデルが必要不可欠だと、カディも考えている。「傍観者」として知られる役割を演じるのではなく、いじめに割って入ることで、オンラインでもオフラインでも、ロールモデルは傍観者に新しい行動規範を示すことができる。何をしているのかをはっきりと示すことで、ロールモデルの行動は大きな力を得て、他者が模倣する原型を作る。これもまた、とりわけインターネット環境において、ミクロレベルからマクロレベルへとロールモデルのよい影響が拡大する一例だろう。[49]

社会には予防の取り組みが必要だ

ミラーシステムの驚くべき力に注目することはいろいろな意味で重要である。進歩の速い技術の世界に流されてしまって、社会性と情動の社会学習を怠れば、ゾウのように滝から落ちて、人間らしく生きる能力を失ってしまうおそれがある。テクノロジーと科学は文字に記された資料や指示により世代間また世代内で容易に共有できるが、人間の行動のニュアンス、感情の知恵、言語、ストーリーテリング、創造性など、文化のほとんどの側面はそうではない。わたしたちはまた、ミラーシステムの助けによって経験を共有しながら人生を送るのではなく、ほんの断片だけしかミラーせずに孤立する一方の生活を送るリスクも抱えている。ミラーシステムによる社会性と情動の学習の欠如がもたらす予測損失は、イギリスだけでも年間一七〇億ポンドに上ると考えられている。

それが社会に与える影響についてはすでに述べた。心の健康などの問題はかつてないほど増加している。心の健康への関心を高めるロールモデルの働きはすばらしいが、問題を防止してくれるわけではない。わたしたちには治療だけでなく、予防が必要だ。現代社会の複雑さ、すなわち脳の進化によって扱うことができるようになった最大数の一五〇人ではなく、何百万人もの人へのアクセス、テクノロジーへの依存、そして「いつもオン」の状態のライフスタイルはみな、自然なロールモデリングや社会性と情動の学習を妨げる。スクリーンに時間を費やせばミラーシステムを育てる時間が短くなり、コミュニティがばらばらになれば、他者とつながりを築いて感情の知恵を発達させる機会が減って、心の健康を守れなくなる。人々は帰属したいという意識に悩まされ、ますますテクノロジーに向かい、問題を悪化させて、攻撃性をあおるようなオンライングループの過激な反社会的思想へと傾く。それをしっかりと認識し、複雑さとテクノロジーの問題を回避するために事例証拠を活用する機会を模索することで、わたしたちはまた学習に火をつけることができる。個人の人生をよりよいものにすると同時に、人類全体の能力を蓄積していけるような方法で、どうしたら人間らしくなれるのか、どうすればつながれるのか、どうやって社会のために役立つのかを学ぶことができる。ミラーリングの好循環を作るためには、コミュニティを再建して、向社会的な行動を促し、実行できるようにしていかなければならない。職場と広い社会で人工知能の利用が進むにつれて、それはますます重要になっていくだろう。わたしたちにはかつてないほど自分たちの人間らしい力、科学やテクノロジーの進歩に負けずにさらに輝くための内なる能力が必要になるだろう。

本来備わっている方法で人間らしさを学習してその能力を維持する以外に、事例証拠でわかるように、それなりの規模で行えば、意図的なロールモデリングの強化によっても驚くほどプラスの効果が得られることはこれまで見てきた。そのメカニズムをうまく活用するためには、熟慮のうえで特別な介入を行うことはもちろん、ミラーリングの自然な機会を増やすことも必要である。それが機能することは実例を見ればわかる。制度やコミュニティがすでに存在している地域レベルなら、社会への効果を大きく高めるために政府が関与する方法もある。たとえば、教育実習生にはロールモデルを用意して、社会性と情動の学習の根底にあるメカニズムを教えなければならない。また教科内容だけでなく、人間らしく生きるための方法を教える自由を教師に与える必要がある。彼らが自分の能力を最大限に発揮できなければ、どうして子どもに同じ機会を与えることができようか?

医療従事者に異なるタイプの共感学習を取り入れ、強く前向きなロールモデルを与えられれば大きな力になるはずだ。それはまた、ロールモデル自身の行動にも役立つ。スポーツのコーチ、管理職、リーダーなど、ほかのさまざまな職業においても、ミラーリングの基本的な力を理解すればそれが大きな強みとなって、よい影響を与えられる。コミュニティ内では、他者に影響をおよぼし、他者の脳をよい方向へ形作るという役割を最大限に果たすにあたって、その同じ知識が親、親戚、友人の役に立つだろう。ミラーシステムの存在には理由がある。人間はきわめて社会的な生きものに進化したのである。それなのに、わたしたちはせっかくのその機会をないがしろにしようとしている。人はだれも完璧ではないけれども、知識があれば少なくとも自分の考え、行動、態度が他者の、とりわけ近くにいる人々の脳でミラーされていると理解することはできる。

スポーツの花形選手、映画スター、ミュージシャン、有名人、政治家など、名の知れた社会的地位にあるすべての人々は、ミラーリングと自分たちが背負っている責任について学ぶことで利益を得られる。理想の世界では、彼らはみなすぐれたコーチに支えられ、長所を磨き、短所を補い、何千ものフォロワーによい影響を与えるような方法で価値観を提示する。わたしたちは本能的に彼らがよいロールモデルにちがいないと「感じて」しまい、公人として報道される姿もまさしくそうだが、彼らとて人間である。自覚を持ち、自分の影響力を理解するためには、ほかの人々と同じように助けが必要だ。

ロールモデルとして自分の立場を認識している人の影響は絶大である。ロールモデルになることは、自分が人間らしくあること、またその能力を他者と分かち合うことであり、信じられないくらいやりがいがある。また、他者によい影響を与えながら自分も成長し、才能を開花させ、己の理解を深め、ゆくゆくは幸福、成功、心身の健康を手に入れる機会にもなる。それが好循環を生む。あなたにその力があってそれをだれかと分かち合えば、相手にも同じ力を授けることになって、さらにまたほかの人々と分かち合われるからだ。

第四部　ミラー・シンキングの活用ガイド

第11章　ミラーになる

二〇一一年七月、アマニ・シンプソンは、自分が育ったロンドンのエンフィールドにあるナイトクラブの前で、近く開催される音楽イベントのビラを配っていた。友人のひとりが盗まれた商品をめぐって若者集団ともめ始め、口論がエスカレートしていったため、アマニは友を守ろうと割って入った。二〇人強の一団がアマニに襲いかかり、ダウンジャケットをナイフで切り裂き、ジャケットと一緒に体もずたずたに引き裂いた。深い刺し傷も七か所あった。救急車のなかで横たわりながら、果たしてまた家族に会える日がくるのだろうかと彼は思いをめぐらせた。神と自分に固く誓ったのはそのときだった。もし生きていられたら、自分は若者が暴力と犯罪に関わるのを防ぐために手を貸そう。[1]

アマニは攻撃を受けているあいだ頭に浮かんだことを取り上げた短編映画を作った。それは必死で意味を求め、信仰心が足りなかったのかと問う自身の姿を表したものだ。そのときの体験を学齢期の子どもたちに語ることが彼のライフワークである。ガーディアン紙のインタビューで彼はこう言った。

「よいロールモデル、ＢＡＭＥ［黒人、アジア人、少数民族］のリーダーがもっと必要なのだと思っています。ぼくが通った学校には手本となるような人も理解してくれる人もいませんでした。だれだって、心を通わせられる相手が必要です。だから、学校へ出向いてそこにいる子どもたちに力を与えたいと思うのです。ぼくもそうだったんだよ、どんな気持ちなのかよくわかるよと言えるから[2]」

ロールモデリングは、苦痛を受けた人、固定観念に立ち向かう人、あるいは従来の意味でのリーダーだけのものではない。わたしたちのだれもがロールモデルであり、よりよい人間になるために学ぶことができる。そう言われると気後れしたり、違和感を覚えたり、自分には向かないと思ったりするかもしれない。わたしが仕事上で出会ったリーダーたちでさえ、ロールモデルになることが期待されているとわかっていても、自分をロールモデルとしてとらえられない。どのような人生を送っていてもそれは同じだ。わたしたちはみなロールモデルだが、自分がそうだと考えられずにいる。ＢＢＢＳの取り組みでロールモデルになっているシンリックは当初、そのようなことは全部わかっている人間がやることだと思っていたため登録に気が進まなかったという。「昔から、コミュニティのことを思うひとりの人間として、メンターをやるべきだとは思っていた」と彼は言う。「でも長いあいだ、自分なんかじゃだめだと思っていた」。やがて彼は、自分が犯したまちがい、自分の体験こそがよいロールモデルになるのだと気づいた。彼は今、七年にわたって同じ少年のメンターをしている。「彼［シンリック］が辛い時期を乗り越えるのを手伝ってくれたから、今は自分に自信が持てる」と少年は言う。[3] それはわたしたちのだれもが聞きたいと思う言葉である。

なぜロールモデルになるのか？

ロールモデルであることにはさまざまな利益がある。権利の向上を促進し、性差別の問題に取り組むことを目的として、マラウィ、ザンビア、南アフリカで行われたロールモデリングの調査では、「権利向上の相互関係」[4]によって、モデルを模倣する人だけが恩恵を受けるのではなく、ロールモデル自身の幸福度も上がることがわかった。他者に何かを与え、共有することは人間らしさの一部であり、心理学また生理学的に大きな利益をもたらす。

ロールモデリングなどの向社会的な行動は、多くの社会で心の健康や幸福感を改善する手段として広く認識されるようになってきている。かなりの数の事例証拠が、自分ではなく他者に目を向けたほうが一貫して満足感を得られることを示している。[5] アメリカの発達心理学者キャサリン・ネルソンがエモーション誌で発表した研究では、六週間にわたって、向社会的な行動がもたらす心の状態と健康度が自分中心の行動のそれと比較検討された。二〇一五年に四七二人を対象に実施されたその研究では、向社会的な行動をした実験群は、自分中心の行動をした集団と比べて「心の元気度」が著しく増大した。ここで言う元気度とは情緒面の健康、人生に対する満足度の高さ、良好な人間関係、社会に受け入れられていること、そして生きがいを意味する。[6]

オハイオ大学の社会心理学教授ジェニファー・クロッカーが実施した二〇一七年の研究でも同様の結果が示されている。クロッカーの説明によれば、人間であるわたしたちは元来、サバイバルの状況次第で、自己利益と他者に対する配慮の双方を重視するよう作られている。進化の点から見れば、捕食者から逃げるときには自分のことだけを考えればよいが、ヒトという種の存続を図るためには協調性のある集団で暮らし、身を守るために互いを助けて他者に依存する必要がある。クロッカーによると、わたしたちは「他者を優先すれば、明らかに物質的な損失を被るにもかかわらず恩恵を受け、自己本位になると、目の前の物質的な利益を得られるにもかかわらず損失を被るような」状況で進化してきた。「つまり人間には、損失に見合うものを与えることに利益を見いだす心理学的傾向があると考えてよい」[7]

クロッカーの論評からは、日々の状況の大部分で、与えるということがわたしたちの精神と身体の健康や人間関係の質に利益をもたらすのだとわかる。それを可能にしているメカニズムには、ものごとに対してより楽観的になるなどの前向きな感情、自信の増大、他者とつながっているという気持ちの増加、明確な目的意識などが含まれているという。[8]

マサチューセッツ大学アマースト校の心理学ならびに脳科学名誉教授スーザン・ホイットボーン

は、他者の人生に変化をもたらすことは達成感を得るうえで重要な側面のひとつだと述べている。中年の成人の幸福度を調べたホイットボーンは、職業に関係なく、若者に手を差し伸べて、人生の障壁となっているものごとを克服する手助けをした人々の幸福度がもっとも高いことを発見した。[9] 言い換えれば、ある種のロールモデリングに関わった人々が最大の幸せを感じていたのである。[10] ロールモデルに志願するだけで幸福感が改善し、自分の健康評価が上がり、人生の満足度が上がり、死亡率が下がり、充実度が上がり、うつの度合いが下がった。[11]

これらの研究にくわえて、職場でロールモデルになることにも利点があるとわかっている。

・自分自身の行動や手法を省みる機会となって、成果が上がり、自己認識のレベルが高まる。
・仕事の満足度が上がる。[12]
・感情知能と人間関係のスキルが改善する。
・同僚、部下、上司からの評価が上がる。
・自分の知識と経験を伝えることができるようになる。
・社会あるいは政治レベルで周囲の状況の理解度が増し、異なる観点からものごとをとらえられるようになる。
・他者を成長させる自分の能力が高まる(キャリアの向上と仕事の満足度に欠かせないスキル)。
・人からやる気を引き出して仕事をさせる方法の理解が深まり、リーダシップのスキルが伸びる。[13]

よいロールモデルになって、自己認識を高め、他者とつながり、信頼関係を築き、自分の価値観を明確にしようと努めるだけで、さらなる恩恵を受けることになるのだ。要するに、やってみる価値はある。

ロールモデルの三つのレベル

あなたが果たせるロールモデリングのタイプは三つある。それは個人のロールモデル、状況のロールモデル、理想のロールモデルだ。それぞれ下のように分類できる。

ロールモデルになるには

個人、状況、理想のいずれであっても、よいロールモデルになるためには助言が必要だ。研

ロールモデル			
	個人のロールモデル	状況のロールモデル	理想のロールモデル
含まれる人々	親 きょうだい 親戚 友人	親戚 教師 コーチ 友人 同僚 上司 医療従事者 ユースワーカー 聖職者	セレブリティー テレビタレント ソーシャルメディアのインフルエンサー 映画スター 組織活動家 リーダー スポーツ選手 著名人
さらに含まれるかもしれない人々	教師 コーチ 同僚 上司 ユースワーカー 聖職者		架空の人物
相互関係の強度	高	中	低
関係の長さ	長期	変動	変動
相互関係	双方向	限定的な双方向	一方向

（MacCallum & Beltmann 2002 [14] and Merier 2013[15] を改変）

修を受けられないなら、ここにあげる指針が正しく行うための手引きになるだろう。スキルを学ぶ最適な方法は、自分がロールモデルになるうえで育てたい面に秀でている個人あるいは理想のロールモデルを見つけることである。

覚えておいてほしい。ロールモデリングとは何かをしてみせるだけでなく何かをしないことでもある。たとえば、子どもに汚い言葉遣いをしてほしくないのであれば、自分も子どもの前で汚い言葉は使わない。ほかの人間がまねをすべきでないと思うなら、薬物は使わない。そうした行動を完全にやめることができないのであれば、だれもいないところで行う。わたしは娘たちが近くにいなければしょっちゅう悪態をつくけれども、近くにいるときには努めてそうしないようにしている。自分が理想のロールモデルであるなら、これは特に重要だ。自分が他者、とりわけ子どもたちにとってどのようなロールモデルになっているかを考えみればよい。なりたいかどうかは別として、社会に参加していればだれもがロールモデルである。私生活では好きなようにすればよいが、人の目がある場所では自分が放っているメッセージを意識しておかなければならない。

個人のロールモデル

個人のロールモデリングは、相手とのつながり、信頼、共感、接触を通して、強力で質の高い人間関係を築けるかどうかに大きく左右される。その関係についてはっきりと表明する、つまり実際に個人ロールモデルになると申し出る場合もあれば、おじやおばなどのように、あえて宣言する必要のない人間関係もある。この種の人間関係にきわめて有効な経営者のためのコーチング方法があるので、その詳細について述べよう。

よいロールモデルであるかどうかは、ここで述べる基本部分を除けば、第一〇章で論じた要素が決め手となる。

まず、自分の動機をよく考える。相手の人生を思いのままに操るのではないことに注意する必要がある。ロールモデルという立場がもたらす権力や優越感を楽しむのはまちがいであり、立派な人間のふりをしてもいけない。心の底から変化を起こしたいと思う気持ちに突き動かされていなければならない。相手が学び、成長し、自己を肯定し、可能性を開くのを助け、意義を求めて実行するのがよいロールモデルだ。

次に、責任を負う覚悟はあるだろうか？　いたるところで自然に発生しているとはいえ、ロールモデリングは責任を伴う。それが意識されたもの、意図されたものであればなおさらだ。自分の力を最大限に発揮するためには、自覚を忘れず、フィードバックを求めなくてはならない。何がうまくいくのか、何がうまくいかないのかについて先入観を持たずにさまざまな意見を受け入れ、学ぶ側の学習を助けるべく自分のまちがい、欠点、人生経験を共有する心構えが必要である。

信頼とつながり

どのような個人のロールモデリングでも、その人間関係において、信頼とつながりは土台として必要不可欠だ。たとえば自分が親である場合など、ロールモデルになろうとしてなったわけではないこともある。親の場合には、本能的に子どもと信頼やつながりを持つ傾向にあると思われるが、それでも、意識して考える時間を持てば、人間関係の質をさらに高めることができる。

その対極として、会ったこともない人物の個人のロールモデルになるとき、特に自分とは異なる生い立ちあるいは生活環境を持つ相手の場合には、まず信頼とつながりを築かなければならない。それには時間と忍耐が必要だろうが、プラスの影響をもたらすためには欠かせない。逃げたり、約束を反故にしたりしてはいけない。相手が裏切られたと感じれば、信頼関係はすぐに壊れてしまう。相手が傷つきやすい状態であればなおさらだ。

動機

先にも述べたが、自分ではなく学ぶ側の目標を意識して積極的にそこに目を向けることが大切である。わたしがコーチングを行うときは必ずそれを確認している——わたしがベストだと思うことが相手にとって最適とはかぎらないからだ。たとえば、わたしが相手に対してもっと重要なポストに就くべきだと考えたとしても、相手とともに掘り下げていくうちに、ワーク・ライフ・バランスや家族への影響を心配しているとわかることもある。わたしの目標や考え方を優先してしまうと、不適切な計画を押しつけてしまうことになる。うっかり、彼らのニーズに合わないものごとを実行するよう納得させてしまいかねない。先入観を持たずに相手の望みを探ることがとても重要だ。目指す目標は相手にとって最善でなければならない。こちらが相手にとってベストだと考えていることではない。

つながり、信頼、接触、責任——よいロールモデルになるための感情知能

感情知能、あるいはわたしが感情の知恵と呼ぶものは、どのような人生でも使えるスキルだが、ロールモデリングではことさら役に立つ。感情の知恵のレベルが上がれば、自分の感情を効果的にコントロールし、上手にコミュニケーションを図り、他者と有意義な関係を築き、精神的に緊張する状況を切り抜け、対立を和らげる能力が身につく。感情の知恵のレベルが高ければ、ストレスや不安への適切な対処や、感情にとらわれない明確な判断が可能になり、ひいては学ぶ側が目標を目指して意欲的に取り組めるよう、うまく支援できるようになる。[16]

ロールモデリングにおいて、感情の知恵は、つながりと信頼の重要な基礎を作っており、自分と相手の両方で認知的共感を育てる土台にもなっている。

人間関係はみなわたしたちの感情によって形作られている。[17] したがって、人間関係によい影響を与え、相手とつながり、信頼を築くためには、自分の感情をしっかりと把握しておかなければなら

ない。感情の影響を自覚すること、またその場に適した対応をとるにあたって相手の感情を読み取ることは重要である。たとえば、自分の言ったことが原因で相手が不安そうになっておろおろしたら、そのままその話を続けるのか、正面から不安ですかと尋ねるのか、それともそれとなく話題を変えるのか？　もっとも成果を得られるのはどれだろう？

「感情知能」という言葉を広めた心理学者のダニエル・ゴールマンは、それを四つの構成要素に分解している。それらはロールモデリングのニーズに合わせて以下のように言い換えることができる。

・自己認識――自分の感情を認識して、それが思考と行動に与える影響を理解する能力
・意識的なロールモデリングと自己管理――ロールモデルとしての自分の行動とその影響を自覚して、衝動的な感情や行動を自分と相手にとって有益な方向へとうまく操縦できること
・共感――感情の手がかりに気づき、適切に対処できること。これまで述べてきたように、これはさらに情動的共感と認知的共感に分解することができる。理想としては、相手とつながり、その気持ちを理解しながらも圧倒されてしまわないように、両方に習熟していることが望ましい
・信頼の構築――相手と効果的なコミュニケーション、またやりとりができること。年月を経ても維持できる人間関係を築くために社会性のスキルを適切に用いること

自分にはないスキルのように感じられるだろうか。そのためわたしはこれを感情知能ではなく「感

情の知恵」と呼ぶのである。研究によれば、こうした要素はどれもみな育てることができる。これは「知能」という言葉が暗に示すような生まれ持った能力ではない。だれもが上手になれる。詳しく知りたい場合は、わたしの前著『自分の定義 *Defining You*』でそうしたスキルの進化プロセスを紹介している。しかしながら、ここでは前述の四つの要素の詳しい説明は以下のとおりである。

自己認識

これは残りの三つのスキルを築くための重要な土台である。自己を認識するためには、自分自身、自分の個性、それが他者におよぼす影響、長所、やる気、盲点、価値観を理解しなければならない。それは自分のどこに助けが必要なのかを知り、失敗から学び、改善すべきところを見きわめることである。自己認識には、つねにそれを意識して微調整を行う努力が欠かせない。なぜなら、わたしたちの人間関係、自分を取り巻く世界、そのなかにいる自分という人間はつねに進化し、変化しているからだ。

意識的なロールモデリングと自己管理

神経科学から見ると、これは高度な観察脳と原始的な反応脳との結びつきを強化することである。前頭前野（観察脳）と脳の感情中枢の結びつきは、成人形成期の一八歳から二九歳にはまだ成長を続けている。前頭前野は感情を管理する「司令」部だ。結びつきが強まるほど、うまく衝動を抑えて感情をコントロールできるようになる。[18] 感情に振り回されるのではなく、一歩下がって観察することを学ぶには時間がかかる。簡単なことではないが、前著『自分の定義』と、実行するうえでとても役に立つヒントやテクニックについて触れているラス・ハリスのすばらしい著書『幸福になりたいなら幸福になろうとしてはいけない』(岩下慶一訳、筑摩書房、二〇一五年)から、さらに知識を得ることができる。また、自分の感情を意識することや瞑想を通しても能力を高められる。

ロールモデルとなって相手と心を通わせるとなると、対話のあいだ相手に集中するために、自分の反応脳とそこから放出される感情を鎮めなければならない。どのような会話でも、反応脳はありとあらゆる思考と感情を出してくる。次は何を言おうかと考えたり、思い浮かんだことを忘れないように話を中断しなければと思ったり、相手の話の行く先について早々と結論を出してしまったり、相手の人柄を見立てたり、晩ごはんのおかずを決めたり、相手のシャツはどこで買ったのだろうと思いをめぐらせたりするのである。難しいとはいえ、こうした考えを素通りさせて、反応したり引き込まれたりすることなく、勝手に急いで前に進もうとする反応脳を制止して、相手にきちんと言いたいことを言う時間を与えることが重要だ。そうすれば自分の能力も成長を始め、人生のほかの領域にもその力を適用することができるようになる。

共感

自己管理能力は感情の知恵の次のレベルにも弾みをつける。それは認知的共感と情動的共感を用いることだ。他者の感情をその場で感じられるのは、人にもともと備わっている共感、すなわち情動的共感の働きである。認知的共感は、脳のメカニズムという点でも、人間の発達という点でも、それより進化した形だと考えられる。これは、最初の反応に引きずられて耐えられなくなってしまわないように、一歩下がって理性的な立ち位置から見直す形の共感だ。復習したい場合には、共感について記した章を読み直すとよいだろう。

個人のロールモデルは、情動的共感と認知的共感の両方を使わなければならない。相手を心から理解して、相手の身になって考えるためには情動的共感が不可欠だ。けれども、自分の心が悪影響を受けないようにするためには、自分自身を相手の感情から切り離せなければならない。共感し、心を通わせ、耳を傾け、自分を知ることはみな、信頼を築くために役立つ。

信頼

信頼には、これまで述べたほかのすべての要素、すなわち相手の感情と目的を理解するために自分のそれを完璧にコントロールする能力にくわえて、必ず約束を果たすことが含まれる。相手が傷つきやすい人間である場合にはことのほかそれが重要だ。離れてしまったり最後までやり遂げなかったりすると、何もしなかったときよりも悪い状況に相手を陥れてしまうおそれがある。

ロールモデルリングは感情の知恵のレベルが低いと難しいが、だからといって諦めることはない。相手との関係そのものがそうした方面のスキルを育ててくれるからだ。しっかりと注意を払って、自分の反応を認識し、他者の反応を意識すれば、自分のミラーシステムが成長する。対話が繰り返されるたびに、自分の社会性と情動のスキルが向上する。また、利他的な目標を追う、心から関心を抱いていることを示す、評価せずに相手のことを知りたいと思うことで、感情の知恵とロールモデルとしての能力を成長させることもできる。何よりも、忍耐強く相手が自身のペースで心を開くのを待てば、成功を生むために欠かせない土台となる信頼が築かれるだろう。

責任

ロールモデルには今述べたすべてを継続して行う義務がある。一定レベルで接し続けるためには、一度やれば終わりではなく、自分が果たしている役目をつねに意識していなければならない。また必ず「言動を一致させる」ことが必要だ。それは完璧であることとは異なる。自分の傷つきやすさ、弱さ、失敗を見せることも「言動の一致」の一部である。言動の一致は相手とのつながりを深めるだけでなく、失敗してもいいと相手に悟らせるためにも役立つ。また、失敗に対処する方法や同じ失敗をしないための策を理解する助けにもなる。BBBSの取り組みに参加していたメンター、シンリックを思い出そう。彼は自分がどこで誤ったのか、どうすればそうならないのかを相手に示した。「カムは、ぼくが彼と同じ境遇に置かれていたときに犯した過ちと、ぼくがそれにどうやって対処したか（あるいはしなかったか）を考えて、自分の人生でどのように問題に立ち向かうべきかを考えているとー―彼の口ぶりから――わかる」[19]

実際、ロールモデルはあえて相手に自分の行動や意思決定を逆ロールモデルする機会を与えてもいる。特定のものごとに対して彼らの注目、ひいては彼らのミラー・シンキングを引き寄せて、ミラーリングと逆ミラーリングの両方の機会を差し出しているのである。

啓発の焦点

コーチングについてよく知っている人なら、他者を有意義な会話に引き入れる方法をならべた連続体についてもおそらく知っているだろう。直線の尺度の片端には指図や指示を与える方法があり、反対側の端には指示を与えずに促す方法がある。個人のロールモデルが相手と関わる方法にもこの連続体を当てはめることができる。「命令」と称されることが多い指示するアプローチとは対照的に、指示を与えないアプローチは先に述べたようなつながりや信頼を構築する要素と関連している。

宿題を提出する日の朝、水の循環についての地理の宿題を終わらせるために子どもに手を貸す親を例にとろう。学校に遅刻しそうで、とにかくできるかぎり早く終えなければならない。そのような状況では、時間というプレッシャーがあるため、親は子どもに指示することが多い。「蒸発はこっち」「降水はこれ」と答えを指示してしまう方法がもっとも手っ取り早いからだ。けれども、たとえば週末に宿題を手伝うなど時間に余裕があるときなら、水の循環についてこれまでに何を学んだのか、循環するそれぞれの部分の名前を覚えているかどうか、循環の働きとその理由などを子どもに尋ねて、指示ではなく自由なアプローチをとるかもしれない。

極端に時間に追われている企業の管理職やリーダーは、指示的なコーチングスタイルを用いて、何をすべきかを部下に命じてしまうことが多いが、時間にゆとりがあって、コーチングをよく知っている管理職やリーダーは、部下に質問をして彼らが自分で答えを出せるよう導く。経験を積んだリーダーならば、その両方を組み合わせて用いる。熟練のロールモデルも同じだ。その方法はいつも命じるより促すほうに傾いている。連続体の指示側では、同レベルの信頼やつながりも築けなければ賛同も得られず、よいアイデアは生まれない。だれかに怒鳴られて命令されたり、何をするのかいちいち指図されたりしたら、どうだろう。不愉快だし、よほどアドバイスか指示を求めているのでないかぎり、そんなことはしてもらいたくないはずだ。

ＢＢＢＳの取り組みについて行われた調査からは、もっとも効果的で長続きするロールモデリングの関係は、連続体の非指示の側で作られることがわかっている。逆に、命令側では失敗に終わることが多い。調査

ロールモデリングの連続体

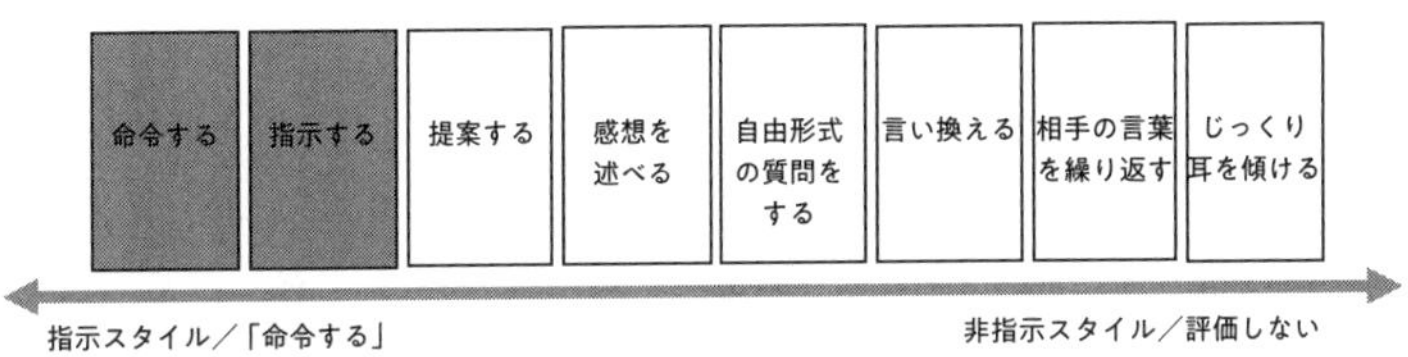

マイルズ・ダウニーの「コーチング連続体」を改変

によれば、指示アプローチを用いるモデルは、自分の役目が相手を「正す」、欠点を直す、自分がよいと思う価値観、態度、行動へ誘導することだと考えている。ロールモデルが意思決定に相手を巻き込むことなく勝手に目標を定め、両者の関係を進展させるペースを決めてしまうのだ。[20] 連続体の指示側の端では、ロールモデルが目標や変化のスピードを相手に合わせて調整することに消極的で、[21] それがやがて両者の関係を崩壊させる。

学校の教師、職場の管理職、子どもの親などだれかを手助けしようとしている人によくあるように、わたしたちは問題に踏み込んで解決しようとする。けれども、わたしたちの脳と行動はそのようには働かない。自分でも他者でも、あたかも問題であるかのように人を「解決」することなどできないのである。たとえば、十分な運動をしない人に運動を始めなさいと命じるだけではうまくいかない。なぜ運動をしないのか、最後に運動をしたのはいつか、運動のどこが好きで何が嫌いなのか、運動をするとどんな気分かなど、根本的な要因を理解させるとうまくいくことが多い。それらを探れば、相手は自分で解決策を見つけられる。それは啓発するだけでなく、権限を持たせることでもある。先入観を持たずに感情面をサポートすれば、安心して探求する機会と、態度、見解、行動、価値観をさまざまなところからミラーする機会を相手に与えることになる。

しかしながら、状況によっては、批判的なフィードバックや目標の設定が必要な場合もある。たとえばスポーツでは、技術や練習方法に関する指導が欠かせない。職場でも同じような状況があるだろう。わたしがビジネスに携わる人々をコーチングするときにはたいてい耳を傾けて質問をするが、ときに心理学者の目から見て、あるいはほかのリーダーたちの経験を踏まえて、アドバイスを行うこともある。こんな具合だ。「自分が正しいと思うことをなさっているというより、同僚の期待に振り回されているように聞こえます。次回の取締役会ではご自身のアイデアを別の角度から提示されてはいかがですか」。それから連続体の非指示側へと戻って尋ねる。「それはどのような形を取るのでしょう？」

個人のロールモデルでは、相手がアドバイスや提案を求めてきたときに答えないと、相手が不満を感じることもあるかもしれない。その場合は、指示する方法に切り替えることにメリットがあるかどうかを判断する必要がある。それでも、スポーツや目標の設定でないかぎり、基本は連続体の非指示側に戻ること。相手に解決策を見つけさせるためには、そのほうがはるかに有効だ。

接触

親子のように自然に触れ合う機会のある関係を除けば、個人のロールモデルは、相手がいつでも頼れる形で接点を作っておかなければならない。研究からは、それがロールモデリング関係の影響に驚くほど響くとわかっている。中途半端な気持ちでいるとうまくいかず、相手を落胆させてしまう。関係を相手のペースで進展させるためには、長期にわたって継続し、いつでも頼れるようにして（ただし境界線はしっかり引いて）、辛抱強く待たなければならない。しばらくのあいだは、何の変化も生じていないように見え、自分がよい影響を与えていないのではないかと感じられることもあるが、信頼の構築には時間がかかり、行動の学習には異なる態度やアプローチに繰り返しされることが必要だ。研究によれば、もっとも効果的なロールモデリングの関係は時間をかけて自然にできあがる。幼い子どもや情動的な問題を抱えている子どもを相手にする場合は、ことさらそれが重要である。BBBSのロールモデルのひとりが、相手が心を開くまで一年かかったと述べたことを覚えているだろうか。相手とひたすら向き合い続ければ、信頼だけでなく、相手の自己肯定感と自信も築かれる。相手が自分にも何らかの価値があると気づき、自分で目的を探ることができるようになる。途中でやめてしまうと相手にとってはむしろ害になり、スタートしたときよりも悪い状態に追い込んでしまうことが多い。

状況のロールモデル

状況のロールモデルでは接する時間が短いために、信頼とつながりの構築もそれに応じて難しくなる。医師や看護師で言うならそれは、すばやく関係を築かなければならないということだ。そのような状況におけるロールモデリングとは、迅速に関係を築いて共感を示すことである。例として、患者を安心させるため、患者の言っていることを理解するために、患者の行動をミラーして自分の心の世界に取り入れる医療従事者があげられる。医療従事者はまた、患者とその家族にとってのロールモデルになっているとも言えるだろう。彼らが示す尊敬、思いやり、希望は、回復して彼らのケアを離れてから患者とその家族が模倣すべきものごとである。こうした人間関係ではある程度まで、専門家という立場に初めから信用が伴われている。けれども、不用意な発言によって見る見るうちにそれが壊れてしまうこともある。状況のロールモデルにとってもっとも大切なことは、接触時間が短いなかでどうすればすばやく信頼とつながりを築けるかを知ることだ。そのためには認知的共感のレベルを高めなければならない。それ以外の要素については、個人のロールモデリングの項目で述べた内容と同じである。

理想のロールモデル

理想のロールモデル、すなわちスポーツのスター、ミュージシャン、俳優、マーティン・ルーサー・キングのようなリーダーは、数千、数百万もの人々に影響を与えるが、その相手を個人的に知ることはとてもできない。ただし、聴衆を理解し、共感を抱くことで、人々とのつながりを深めることはできる。キングの時代には聴衆はもっぱらテレビとラジオを通して彼とつながっていたが、現在は理想のロールモデルが自分たちのメッセージを伝えることのできるデジタルプラットフォームがいくつもある。ソーシャルメディア、ポッドキャスト、あるいはインターネットなど、方法には困らない。何をどう伝えるのかは、ＩＳＩＳ、カーダシアン家、アンジェリーナ・ジョリー、あるいはジャミーラ・ジャミルでは大きく異なるが、彼らはみな同じことをしている。つまり、わたしたちの感情に入り込み、信頼を築いて、巧みなコミュニケーションを用いてつながっているのだ。

自分が理想のロールモデルであるなら、聴衆との良好な関係の土台を築く最適な選択肢はストーリーテリングである。今日においてさえ、たんに文字を追うだけで、キングの言葉は想像と感情をかきたてる。あるいは、いかにマヤ・アンジェロウの詩がわたしたちの心をつかまえて、別世界へと連れてゆくことか。ストーリーは複雑である必要はない。最高のＴＥＤトークは一五分未満のストーリーである。

これまで論じてきたように、ストーリーはミラーシステムを通してわたしたちの心をつかむ。自分のメッセージをそのような方法で伝えると考えると気後れするかもしれないが、それにはおよばない。何と言っても、それはもっとも自然なコミュニケーションの形であり、まったく気づかないまま日々行っていることだからだ。だれかに週末や旅行の話をするのは、いわばストーリーテリングである。

わたしたちはみな、よりよいコミュニケーションの取り方を学ぶことができる。調査によれば、人はみな実際よりも自分はコミュニケーションが上手だと思い込む傾向があるらしい。わたしは仕事で接するリーダーたちに、それはだれでも容易に発展させられる領域だと伝えることが多い。どれだけ上手な人でも、さらに上達することが可能だからだ。このスキルは、深いレベルで人とつながることができるため、ロールモデルになるうえで役に立つ。同時に、職場や個人の論争で自分が主張したいポイントを明確にする、チームの一員として効果的に働く、ティーンエイジャーの子どもとの関係をよくする、パートナーとの意思疎通を改善して言い争いを減らし心を通わせる、理解して喜んでもらえるよう新しいアイデアを説明する等々、さまざまな点で役立つものでもある。多くの理由から、コミュニケーションを上達させる練習に時間を費やすことには価値がある。もちろん、すぐれたストーリーを語るためにも。コミュニケーション、とりわけその手段としてのストーリーテリングの力を磨くヒントをいくつかあげよう。

冒頭部分を作る

J・D・シュラムはスタンフォード大学経営大学院の組織行動学講師で、コミュニケーションが専門である。ストーリーテリングについて、彼は、前置きなしでいきなり飛び込むことを推奨している。[22]最高のストーリーテラーは、注目を集めるために、一瞬で聴衆の心をつかむ。つまり、ミラーニューロンのスイッチを入れるのだ。複雑なもの、手の込んだものである必要はない。実際、簡単に成し遂げているよい例は子ども向けの本に見ることができる。たとえば、ジュリア・ドナルドソンの受賞作『もりでいちばんつよいのは？』（久山太一訳、評論社、二〇〇一年。同書より引用）はこのように始まる。「くらい　もりの　おくふかく、ネズミが　あるいておりました。そこへ　きつねが　やってきて、ネズミは　ごちそうに　みえました」

この二つの文章で、ドナルドソンは注意を引きつける。暗くおそろしい場所で一匹のネズミが何かをしていると捕食動物がそれを見つける。するとわたしたちはすぐに危険を感じ取る。慎重に選ばれた言葉が、読者をすっと物語に引き込むのである。単純明快だ。

結末を作る

わたしたちの脳は枠組みがあると働きやすい。シンプルで明らかなものごとは覚えやすすく理解しやすい。別にそれは、そのなかに色や強弱や熱い思いをはさんではいけないということではない。けれども、最初と最後に単純明快で慎重に選ばれた言葉があると、ストーリー全体が意味をなすかなさないかほどのちがいがある。覚えてもらえるか、忘れられるか。それに基づいて行動してもらえるか、それとも軽くあしらわれるか。『もりでいちばんつよいのは?』に戻ろう。最後の二文がその方法を示している。「ふかくて　くらい　もりのなか。ネズミは　ゆっくり　くつろいで、このみを　かじりましたとさ」(前掲書より引用)。物語をすべて読まなくても、結局ネズミが無事だったとわかる。森は依然として「ふかくて　くらい」けれども平和に感じられ、穏やかな雰囲気を醸し出している。ドナルドソンは読者を危険から遠ざけて日常生活に戻す。木の実を見つけたネズミが安らぎをもたらす。ネズミはもはやだれかのごちそうではなく、自分の好物を見つけた。冒頭で用いられたふたつの文と結末のふたつの文だけで、たとえ物語全体を知らなくても、わたしたちの脳はそのあいだを埋めることができるのである。

ミラーニューロンを刺激する――そのふたつのあいだにあるもの

類推、隠喩、想像――これらは、先週末のできごとの話と史上もっともすぐれた話し手の演説との差を作っているものである。類推、隠喩、想像がみな、脳のさまざまな領域にあるミラーニューロンを活性化して、主要な知覚、すなわち視覚、聴覚、嗅覚、味覚、触覚の感覚を引き起こすことについてはすでに述べた。ストーリーテリングにさまざまな感覚を取り入れると、聴衆の脳の広い領域が働くようになる。そのため、聴衆はメッセージに自分なりの意味を見つけ、たんに聞かされるだけの話よりも強くストーリーに引き込まれ、刺激され、関心を抱くようになる。

詩はその領域に触れることのできるひとつの方法だ。シュラムによれば、詩で用いられる言葉が少ないのは、たくさんの意味を持たせるためである。くわえて、詩では特定の箇所を強調するために、間をあけることができる。同様に、音楽は音符だけではなく、そのあいだの休符も含めて音楽だ。よって、よくできたストーリーとはリズム、強調、沈黙である。それこそが、長々と説明せずに、はるかにたくさんの意味を脳に伝える方法なのである。たとえば、次の詩。

あなたのことを覚えていようとして

それでも
忘れようとしている
同時
に

この詩、ナイラ・ワヒードの『哀悼 *The Mourn*』は少ない言葉で多くの感情を呼び起こす。わたしは父の死を考える。記憶に残っている姿が消えていってしまわないように、父との思い出に必死でしがみつく一方で、何とかして先へ進もう、悲しみから逃れようとあがく。この詩は信じられないほど感情に訴え、瞬時にわたしを自分の体験と結びつけた。あなたにとってはまったく異なる意味を持つのかもしれない。別れた恋人のことを思う人もいれば、自分が苦しめてしまった人のことを考える人もいるだろう。この詩は心にすっと入り込んでその人ならではの意味に変換される。そこに大きな力がある。

話をしているときに、類推、隠喩、想像を使う場合は異なる形になるかもしれない。たとえば、J・K・ローリングがハーヴァード大学で学生に向かってスピーチをしたとき、彼女はこう語った。「誤った方向に導いたと親を非難することには有効期限があります。自分でハンドルを握れる年齢になったなら、責任はあなたにあるのです」

マーティン・ルーサー・キングの比喩の利用もよい例だ。「われわれは、敵意と憎悪の杯を干すことによって、自由への渇きをいやそうとしないようにしよう」[23]

あるいは、マヤ・アンジェロウの想像の用い方はこうだ。「それでも（中略）ブルー・シールのワセリンを塗った上にアーカンソーの赤い土ぼこりをまぶしたわたしの細い脚が、にゅっと出ていた。古びてあせた色のおかげで、わたしの肌は泥のように濁って見えた。そして教会中の視線は、わたしの細い脚に集まっているのだ」（『歌え、翔べない鳥たちよ』矢島翠訳、青土社、二〇一八年より引用）。アメリカ深南部で人種差別と虐待に直面しながら育ったアンジェロウの生涯について記された『歌え、翔べない鳥たちよ』からのこの抜粋部分で、彼女は屈辱について語っている。ストーリー全体を知らなくても、状況を思い描き、彼女の見た目、気持ち、あるいはどうやって教会に行ったのかまでをわたしたちは容易に思い浮かべることができる。想像は尽きない。要するに、この短い文章は普通の説明よりもはるかに重く、意味深いということである。類推、隠喩、想像、あるいは詩のどれかを用いれば、自分が語るストーリーがおよぼす影響の大きさを著しく変えることができる。

余計なものはいらない――ドナルドソンの絵本の単純な例にそれがはっきりと示されている。少ない言葉で多くを伝えることは難しいけれども強力だ。自分が伝えたいことを考えるときには、全体に目を通して不必要な点、あるいはストーリーと無関係な部分を取り除くとよい。聴衆に点と点をつながせることができれば、メッセージの説得力が大きく増す。聴衆の脳がストーリーのなかに入り込んで、自分で意味を考える機会になるからだ。そうすれば彼らは話に引き込まれる。

感情のつながり――社会心理学者のブレネー・ブラウンは話上手だ。つながり、共感、帰属を研究してもいる。二〇一〇年六月のTEDxヒューストンで、ブラウンはその後たびたび引き合いに出されることになったプレゼンテーションを行い、その動画は数百万人に視聴された。彼女は、傷つきやすさを調査しているうちに自分自身についてもいろいろ発見してしまい、結局セラピーを受けるはめに陥ったと述べており、自分で言ったことをきちんと実行している。ブレネーはまた愉快だ。そのため感情のメッセージが和らいで受け入れられやすい。続いて語った話のなかで彼女は、自分の弱さを感じないようにするのではなく受け入れることで、他者と効果的につながることができたと説明している。

私的な感情や自分の弱さを見せると共感が促される。つまり、ミラーニューロンが活性化する。そうなれば、理想のロールモデルとして聴衆とつながり、会ったこともないのに信頼関係を築くための回路が作られる。ブレネーはTEDの録画動画で四四〇〇万人の人々と自分の弱さを共有した。その数がこの先数年でさらに増えることはまちがいない。

文脈と聴衆

ストーリー全体は、自分が伝えようとしているメッセージと聴衆の両方を枠に組み込んで作る必要がある。だれに何を言いたいのか？　聴衆の関心は何か？　何が聴衆をその気にさせたり、脅かしたり、あるいは興奮させたりするのか？　たとえば一九四〇年六月四日にチャーチルが行った演説はイギリス国民に向けられたもので、彼はそれを「われらの島」と表現した。「どれだけ犠牲を払ってでも、われらの島を守る。水際で戦い、上陸地点で戦い、農地や市街地で戦い、丘陵で戦う。われわれは絶対に降伏しない」

チャーチルは、どれだけ犠牲を払っても戦争を続けるという観点からメッセージの枠組みを作り、敵、すなわち外集団に対して一致団結するよう国民を奮い立たせ、聴衆の情動的かつ原始的な動機をかき立てた。

コミュニケーションとストーリーテリングのスキルを効果的に磨く方法はたくさんある。

・スピーチをしている人の映像を見る――それによって自分のミラーニューロンが活性化され、学習がはかどる。何を取り入れるのか、何を逆ミラーリングするのかを意識するとなおよい。
・歴史に残る演説を書き起こした記録を読む――これもミラーニューロンを活性化する。
・本を読んで心に響く部分を書き出す――なぜ心に響くのか？　何がどう語られているのか？
・心のなかでストーリーを思い描いて自分でたどってみる――そして、ミラーニューロンを働かせて言いたいことを形にする。
・鏡の前で、あるいは動画を撮って練習する――それを再生して、よい部分を目立たせたり、そうではない部分を見直したりして、メッセージをさらに磨き上げる。

一対一の関係を除けば、理想のロールモデルの要素はみな個人のロールモデルと同じである。理想のロールモデルとしては、ロールモデルとなる自分の動機、価値観、目的をきちんと理解して、しっかりと自己を認識しておかなければならない。ひとたびロールモデルになれば、計り知れない影響を与えることになるため、当然責任も負わなければならない。それは偶然訪れることが多い。チャールズ・バークリーは言った。「ぼくはロールモデルなんかじゃない。ダンクシュートを決められるというだけで、人様の子どもを育てる義務はないはずだ」。もしかすると、育てる必要まではないかもしれないが、成功には責任がついてくる。自分の意志とは関係なく、自分の行動、すべての行為がだれかに影響を与えていると覚えておかなければならない。それを自覚したうえで、目的意識を持って行動できれば、はるかに大きなプラスの効果をもたらすことができる。

事例証拠から、受ける側とじかに接しなくても、向社会的な行動は幸福感を高めるとわかっている。したがって、責任ある行動は他者のためになるだけでなく、ロールモデルとしてのあなたにも多くの利益をもたらす。[24]自分が人間として成長また学習するためにロールモデリングを活用すれば、それが影響を受ける側の価値も実際に高めることになるのだと考えればよい。

本章では、個人、状況、理想のロールモデルになる方法を探ってきた。けれども、たとえロールモデルであっても、自分の手本として仰ぎ見る対象が必要だ。最終章ではそれについて述べよう。

第12章　ミラーを選ぶ

本章では、なぜ自分にロールモデルが必要なのか、だれを選ぶのか、どのような点に目を向けるのか、最大限活用するためにはどのような方法をとればよいのかについて見ていこう。ロールモデルを探すときにも、個人だけでなく、状況や理想の要素が関係している。

なぜロールモデルが必要なのか？

わたしたちはつねに周囲の人をミラーしている。電車で向かい側の座席の人があくびをすれば自分もする。通りでだれかが会釈すれば自分も深く考えずに会釈する。コーヒーショップで隣の人が足を組めば自分も組む。それより長く続く行動もミラーする。自分の話し方は職場の同僚の、自分の意見はパートナーやラジオで聞いた人の、価値観は親の影響を受けているかもしれない。毎日、いつも、わたしたちは他者をミラーしている。意図していようといまいと、ロールモデリングをしているのである。

ミラーリングを意識して、だれの何をまねるのかかつだれの何をまねないのかを選ぶことには意味がある。そうすれば、知らないうちに道からそれてしまうことなく、人生で自分が行きたい方向へ進めるからだ。自分が成長する、可能性を発揮する、歩みたい方向へ進むために、ロールモデルとその行動を選ぶことができる。どれほど成功していても、成長の余地は必ずある。だれにでもどんなときでもロールモデルは必要だ。たとえ成功が目的ではなくても、それは自己実現につながる。ロールモデルは、健康的な生活を送る、人生を楽しむ、有益な人間関係を築く、よりよい親になる、心が元気になるなど、さまざまなよい行いの手本を示してくれる。

何を見つければよいのか？

だれでも、何を目指しているのでも、まずは、自分の可能性を最大限に引き出す手伝いをしてくれる人――人生の目的に向かって努力するにあたって頼りになる人――を見つけよう。自分の可能性がよくわからない、あるいは目的がはっきりしない人もいるだろう。そうした場合に可能なアプローチはふたつある。自分で自分をある程度探るか[1]、あるいは目的を探して決める助けとなるような個人のロールモデルを見つければよい。いずれの場合にも、若干の忍耐と努力が必要である。明確にすべき基本の部分は、自分の価値観、強み、夢中にさせるもの、発達させるべき領域、そして盲点だ。それからその情報を活用して、自分の人生に意味と目的をもたらすものは何か、なおかついかにそれを利用して自分の可能性を発揮するかを探っていこう。

ロールモデルから学ぶ

先の要点を押さえたなら、つねにそれらを頭のなかに置いておくことが何より重要である。すべてが明確になっていないからといって心配する必要はない。ロールモデルを利用してさらに探求を深めることができる。個人のロールモデルでも、たんに遠くからほかの人々を眺めるだけでもかまわない。ひとつだけ気をつけるべきことは、だれをロールモデルにする場合でも、すぐにまるごとまねしないほうがよいということだけだ。最終的には行動やアプローチを学ぶのであっても、自分ならではの価値観や個性は保たなければならない。場合によって、ロールモデルの価値観に感銘を受けて自分の価値観を調整することはあっても、自分という人間には忠実でなければならない。また、ロールモデルは比較対象ではないと覚えておくことも大切だ。けっして別人になろうとしてはいけないし、また別人になることなどできない。モデルの行動や手法をミラーするなら、自分の個性や価値観と合う場合だけにすべきである。

個人、状況、理想に関係なく、好奇心を持って、偏見を持たずに、人間関係に臨むことがポイントだ。自分を探偵だと思って、ロールモデルのどこが自分の行動を成長させるために役立つのかを観察するとよい。よく考えれば自分の人間関係でロールモデルのサポートが必要なだけかもしれないし、ロールモデルの人生で彼らがある地点に到達した方法や彼らの人となりの特定部分をまねしたいと思うこともあるかもしれない。たとえば、わたしは人間関係を広げることが不得手で、社交的に見えてもじつはかなり内向的である。そこで、内向的であっても人間関係を広げることができているロールモデルを見つけて、彼らがどのようにそれを成し遂げているのかを知る必要がある。そのさいには、ロールモデルを観察したり、その方法を探り出したりしてから、自分に合う方法で取り入れることになる。

だれをロールモデルにするのか

だれをロールモデルにすべきなのか？　人は生まれたその日から周囲の人をロールモデルにしていることを思い出してほしい。ロールモデリング自体は目新しいことではない。だれをなぜミラーリングするのかを意識的に決めるだけの話である。それはまさに自分のニーズ次第だ。行動の一部を磨きたいだけかもしれないし、起業家になりたいとリチャード・ブランソンのような実業家に目を向けて、伝記や記事を読むのかもしれない。同時に、起業家の個人ロールモデルを探し出したり、コミュニティ内の成功者を観察したりすることもできる。

もしかするとあなたのニーズはもっと個人と感情に関わるものかもしれない。たとえば、先ほど、

LGBTQコミュニティの人々に目を向けた。ティーンエイジャーが自分という存在について考え、アイデンティティを理解して、いつどうやって親族に打ち明けるかを決めるとき、彼らに理解を示し、支援と助言を与えられる人間がいることはきわめて重要だ。理想のロールモデルからはそれは受けられず、個人のロールモデルでさえ、同じ経験をしたことがあって、わかってくれる人物でなければ務まらない。そのような状況で、自分のコミュニティ内につながりを持てる相手が見つからない場合には、オンラインの支援ネットワークを通してサポートを探す方法がもっとも簡単かもしれない。

自分のニーズを大まかにとらえるところからスタートして、そのニーズに最適な人物を探していくとよいだろう。それは、自分を支えてくれて、心を通わせることができ、自分が望む行動を示してくれる人間でなくてはならない。ひとりの人間である必要はない。わたしは仕事上で、自分にぴったりのロールモデルを見つけられずに苦労しているリーダーたちと出会った。仕事を始めたころには、経験豊富な人々に目を向ければよかったが、今では自分たちがその立場だ。けれども、彼らはまだ学びたいと考えているし、実際まだ学べる。そのためには、さまざまな人の側面をつなぎ合わせて模倣すればよいだけだ。たとえば、コミュニケーションスキルはマーティン・ルーサー・キングに、平和に人々をまとめる能力はガンジーに、危機のさなかで会社を引っ張るならフォードのアラン・ムラーリーに、規律と集中ではサッカーのアレックス・ファーガソンに。スポーツの世界にリーダー像を探してもよいだろう。たとえば、ベサニー・ハミルトンはサメに襲われて片腕を失ってからサーフィンにカムバックした。それ以外にも、知恵、勇気、決意はマヤ・アンジェロウに、平静さを保ち、チームで一丸となって働くことなら、両エンジンが停止した航空機をニューヨークのハドソン川に無事着陸させた機長のチェズリー・「サリー」・サレンバーガーに。世界には信じられないような偉業を成し遂げた人々がたくさんいる。先入観を持たずに探すだけでよい。そうすれば彼らが見えてくる。もしかするとそれほど遠くないところにいるかもしれない。自分の親を見ればよいこともよくある。彼らはだれよりも自分と共通点がある。どれほどうまくものごとに対処しているか、またしていたか、そしてどうすれば意識的また効果的に彼らをミラーできるかを考えればよい。

あえて逆ミラーリングする相手——自分がなりたくないようなだれかの「部分」——を探し出したいこともあるかもしれない。たとえば研修医はよく、先輩医師の倫理に反する行動や無礼な発言を見て、してはいけない患者への接し方を学習するという。ここでひとつ注意すべきなのは、逆ミラーしたい人が周囲に多すぎないようにすることだ。わたしたちは自分が他者からミラーしたり吸収したりすることすべてをつねに意識しているわけにはいかない。ミラーしたい相手の選択が重要なのはそのためである。上手に逆ミラーリングできる研修医がいる一方で、反倫理的な行動をミラーしてしまう人もいるかもしれない。

「よい」ロールモデルだからといって、自分がすばらしい人間になるために役立たなければ、いくら基準を満たしていても、それは自分にとってよいモデルではない。人はだれもが同じではないため、よいロールモデルは万人に共通するものではない。たとえば、わたしはグレタ・トゥーンベリを尊敬しているが、夫と長女はほとんど興味を示さない。しかしそれでよいのである。だれでも世界に対して異なる好み、ニーズ、意見がある。

ロールモデルはひとりでも、あるいは一〇人、二〇人、五〇人、一〇〇人でも、何人でも選べる。自分次第だ。ただし、あまりに多いと迷子になるかもしれない。大切なことは、自分のニーズを考えて、それに合う人を見つけることである。

個人、状況、理想の三つの異なるタイプのロールモデルをミラーすることができる。それらは次ページの表のように分類される。

個人のロールモデル

個人のロールモデルを探すときにもっとも重要な点のひとつは、相手が自分の心を和ませる人物であることだ。本書でこれまで述べてきたポイントを振り返ってみよう。あなたは自分が心を通わせ、信頼し、頻繁に顔を合わせ、頼めば自分のために時間を割いてくれるような人を探している。理想としてはしっかりと共感できる人物であることが望ましい。それにはいくつか理由がある。共感ができる人はあまりできない人と比べてこちらの心を和ませることができ、社会性と情動のスキルを学ぶための手本となるうえ、人間関係を築きやすいのである。

ロールモデル			
	個人の ロールモデル	状況の ロールモデル	理想の ロールモデル
含まれる人々	親 きょうだい 親戚 友人	医療従事者 親戚 教師 コーチ 友人 同僚 上司 ユースワーカー 聖職者	セレブリティー テレビタレント ソーシャルメディアのインフルエンサー 映画スター 組織活動家 リーダー スポーツ選手 著名人
さらに含まれるかもしれない人々	教師 コーチ 同僚 上司 ユースワーカー 聖職者		架空の人物
相互関係の強度	高	中	低
関係の長さ	長期	変動	変動
場	カジュアル	フォーマル	バーチャル
相互関係	双方向	限定的な双方向	一方向
ミラー・シンキング			

あなたは、個人のロールモデルに自分が達成したいものごとを説明して、ニーズを明らかにしたいと考えているかもしれない。あるいはたんに相談役——何がうまくいき、何がうまくいかなかったのか、またその理由といった彼ら自身の体験を教えてくれる人——がいれば十分な場合もあるだろう。メンターのような個人のロールモデルをひとりだけ選んで、それ以外は、行動を観察してミラーリングする相手が周囲に存在するだけでよいのかもしれない。

偏見を持たずに好奇心を抱くよう努め、自分のニーズに合うものは何か、それはなぜか、またあまり役に立たないものは何かを考えよう。要は観察と学習だ。

状況のロールモデル

状況のロールモデルは少し離れた距離から見る人と言えるだろうか。たとえばそれは、自分が通っているフィットネス教室を開いている人であり、教室の生徒を励まし、やる気にさせるその人の手法かもしれない。あるいは、いつもその物腰と対応で自分の気持ちを楽にしてくれるかかりつけ医かもしれない。もしかすると、感心するほどの労働倫理を持っている同僚かもしれない。彼らは頻繁に接するけれども、個人的な関係にはない人々である。

理想のロールモデル

だれでも理想のロールモデルになりうるが、たいていは実際に顔を合わせることがない。相手が、歴史上の人物、とても有名な人、架空の人物、スポーツ選手などの社会で注目を浴びている人だからということもある。例として、テスラの共同創業者で、のちにペイパルとなったXドットコムの創業者としても有名な（それ以外にもいろいろあるが）イーロン・マスクをあげよう。コンピュータと人の脳をつなぐ、車が時速約二〇〇キロで走行可能なトンネルをロサンゼルスの地下にはりめぐらせる、宇宙を旅行する、火星を植民地化するなど、マスクは次々に奇想天外な発想を繰り出している。そんなことは不可能だと思うかもしれない。けれども数十年前のペイパルやテスラもそうだった。マスクは自分の子ども時代について「買えるだけの漫画を読んだ」と述べている。[2] 漫画に夢中になった彼は、そこで描かれる世界に完全に浸りきった。マスクのお気に入りは、バットマン、スーパーマン、グリーン・ランタン、ドクター・ストレンジ、アイアンマンだった。科学に牽引されていた一九八〇年代の漫画の筋書きが、宇宙旅行、テクノロジー、エネルギーに関する彼の興味をかき立てたのだと考えられている。漫画家で漫画学者でもあるデヴィッド・ルイスは言う。バットマンやアイアンマンをミラーした「マスクは、賢く、創造性に富んでいることはかっこいいという考え方を吸収したにちがいない」[3]。ルイスはまた「漫画を読んでいるあいだ、彼はそれを楽しむと同時にそこから道徳観を取り入れて」おそらく「その影響で、スーパーヒーローとしての自分の姿を思い描き、自分のスーパーヒーロー物語を書くことになったのだろう」[4]と述べている。マスクのロールモデルたちは、テクノロジーを通して社会のために役立つことを成し遂げようという彼自身の信念、価値観、理想像の一部となったのだ。

ネルソン・マンデラは個人、状況、理想のロールモデルを兼ね備えたリーダーの代表格である。彼自身にとっての理想のロールモデルという意味で、彼は伝記を読み、歴史学者に耳を傾け、自分が尊敬する、あるいは学びたいと思うリーダーにまつわる史跡を訪問した。マルクス・アウレリウスからエジプトのファラオにいたるまで、彼はあらゆる書物を読み漁り、学べることをすべて学んだ。古代世界から現在まで、そうやって吸収した何世紀にもわたる知恵のおかげで、彼はリーダーシップの落とし穴を理解することができた。

政治家、実業家、思想家など、現代にもすぐれた人々がいる。それがだれであっても、あなたは彼らをテレビで見たり、ソーシャルメディアで見たり、ニュースで読んだりしているはずで、おそらく彼らが語っている映像がオンライン上にあり、もしかすると伝記や自伝も存在するかもしれない。

理想のロールモデルにはスポーツの花形選手、ミュージシャン、映画スターも含まれる。いわば自分の才能と努力を通してその地位に到達した人々だ。ただし、彼らも完璧ではないと覚えておくことが大切である。理想のロールモデルだからといってその行動すべてをミラーしてはいけない。また、彼らがあるまじき行いをしたときに落胆したくもないだろう。ミラーリングに役立つ側面はもちろん、彼らの「よい」部分を愛し尊敬しながらも、すべてに完璧であることを求めないようにしよう。彼らも人間なのだ。同じようになりたいと思ったところで、自分は異なる環境の異なる人間である。自分としてのベストを目指すこと。また、表面だけにとらわれてはいけない。キック力で有名な元イングランド代表のラグビープレイヤー、ジョニー・ウィルキンソンも、運と才能だけで栄光を築いたのではない。練習に練習を重ね、最近彼自身が語ったところによると、完璧なキックをすることに異常に執着するようになって精神的に参ってしまったこともあるらしい。ものごとは見た目だけではわからない。

また、スクリーン上のロールモデルを全面的に受け入れないことも重要である。第一〇章で述べたように、人間にはもともと、成功した人の行動すべて、人物全体に模倣する価値があると考えてしまう傾向がある。成功のイメージは広報部門や広告代理店によって作られることもあれば、製品を売りたい広告主の手で紡ぎ出されることもある。それらのすべてが事実であるとはかぎらず、それらすべてが成功の要因でもない。ましてや、目に見えているものの裏でどれほどの犠牲が払われたのかは知りようがない。ロールモデルの成功のうち現実社会の実践的な部分に焦点を当てて、目標に対するぶれない気持ち、決意、他者への思いやりなど、模倣する価値があるものごとを見つけよう。

これといった才能があったわけでも何かを達成したわけでもないのに有名になった人物をモデルに選ぶときには特に、それを覚えておくことが重要だ。そうした人物は進化途上の社会では成功しなかった人々である。そして、社会は進歩しても、わたしたちの脳と人間らしさは変わらない。インスタグラム、ユーチューブ、あるいはリアリティ番組のスターの一部あるいは多くはすぐれた人々で、ミラーリングの価値があるかもしれない。彼らはコミュニケーションが上手なのだろう――もしかするとそれで有名になれたのかもしれない。それが自分の性格のタイプ、好み、目的に合うならミラーしてもよいだろう。けれども、彼らをまねして有名になりたいと思っているなら、それはまったく別問題だ。仮にリアリティ番組のスターやインフルエンサーになりたいのだとしても、単純に彼らをミラーするだけではうまくいかないだろう。世界はめまぐるしく変化し、そこに関わる要因もチャンスも変わり続けている。スポーツのスター、リーダー、今日の有名人と言われる人々が、五〇年あるいは一〇〇年前ならどうだったかを考えれば、成功にいたる基本原則がわかるはずだ。有名になることが目的になってしまうと中身を伴わない。どうしても有名人をミラーしたいなら、彼らの行動に自分の価値観に合う目的があるかどうかを見きわめよう。彼らのような行動をとることが、自分のやりたいことを成し遂げるにあたって本当に役立つかどうかをよく考え、有益だと思われる側面を詳細に分析して、そうではないものとの差をはっきりさせよう。

ロールモデルのマッピング

自分の人生で注目したい特定領域のロールモデルをマッピングするためには、以下のトレーニングが役立つだろう。それぞれの領域がどのようなものになるのかはあなた次第で、主要な動機やニーズに左右される。各項目にはいくつかの例があげられているが、あなたが追うべきモデルというよりは大まかな指針だと考えてもらいたい。

焦点となる領域

あなたはどのような人間になりたいだろう？　生活のさまざまな領域でどのような力や資質を向上させたいだろう？　以下のどれかを当てはめてもよいし、自分で定義してもよい。

子育て――どのような子育てをしたいか。手本にしたり、特定の要素を上達させたりするための助けとなる相手はだれか。

自分自身の成長――価値観、態度、自己啓発、精神世界において自分が成長するために、だれに目を向けるのか。

自由な時間――余暇、活動、趣味などの自由な時間について、だれを模倣、つまりミラーしたいか。どのように創造性を発揮するのか。リラックスしたいのか。楽しみたいのか。どのような活動をしたいか。どのように休暇を過ごしたいか。

図1

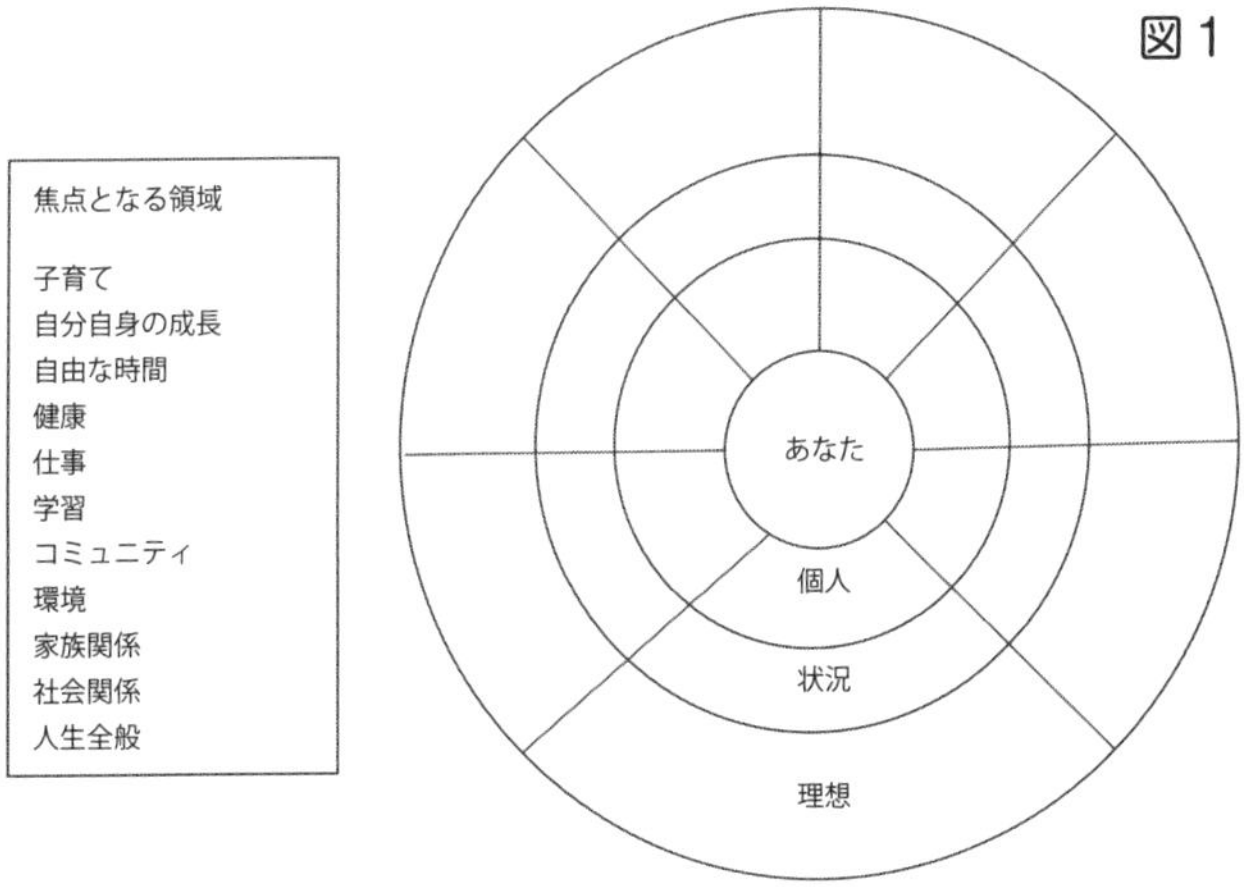

健康——自分がまねをしたい健康的なライフスタイルを送り、積極的に体を動かし、運動に対して前向きで、ヘルシーな食事と生活を実践しているロールモデルはだれか。

仕事——仕事や職業でどのような方向を目指すのか。自分の持ち場やそれを超えた広い範囲で、だれが手本になるのか。上達したい特定行動のロールモデルはだれか。尊敬していて学びたいと思う相手はだれか。

学習——知識を渇望し、好奇心を持ち、学習意欲があるのはだれか。困難に直面しても立ち上がって前に進んでいるのはだれか。生涯学習を望んでいるのはだれか。

コミュニティ——知っている人、あるいは会ったことのある人のなかで、尊敬できる、あるいは手本にできるほど社会に貢献しようとしている人はだれか。その人からミラーできることはあるか。その人は地元のコミュニティあるいは幅広い社会で、どのような尊敬に値する貢献をしているのか。

環境――あなたと同じ思いで、環境、気候、自然界に気を遣っているのはだれか。彼らの行動、態度、アプローチをミラーリング、すなわちロールモデルにしたいと思うか。

家族関係――あなたがミラーしたいような方法で、パートナー、親、子、親戚に接しているのはだれか。自分の家族にどのような働きかけができるのか。家族のなかで自分が模倣したいような行動を見せているのはだれか。

社会関係――前向きで建設的な社会関係を築いているのはだれか。人と人を結びつけているのはだれか。自分に自信を持たせてくれるような人に囲まれているのはだれか。ほかの人にとってよき友人になっているのはだれか。

人生全般――だれの価値観、生き方、振る舞いを尊敬し、模倣したいと思うか。

自分が焦点を当てたい領域を選ぼう。それは、たとえば家族関係だけというようにひとつしかな

図2

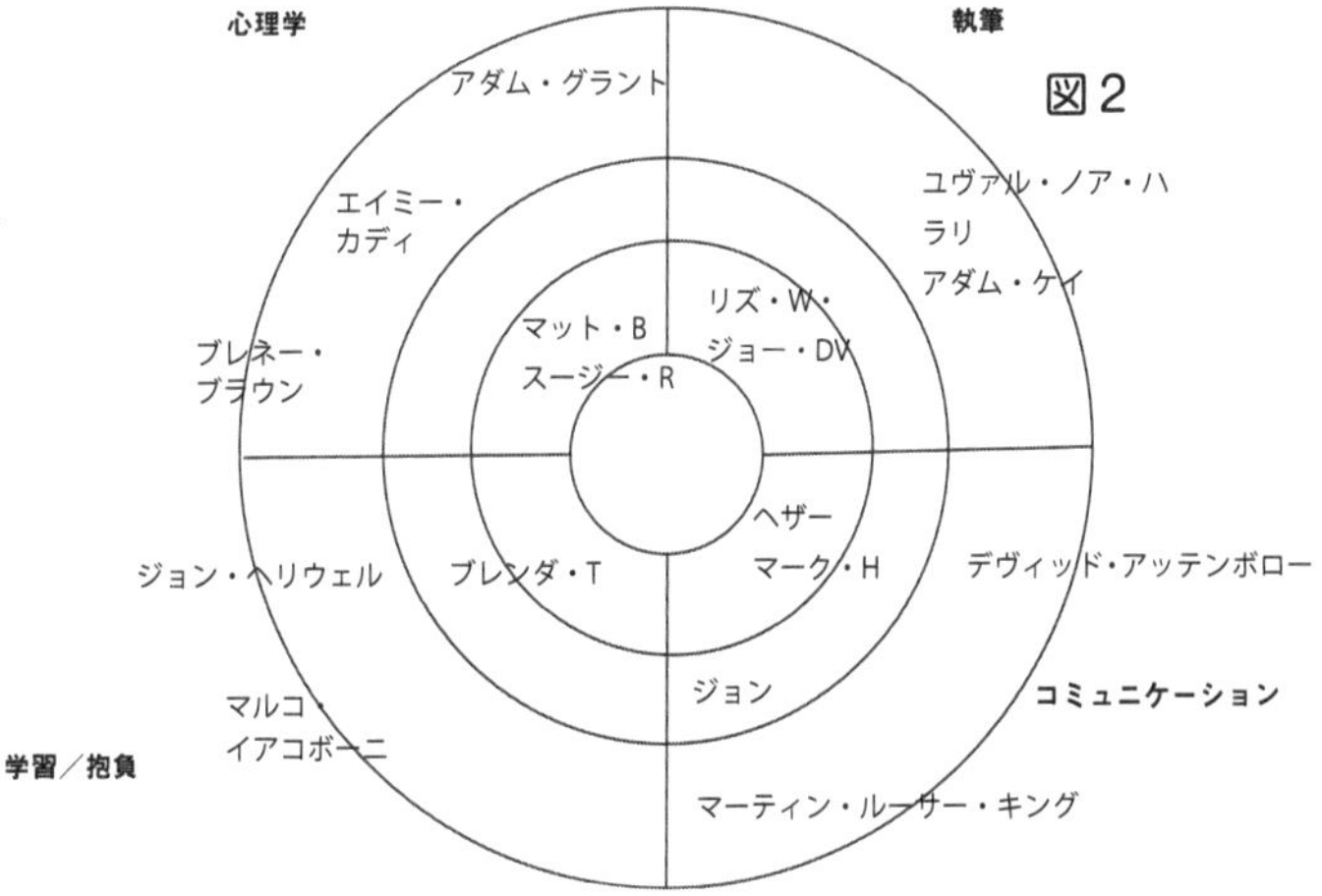

い場合もあれば、図2のようにさらに細かく分類することもできる。

あるいは次ページの図3のようにたくさんの領域に分かれている場合もある。

円のそれぞれの場所に、自分がミラーしたい人の名前を書き込もう。個人のロールモデルは一番内側の層に、状況のモデルは二番目、理想は外側に書き入れる。図3で、わたしの父は個人ではなく理想のロールモデルになっているが、これは父が何年も前に亡くなっていて、個人の関係を発展させることが不可能なためである。あなたが模倣したいと今でも考えている親戚や友人についても同じことが言えるかもしれない。

詳細を追加する

さらに次の表に詳細を書き加えることもできる。そう

図3

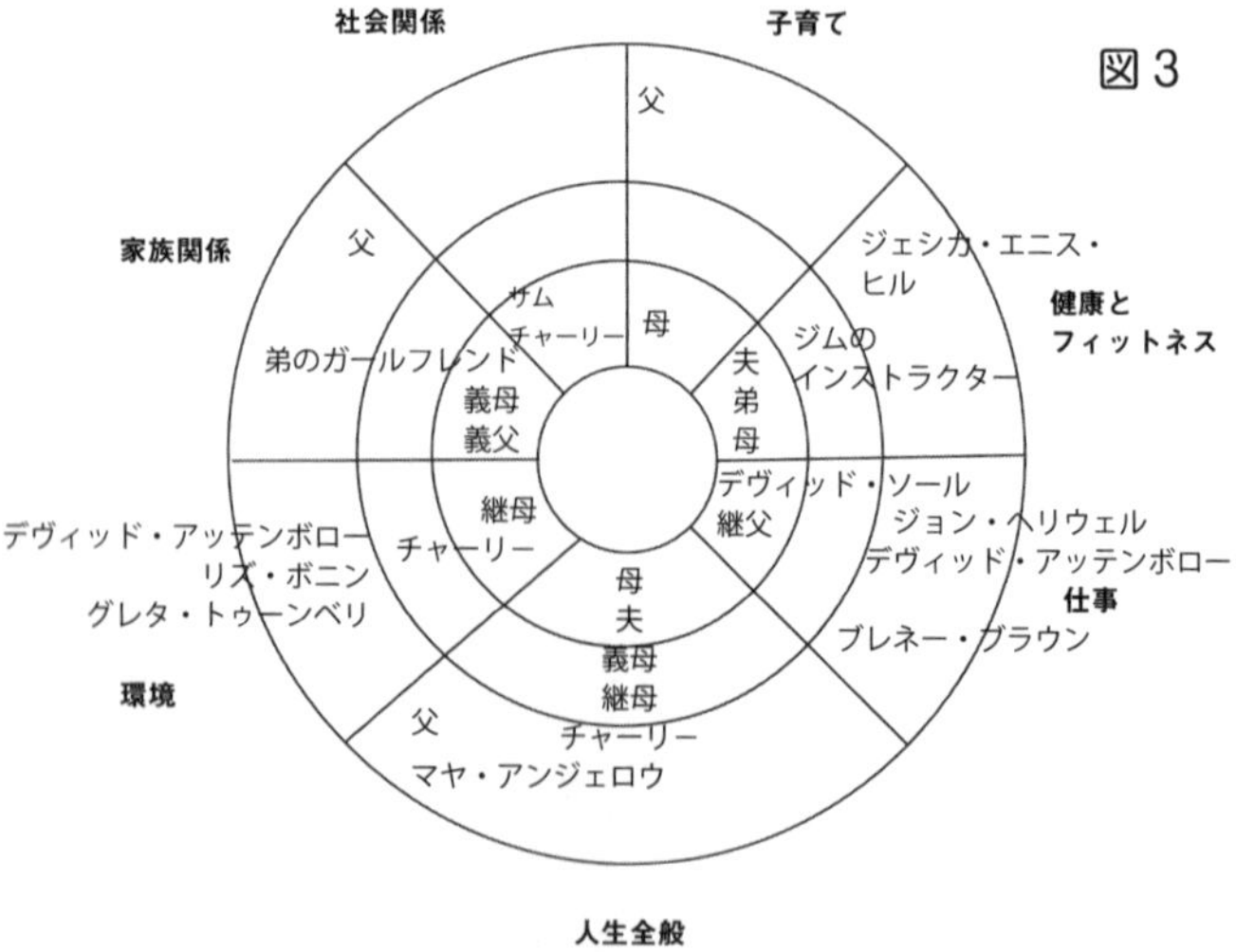

すれば、自分がミラーリング、あるいは逆ミラーリングしたいこと、また進行具合の評価方法を具体的に記すことができる。

焦点領域	ロールモデルの名前(タイプ	ミラーすること	逆ミラーすること	進捗状況の評価方法
例:仕事(プレゼンテーション時のコミュニケーション)	ハリー(状況のロールモデル:異なる部署の同僚)	技術的な詳細の理解と情報を簡潔にわかりやすくする能力	早口な話し方	新しい方法を試す前後に自分のコミュニケーション方法について信頼できる人に意見を求める

結び　ミラーがわたしたちを人間にする

わたしたちが人間らしいのはミラーニューロンのおかげである。わたしたちが話す、学ぶ、知識を伝える、心を通わせる、愛する、有意義な関係を持てるのはその働きがあるからだ。ありがたいことにわたしたちは自分を取り巻く喜びや悲しみを体験できる。ミラーニューロンがなければ、創造性はなかった。白昼夢を見られず、想像力を働かせてストーリーを語ることはなく、アート、音楽、映画、文学の作品は生まれなかった。人類は洞窟で暮らしていた先史時代から現在の姿へと進化しなかっただろう。まさしくミラーニューロンこそがわたしたちを人間にしているのである。

同時に、そうでなければよかったと思うようなものごともミラーニューロンのせいだ。ロールモデルとミラーリングは、テロリズムの台頭、若者の暴力の拡大、摂食障害の増加、ソーシャルメディアを通してエスカレートしている心の健康の危機など、わたしたちが抱えているさまざまな問題を引き起こしている。

イギリス系アメリカ人で著名な歴史学者のデヴィッド・クリスチャンは、各専門分野を超えたアプローチ「ビッグ・ヒストリー」を考案したことで知られている。人間がほかの生きものと異なっているのは、全体で学ぶ能力があるからだと彼は考える。彼はそれを「情報に基づいて共有、蓄積、構築する能力」[1]と定義している。およそ五万年前、脳の進化が止まったのとちょうど同じころ、食べものを探し歩いていた人類の祖先は集団で学ぶことを覚えた。彼らは情報をやりとりすることで、さまざまな気候での生活に適応し、食料源についての知識を共有し、道具を高度なものに発展させた。知識は世代から世代へと受け継がれた。そしてそれの段階、それぞれの世代で、各環境内で繁栄していくために手直しされ、磨き上げられ、進歩を重ねていった。およそ四万四〇〇〇年前、人類は自分たちのストーリーを壁画という形で残し始めた。過去の生活について後世に知識を授ける、世代間のミラーリングの土台を作ったのである。

何と言っても、観察、模倣、ストーリーテリングを通して次の世代に伝えられる知識の継承は、当時も今も、ミラーシステムに頼っている。人類のアイデアが大きく進化したのは、それから何世代もあとだった。紀元前三三〇〇年ごろになってようやく、人類は知識を文字にすることを思いついた。するとたちまち集団学習が飛躍的な進歩を遂げた。いろいろな考えを記録し、以前よりもすばやく受け渡して、いち早く拡大することができるようになったのである。祖先はもはやミラーシステムだけに頼らなくてもよくなった。けれども、進歩のほとんどはなおもミラー「シンキング」に頼っていた——そうやって社会制度、賞罰、信仰の共有、人権の確立、共通の価値観が生まれた。

たった数十年のあいだに、インターネットのようなテクノロジーによって、情報伝達のスピードと量が驚くほど増大した。数百年前にはひとつの村の同じ時代に生きている人のあいだで行われていた学びの範囲が、現在ではほんの数秒で世界中の人々のあいだで行えるようになった。集団学習の規模とスピードが急激に拡大したのである。

それほどの学習の潜在的可能性となると頭が追いつかない。たとえば、NASAの「オープン・イノベーション」プロジェクトでは、特定の問題を解決するために世界各地の人々の知識を活用している。NASAのスペース・アップス・チャレンジは「世界中の科学技術者、科学者、デザイナー、アーティスト、教育者、起業家、開発者、学生などがチームを組み、地球規模の問題に対して革新的な解決策を生み出すために、公開データを用いて共同で取り組む二日間のハッカソン」[2]［ハッカソンとは、ハックとマラソンの造語で、一定期間集まってプログラム開発などを行い、アイデアや技能を競う催し］と説明されている。その催しでは、「地球上の暮らしの改善に協力する」というきわめて重要な目標のもと、わずか四八時間のあいだに四〇もの地球規模の問題を解決しようと、九一か所の異なる会場に八〇〇〇人を超える人々が集まった。解決策のなかには、農家が収穫量を増やせるよう、情報を収集してリアルタイムで作物のリスク評価を提供する、CROPPと呼ばれるアプリのような技術が含まれている。イナゴなどの害虫や病気の被害を受ける作物は三〇パーセントにのぼり、それが農家の暮らしに直接影響を与えている。このイノベーションで利用されたのは、センサーを内蔵した簡単なペットボトルだ。センサーが農地からデータを収集してクラウドサーバーに送り、それが衛星画像のデータと組み合わされて、農家が脅威に備えられるよう警報が送られる仕組みである。それによって作物の被害を大きく減らせる可能性がある。農業に改革をもたらせるほどのこうしたすぐれた技術が、大陸を越えて、たった二日で作られる。現在ではより多くの組織が、知識や先端技術を国境を超えて移動させ、答えを見つけるまでの時間を短縮しようと、NASAと同じような共同作業を行うようになってきている。食べものの安全性、エネルギー生成、医学における問題解決が積極的に模索されている。

ではなぜ、科学の知識を共有して、これほどすばらしい進歩を遂げているにもかかわらず、世界中でものごとが悪化し続けているのだろう？　どうして貧困、犯罪、虐待、テロリズム、肥満がなくならないのだろう？　わたしたちはまちがったところに焦点を当てているのだろうか？　本質的にまちがったミラーを見ているのだろうか？

わたしたちは今、ヒトという種としての転換期にある。問題解決の能力を猛烈に進歩させているにもかかわらず、自然な社会的共有、模倣、観察の機会を抑制してミラーシステムを妨げている。前代未聞のスピードで問題を解決しながら、おそらくそれよりも速く問題を生み出している。めまぐるしい生活のペースは、ひとりひとりが生涯を通じて成熟する機会を奪い、人間としての潜在的可能性を押しつぶしている。たとえば、ミシガン大学の慈善学准教授サラ・コンラスが実施した一万四〇〇〇人を対象にした調査では、一九七九年と二〇〇九年のあいだで、共感レベルが四八パーセントも下がり、なかでも二〇〇〇年から二〇〇九年にかけて急激に下がったことが示されている。[3]これはおもに、科学とテクノロジーの影響で、わたしたちが人間本来のあり方からどんどん離れていっているためだ。わたしたちは忙しく、ほかのことに気を取られてしまって、共感を抱く、社会の役に立つ、感情を読む能力を発展させるようなニュアンスに触れることができず、社会的、情動的なゾンビであるかのようにうろうろ歩き回っているのである。顔を上げ、外を見て、自分の可能性を発揮する方法を探すのではなく、わたしたちの頭はツイッターやインスタグラムをスクロールすることでいっぱいだ。あなたやわたしが可能性を発揮しなければ、おそらく次の世代もしないだろう。そして、何よりも心配なのは、共感を発達させなければ、他者と有意義な人間関係を結べなくなってしまう。そうなったら、社会はどうなるのだろう？

残念なことに、そこで終わりではない。わたしたちのミラーシステムはめまぐるしい生活のペースで息がつけなくなっているだけではない。科学と技術の進歩は、社会や人類の関心事よりも、営利組織を優遇する傾向がある。CROPPのようなすばらしい解決策を生み出す一方で、そうした進歩は世界をよりよい場所にするためよりも、商業基盤で製品を売り込むアルゴリズムを作るために活用されることのほうが多い。行動科学から得られる知識までもが、人間としてのわたしたちに役立てるのではなく、もっぱらわたしたちを食いものにするために利用されている。たとえば、巨大ＩＴ企業は商業利益のために行動学を利用しようと、名門校から有能な学者を採用している。世界でも有数の創造性あふれる頭脳が、アプリに夢中にならせる方法、あるいはおすすめ商品を魔法のようにソーシャルメディアのフィードに表示する方法を考えるために、脳の力を大量に費やしている。一部の人間にいたっては、ソーシャルメディアを使えば、恋愛をしている当人が気づくよりも早く、恋愛関係がうまくいかなくなりそうな場合を予測できるとうたい、その知識を利用してそれぞれの人に合う新しいライフスタイルを「売り込んで」いる。その一方で、政府は、効果的な政策を可能にしたり社会問題に対処したりするために、まさにその同じ行動に関する知識を取り入れることに対して消極的でなかなか腰を上げない。このミスマッチとアンバランスは、文明が人間らしさという点で実際に後退の危機にあることを意味し、研究もそれを裏づけている。

座ってニュースを見ながら、増えるばかりの銃乱射事件、うつや自殺の増加、ヘイトや過激主義の高まりを目にして、わたしたちはみな何とかしなければと思いながらもその方法がわからずにいる。声を上げようとはするけれども、テクノロジーを用いてそれを実行し、日に何千万ものメッセージを投稿して、かえって人間らしくあるための能力を押しつぶして弱めてしまっている。わたしたちは科学と技術の進歩によって問題を解決しようとする。たとえば、現在、人を弱らせるうつのような病気は薬で治療できる。それは一〇〇年前には不可能だった。けれども、科学と技術の進歩はまた、しばしば商業的な利益を追って、めまぐるしい生活のリズムを作り上げる。その結果、脳と環境のミスマッチは進む一方だ。つまり、うつは治療できるようになったが、全体の心の健康度は劇的に下がってしまった。アメリカの自殺率は二〇〇一年と比較して三一パーセントも増加している。[4] 別の言葉で述べるなら、明らかに薬では問題を解決できないということだ。

わたしたちには治療ではなく予防が必要なのである。

神経科学はすでにいくつか画期的な理解をもたらしており、今後もそれが続くだろう。次のステップは、わたしたちの人間らしさと矛盾しないよう、またそれを最大限活用できるようにしながら、知識を活かして人工知能のようなほかの科学の進歩と組み合わせていくことだろう。もっとも自然な形で脳を使って、ロールモデルと集団ミラー・シンキングを活用し、それをベースに社会性と情動の学習を共有すれば、人間にはものごとを達成する驚くべき能力があると、すべての事例証拠が示している。それと組み合わせて技術の進歩を人間のために有効利用すれば、世界をよりよい場所にできる。

脳に逆らうのではなく脳に寄り添えば、自分の人生のいくつもの悪循環を断ち切れるだけでなく、次の世代の人生を豊かにすることもできる。そうした要素に注意を払い、世界の技術の進歩がわたしたちの人間らしい能力を圧倒してしまわないようにすれば、すべての人が自分の最大の可能性に気づけるようになるだろう。

何より、事例証拠が示すように、子どもたちのために行動スキルに優先順位をつけることが重要だ。子どもたちが必ず学校で社会性と情動の学習を行えるようにすれば、心の健康、体の健康が良好になることはもちろん、よい仕事に就く可能性が上がり、実りある人生を送れるなど、よい結果がもたらされる。そのためには、そうしたスキルを教える権限を教師に持たせ、テスト攻めによってそれが損なわれることがないようにしなければならない。そして、もしかすると一番大切なことかもしれないが、子どもたちを残酷で中毒性のあるソーシャルメディアの支配から解き放つ必要がある。若者のミラー・シンキングを発達させれば、世代から世代へと引き継がれている虐待、暴力、犯罪の勢いを止める効果があると、研究は示している。

集団レベルでは、社会的また情動的な世界にもっと細かく注意を払い、人間についての理解を深めれば、無能なリーダーの選出、経済危機、肥満の蔓延、テロの脅威、国際紛争、地球温暖化、さらには貧困の緩和まで、数えきれないほどの地球規模の問題を軽減できる。

では、どうすればそれを確実に実行できるのだろう？ 社会に悪影響を与えているとわかった今、テクノロジーの利用方法に規制をかけるにはどうすればよいのだろう？ 飲酒、ギャンブル、薬物使用、果ては砂糖まで、みな、個人生活やコミュニティに害を与えかねないものごととして規制されている。そうした規制を批判する人はほとんどいないはずだ。わたしたちを本来の姿に戻すための解決策は大それたものである必要はない――ソーシャルメディアプラットフォームを利用できる年齢を引き上げ、年齢ごとに一日に費やす時間を制限すればよいだろう。そうすれば、子どもたちが、自分を取り巻く社会性と情動のニュアンスについて、対面で学ぶ時間が増える。政府も、企業活動によって巨額の利益を上げている法人も、行動に関する知識は利益のためではなく望ましいものごとのために活用するということを、後知恵ではなく第一に考える必要がある。

さて、読者のあなたは、わたしたちが人間として互いにしっかりと結びついているということが以前よりも少しわかるようになった。次の問題は、自分はどうするかということである。社会的、情動的ゾンビになるのか、それとも目を覚まして周囲の世界や人々に目を向けるのか？ あなたは個人としては唯一無二の存在だけれども、その唯一無二はあなたの心で周囲の人々の人生に刺激を与えて他者と交わらないかぎり意味がない。わたしたちは互いに依存しながら、社会における体験と知識を共有している。繁栄を続ける能力も備え持っている。生きるために食べたり飲んだりしなくてはならないのと同じように、わたしたちは他者と交わらなければならない。水質と食べものの栄養分が身体に影響を与えるのと同じように、触れ合いは脳と魂に影響を与える。そのつながりがなければ、倫理感や価値観がみな失われてしまうおそれがある。

周囲で何が起きているのかを努めて「観察」し、どの行動を取り入れるのか、どのように対応するのかを自ら選べば、自分の脳の形成をある程度コントロールできる。自分の行動に反映させたい世界を選べば、社会全体を変化させることは無理でも自分自身のなかで好循環をスタートさせることはまちがいなく可能だ。人は一生のあいだにおよそ八万人と出会う。相手が自分からよい行いを学んで、それをまた八万人に伝えれば、理論的には六四億人に影響をおよぼせることになる。それらの人々がまた伝えていくと考えれば、その数字自体が影響の大きさを物語っている。

次にコーヒーを買うときにはスマホを見るのをやめて、注文の前に顔を上げてバリスタに笑顔を向ける。そのシンプルな触れ合いが波及効果を起こす。子どもが遊んでいるのを見ているときにテキストメッセージに返信するのはやめて、すべての注意を子どもに向ける。そうすればミラーリングを通して、子どもに愛情と賞賛の重要性を教えることになる。それぞれの触れ合いの質がすべての人間関係を円滑にする。そして人間関係はどのようになりうるのか、またなるべきなのかということについての知識と理解をしっかりと伝えていける可能性が高まる。ひとつの良好な関係から発せられる目に見えないドミノ効果は計り知れなく大きい。実際、それは人類全体に影響を与えるだろう。

謝辞

またひとつアイデアを現実にするために根気よくサポートしてくださったジョー・デヴリーに感謝の気持ちを伝えたい。出発点のエマ。すぐに答えが返ってくる優秀な編集部長のアナ。穏やかなコピーエディターのエミリー。いつも一連の思考の発端となるような刺激的な多くの会話をしたアンソニー・フォースター教授。ミラーニューロンの機能について指南を仰いだすべての研究者。なかでも、寛容で、謙虚で、優秀なマルコ・イアコボーニに。

前向きになることのロールモデルであるブレンダ、意味をなさないときから読んでくれたイジー、わたしたちみんなのためにそこにいてくれる母に感謝する。大好きな娘たち、それからクリス。あなたがいなければ今のわたしはない。

生涯を通じてわたしがミラーしてきたすべての人々、なかでも、子ども時代にわたしを形作ってくれた家族全員——ピーター、母、父、ゲイル、マルコムにありがとうと言いたい。

訳者あとがき

「いかにもロンドンらしい、じめっとした寒い冬の朝、通勤客で混み合う地下鉄の駅に向かってテムズ川沿いを歩いていたとき、息がつまりそうな感覚を覚えた。一流企業で一流の仕事。でもそれがわたしらしい人生なのだろうか？　ここで何をやっているのだろう？　これが自分の本当の姿なのだろうか？」（著者ウェブサイトより）

その日から、彼女の人生は変わった。フィオナ・マーデンは今、だれにでも、自分の才能を最大限に生かすチャンスが与えられるべきだと考える。自分が大事に思われていると感じられるような、その人ならではの居場所がなくてはならないと信じている。そして、ひとりの心理学者としてそれを手助けしようとしている。本書はそんなマーデンの二冊目の著作である。

本書で用いられているいくつかの言葉について、若干補足しておきたい。

「ミラーリング」という言葉に馴染みのある読者もおられるかもしれないが、簡単に言うならそれは、ミラー、すなわち鏡に映すかのように他者を模倣することである。インターネットで検索すると、相手に好感を抱かせるために、意図してしぐさをまねするテクニックと説明されている記事が目につくが、本書で語られるミラーリングはそれよりずっと幅広く、奥深く、この世に生まれた瞬間から生涯を閉じるまで続く、意識また無意識の模倣行動を意味する。著者はそれをさらに拡大して、脳内でミラーリングを行う神経細胞を介する思考プロセスあるいはミラーリングに基づく精神作用といったものをミラー・シンキング（Mirror Thinking）と呼んでいる。そしてそれは自分という人間がよりよく生きるためだけでなく、人類の存続にとっても必要不可欠なものだという。

日本では役割モデルとも呼ばれる「ロールモデル」という言葉は、企業の人材育成の場などでよく用いられている。一般には、模範や手本となるすぐれた人物を指すが、本書では、意識していようがいまいが、自分自身も含めて、だれもがロールモデルだと述べられている。よい手本もあれば、悪い手本もあり、ひとりの人間がその両方をあわせ持っている場合もある。そして、つねに自分はだれかを模倣し、だれかに模倣されている。

もうひとつ、「メンター」という言葉も、経験豊富な先輩社員が後輩を助けて成長させる職場のメンター制度などの例で取り上げられることが多い。これは助言を与えたり相談相手になったりする人物と言い換えることができる。本書におけるミラー、ロールモデル、メンターは、模倣する、また模倣される対象という意味ではほとんど同じもの、あるいは重なり合うものと考えてよいかもしれない。

自分らしく生きる。人間らしく生きる。それがすべての人のためにもなる。今すぐ行動を起こそう。マーデンはそう語っている。

最後になったが、本書を訳すにあたってお世話になった原書房編集部の大西奈己氏、オフィス・スズキの鈴木由紀子氏ほかのみなさまに、この場を借りて謝意を表したい。

大槻敦子

二〇二一年六月

注

序章

1 Hofman, M. A. 2014. Evolution of the human brain: when bigger is better. *Frontiers in neuroanatomy* 8, 15.

2 Maclean, P. 1985. Evolutionary psychiatry and the triune brain. *Psychological Medicine* 15(2): 219–221.

3 www.lexico.com/en/definition/role_model

4 Ramachandran, V. S. (2000). Mirror neurons and imitation learning as the driving force behind 'the great leap forward' in human evolution. www.edge.org/3rd_culture/ramachandran/ramachandran_index. html

5 Cannon, E. N. & Woodward, A. L. 2008. Action anticipation and interference: a test of prospective gaze. CogSci Annual Conference of the Cognitive Science Society Vol. 2008, p. 981.

6 Rhodes, J. E. & DuBois, D. L. 2008. Mentoring relationships and programs for youth. *Current Directions in Psychological Science* 17(4): 254–258.

第 1 章

1 www.developingchild.harvard.edu/science/key-concepts/ brain-architecture

2 www.developingchild.harvard.edu/science/key-concepts/ brain-architecture

3 現在、ミラーシステムが先天的か後天的かについては意見の一致が見られていないが、わたし個人は後者だと考える。

4 Užgiris, I. Č., Benson, J. B., Kruper, J. C. & Vasek, M. E. 1989. Contextual influences on imitative interactions between mothers and infants. *Action in social context*. Springer, Boston, 103–127.

5 Fogel, A., Toda, S., & Kawai, M. 1988. Mother-infant face-to-face interaction in Japan and the United States: a laboratory comparison using three-month-old infants. *Developmental Psychology* 24(3): 398.

6 www.developingchild.harvard.edu/resources/inbrief-science-of-ecd

7 McNeil, M. C., Polloway, E. A. & Smith, J. D. 1984. Feral and isolated children: Historical review and analysis. *Education and training of the mentally retarded* 70–79.

8 Meltzoff, A. N. & Moore, M. K. 1977. Imitation of facial and manual gestures by human neonates. *Science* 198(4312): 75–78.

9 Heyes, C. 2018. *Cognitive Gadgets: The cultural evolution of thinking*. Harvard University Press, Cambridge, MA.

10 Ramachandran, V. S. (2000). Mirror neurons and imitation learning as the driving force behind 'the great leap forward' in human evolution. www.edge.org/3rd_culture/ramachandran/ramachandran_index.html References 323

11 エピジェネティクス（遺伝子の目印を解明する学問）は、遺伝子スイッチのオンやオフにつながる環境の影響について言及している。つまり、それぞれの人のミラーシステムは異なる体験にさらされることで発達また適応すると考えられ、社会環境におけるこうしたやりとりの影響を強く受ける。

12 Pawlby, S. J. 1977. *Imitative Interaction: Studies in mother-infant interaction.* New York Academic Press, 203–224.

13 Haviland, J. M. & Lilac, M. 1987. The induced after affect response: 10-week-old infants responses to three emotion expressions. *Developmental Psychology* 24: 223–229.

14 Lenzi, D., Trentini, C., Pantano, P., Macaluso, E., Iacoboni, M., Lenzi, G. L. & Ammaniti, M. 2009. Neural basis of maternal communication and emotional expression processing during infant preverbal stage. *Cerebral Cortex* 19(5): 1124–1133.

15 Ebisch, S. J., Aureli, T., Bafunno, D., Cardone, D., Romani, G. L., & Merla, A. 2012. Mother and child in synchrony: thermal facial imprints of autonomic contagion. *Biological psychology* 89(1): 123–129.

16 Yang, C. 2006. *The Infinite Gift: How children learn and unlearn the languages of the world*. Scribner, New York.

17 Hoff, E., Core, C., Place, S., Rumiche, R., Senor, M. & Parra, M. 2012. Dual language exposure and early bilingual development. *Journal of Child Language* 39(1): 1–27.

18 Plante-Hébert, J. & Boucher, V. J. 2015. Effects

of nasality and utterance length on the recognition of familiar speakers. International Congress of Phonetic Science, Glasgow, United Kingdom.

19 Von Kriegstein, K. & Giraud, A. L. 2006. Implicit multisensory associations influence voice recognition. *PLoS biology* 4(10).

20 Tettamanti, M., Buccino, G., Saccuman M. C., Gallese, V., Danna, M., Scifo, P., Fazio, F., Rizzolatti, G., Cappa, S. F. & Parani, D. 2005. Listening to action-related sentences activates fronto-parietal motor circuits. *Journal of Cognitive Neuroscience* 17: 273–281.

21 Fazio, P., Cantagallo, A., Craighero, L., D'ausilio, A., Roy, A. C., Pozzo, T., Calzolari, F., Granieri, E. & Fadiga, L. 2009. Encoding of human action in Broca's area. *Brain* 132(7): 1980–88.

22 www.developingchild.harvard.edu/resources/inbrief-science-of-ecd

23 www.hunewsservice.com/newsteens-look-up-to-parents-not-celebrities-and-athletes-as-role-models

24 Madhavan, S. & Crowell, J. 2014. Who would you like to be like? Family, village and national role models among black youth in rural South Africa. *Journal of Adolescent Research* 29(6): 716–737.

25 www.scmp.com/magazines/post-magazine/long-reads/article/2169346/one-year-adopted-girl-reunited-birth-parents

26 Widom, C. S., Czaja, S. J. & DuMont, K. A. 2015. Intergenerational transmission of child abuse and neglect: real or detection bias? *Science* 347(6229): 1480–1485.

27 Kandel, D. B., Griesler, P. C. & Hu, M. C. 2015. Intergenerational patterns of smoking and nicotine dependence among US adolescents. *American Journal of Public Health* 105(11):e63–e72.

28 Murden, F. 2018. *Defining You: How to profile yourself and unlock your full potential*. Nicholas Brealey, London.

29 https://www.goodreads.com/quotes/492199-my-parents-raised-me-to-never-feel-like-i-was

30 Murden, F. 2018. *Defining You: How to profile yourself and unlock your full potential*. Nicholas Brealey, London.

31 Lindquist, M. J., Sol, J. & Van Praag, M. 2015. Why do entrepreneurial parents have entrepreneurial children?. *Journal of Labor Economics* 33(2): 269–296.

32 www.telegraph.co.uk/culture/film/starsandstories/11395314/Fifty-Shades-Dakota-Johnson-on-sex-scenes-and-her-famous-parents.html

33 Beede, D. N., Julian, T. A., Langdon, D., McKittrick, G., Khan, B. & Doms, M. E. 2011. Women in STEM: a gender gap to innovation. *Economics and Statistics Administration Issue Brief* 4–11.

34 Olsson, M. I. T. & Martiny, S. E. 2018. Does exposure to counterstereotypical role models influence girls' and women's gender stereotypes and career choices? A review of social psychological research. *Frontiers in Psychology* 9: 2264.

35 Olsson, M. I. T. & Martiny, S. E. 2018. Does exposure to counterstereotypical role models influence girls' and women's gender stereotypes and career choices? A review of social psychological research. *Frontiers in Psychology* 9, 2264.

36 www.time.com/4821462/melinda-gates-advice-from-father

37 www.evoke.org/articles/june-2019/Data-Driven/Fresh_Takes/ the-difference-a-dad-can-make

38 Geher, G. 2000. Perceived and actual characteristics of parents and partners: a test of a Freudian model of mate selection. *Current Psychology* 19(3): 194–214.

39 Vaughn, A. E., Martin, C. L. & Ward, D. S. 2018. What matters most – what parents model or what parents eat?. *Appetite* 126: 102–107.

40 Reicks, M., Banna, J., Cluskey, M., Gunther, C., Hongu, N., Richards, R., Topham, G. & Wong, S. S. 2015. Influence of parenting practices on eating behaviors of early adolescents during independent eating occasions: implications for obesity prevention. *Nutrients* 7(10): 8783–8801.

第 2 章

1 www.telegraph.co.uk/health-fitness/body/alistair-brownlee-mum-wouldnt-have-been-happy-if-id-left-jonny-b

2 www.telegraph.co.uk/health-fitness/body/alistair-brownlee-mum-wouldnt-have-been-happy-if-id-left-jonny-b

3 www.joshuas.io/brown-

lee-brothers-brotherhood-beyond

4 Alba, R. D. & Kadushin, C. 1976. The intersection of social circles: a new measure of social proximity in networks. *Sociological Methods & Research* 5(1): 77–102.

5 Tukahirwa, J. T., Mol, A. P. J. & Oosterveer, P. 2011. Access of urban poor to NGO/CBO-supplied sanitation and solid waste services in Uganda: the role of social proximity. *Habitat International* 35(4): 582–591.

6 McHale, S. M. & Crouter, A. C. 1996. *The family contexts of children's sibling relationships*. Ablex Publishing, New York.

7 Nicoletti, C. & Rabe, B. 2019. Sibling spillover effects in school achievement. *Journal of Applied Econometrics* 34(4): 482–501. References 325

8 Tucker, C. J., Updegraff, K. A., McHale, S. M. & Crouter, A. C. 1999. Older siblings as socializers of younger siblings' empathy. *The Journal of Early Adolescence* 19(2): 176–198.

9 Jambon, M., Madigan, S., Plamondon, A., Daniel, E. & Jenkins, J. 2018. The development of empathic concern in siblings: a reciprocal influence model. *Child Development.*

10 Pollack, W. S. 2006. The 'war' for boys: hearing 'real boys' voices, healing their pain. *Professional Psychology: Research and Practice* 37(2): 190.

11 Iacoboni, M. 2009. Imitation, empathy and mirror neurons. *Annual Review of Psychology* 60: 653–670.

12 Pfeifer, J. H. & Dapretto, M. 2011. Mirror, mirror, in my mind: empathy, interpersonal competence and the mirror neuron system. *The Social Neuroscience of Empathy* 183.

13 Rizzolatti, G. 2005. The mirror neuron system and its function in humans. *Anatomy and Embryology* 210(5–6): 419–421.

14 Slomkowski, C., Rende, R., Novak, S., Lloyd-Richardson, E. & Niaura, R. 2005. Sibling effects on smoking in adolescence: evidence for social influence from a genetically informative design. *Addiction* 100(4): 430–438.

15 Wall-Wieler, E., Roos, L. L. & Nickel, N. C. 2018. Adolescent pregnancy outcomes among sisters and mothers: a population-based retrospective cohort study using linkable administrative data. *Public Health Reports* 133(1): 100–108.

16 Lyngstad, T. H. & Prskawetz, A. 2010. Do siblings' fertility decisions influence each other? *Demography* 47(4): 923–934.

17 www.fortune.com/2013/03/22/the-hatred-and-bitterness-behind-two-of-the-worlds-most-popular-brands

18 www.adidassler.org/en/life-and-work/chronicle

19 Smit, B. 2008. *Sneaker Wars: The enemy brothers who founded Adidas and Puma and the family feud that forever changed the business of sport*. CCCO/HarperCollins, New York.

20 www.bundesligafanatic.com/20160817/adidas-vs-puma-part-2-key-battles

21 www.thesun.co.uk/sport/1642200/ed-brownlee-tells-the-sun-what-its-like-to-be-the-big-burly-one-following-olympic-triathlonbrothers-jonny-and-alistairs-win

22 Bank D. P. & Kahn M. D. 1997. *Adult Sibling Relationship. The Sibling Bond.* Basic Books, New York.

23 Yang, J., Hou, X., Wei, D., Wang, K., Li, Y. and Qiu, J. 2017. Only-child and non-only-child exhibit differences in creativity and agreeableness: evidence from behavioral and anatomical structural studies. *Brain Imaging and Behaviour* 11(2): 493–502.

24 McHale, S. M., Updegraff, K. A. & Whiteman, S. D. 2012. Sibling relationships and influences in childhood and adolescence. *Journal of Marriage and Family* 74(5): 913–930.

25 Society for Research in Child Development. Younger and older siblings contribute positively to each other's developing empathy. *ScienceDaily* 20 February 2018.

26 Chambers, S. A., Rowa-Dewar, N., Radley, A. & Dobbie, F. 2017. A systematic review of grandparents' influence on grandchildren's cancer risk factors. *PloS One* 12(11).

27 www.ox.ac.uk/research/research-impact/grandparents-contributechildrens-wellbeing

28 Profe, W. & Wild, L. G. 2017. Mother, father and grandparent involvement: associations with adoles-

cent mental health and substance use. *Journal of Family Issues* 38(6): 776–797.
29 Zeng, Z. & Xie, Y. 2014. The effects of grandparents on children's schooling: evidence from rural China. *Demography* 51(2): 599–617.
30 www.gla.ac.uk/news/archiveofnews/2017/november/headline_559766_en.html
31 Elias, N., Nimrod, G. & Lemish, D. 2019. The ultimate treat? Young Israeli children's media use under their grandparents' care. *Journal of Children and Media* 13(4): 472–483.
32 Nimrod, G., Elias, N. & Lemish, D. 2019. Measuring mediation of children's media use. *International Journal of Communication* 13: 17.
33 1964年4月、リヴォニア裁判で被告席に座ったマンデラの陳述の冒頭部分。
34 Johnson, S. K., Buckingham, M. H., Morris, S. L., Suzuki, S., Weiner, M. B., Hershberg, R. M., Fremont, E. R., Batanova, M., Aymong, C. C., Hunter, C. J. & Bowers, E. P. 2016. Adolescents' character role models: exploring who young people look up to as examples of how to be a good person. *Research in Human Development* 13(2): 126–141.
35 Beam, M. R., Chen, C. & Greenberger, E. 2002. The nature of adolescents' relationships with their 'very important' non-parental adults. *American Journal of Community Psychology* 30(2): 305–325.
36 Hurd, N. M., Zimmerman, M. A. & Reischl, T. M. 2011. Role model behavior and youth violence: a study of positive and negative effects. *The Journal of Early Adolescence* 30 (2): 323–354.
37 www.nytimes.com/1984/04/09/style/relationships-the-roles-of-unclesand-aunts.html

第3章

1 Guinn, J., 2010. *Go Down Together: The true, untold story of Bonnie and Clyde.* Simon and Schuster, New York. 59.
2 www.theatlantic.com/magazine/archive/2003/09/people-like-us/ 302774
3 Telzer, E. H., Fuligni, A. J., Lieberman, M. D. & Galván, A. 2013. Ventral striatum activation to prosocial rewards predicts longitudinal declines in adolescent risk-taking. *Developmental Cognitive Neuroscience* 3: 45–52.
4 Klucharev, V., Munneke, M. A., Smidts, A. & Fernández, G. 2011. Downregulation of the posterior medial frontal cortex prevents social conformity. *Journal of Neuroscience* 30 (33): 11934–11940.
5 Campbell-Meiklejohn, D. K., Bach, D. R., Roepstorff, A., Dolan, R. J. & Frith, C. D. 2010. How the opinion of others affects our valuation of objects. *Current Biology* 20(13): 1165–1170.
6 Christakis, N. A. & Fowler, J. H. 2007. The spread of obesity in a large social network over 32 years. *New England Journal of Medicine* 357(4): 370–379.
7 Christakis, N. A. & Fowler, J. H. 2007. The spread of obesity in a large social network over 32 years. *New England Journal of Medicine* 357(4): 370–379.
8 Katzenbach J. R. & Khan, Z. 2010. Positive peer pressure: a powerful ally to change. *Harvard Business Review* 6 April 2010. References 327
9 Paluck, E. L., Shepherd, H. & Aronow, P. M. 2016. Changing climates of conflict: a social network experiment in 56 schools. Proceedings of the National Academy of Sciences 113(3): 566–571.

第4章

1 www.independent.co.uk/voices/aylan-kurdi-death-three-year-anniversary-child-refugee-home-office-a8518276.html
2 www.theguardian.com/world/2015/dec/22/abdullah-kurdifather-boy-on-beach-alan-refugee-tragedy
3 www.theguardian.com/world/2015/sep/02/ hocking-image-of-drowned-syrian-boy-shows-tragic-plight-of-refugees
4 www.independent.co.uk/voices/aylan-kurdi-death-three-yearanniversary-child-refugee-home-office-a8518276.html
5 Hein, G., Engelmann, J. B., Vollberg, M. C. & Tobler, P. N. 2016. How learning shapes the empathic brain. *Proceedings of the National Academy of Sciences* 113(1): 80–85.
6 www.theguardian.com/society/2018/oct/04/in-

creasing-numberof-britons-think-empathy-is-on-the-wane
7 Konrath, S. H., O'Brien, E. H. & Hsing, C. 2011. Changes in dispositional empathy in American college students over time: a meta-analysis. *Personality and Social Psychology Review* 15(2): 180–198.
8 Ferrari, P. F., Gallese, V., Rizzolatti, G. & Fogassi, L. 2003. Mirror neurons responding to the observation of ingestive and communicative mouth actions in the monkey ventral premotor cortex. *European Journal of Neuroscience* 17(8): 1703–1714.
9 Hutchison, W. D., Davis, K. D., Lozano, A. M., Tasker, R. R. & Dostrovsky, J. O. 1999. Pain-related neurons in the human cingulate cortex. *Nature Neuroscience* 2(5): 403.
10 Hutchison, W. D., Davis, K. D., Lozano, A. M., Tasker, R. R. & Dostrovsky, J. O. 1999. Pain-related neurons in the human cingulate cortex. *Nature Neuroscience* 2(5): 403–405.
11 Mukamel, R., Ekstrom, A. D., Kaplan, J., Iacoboni, M. & Fried, I. 2010. Single-neuron responses in humans during execution and observation of actions. *Current Biology* 20(8): 750–756.
12 Christov-Moore, L., Simpson, E. A., Coudé, G., Grigaityte, K., Iacoboni, M. & Ferrari, P. F. 2014. Empathy: gender effects in brain and behavior. *Neuroscience & Biobehavioral Reviews* 46: 604–627.
13 Krevans, J. R. & Benson, J. A. 1983. Evaluation of humanistic qualities in the internist. *Annals of Internal Medicine* 99(5): 720–724.
14 Osgood, V. *New Medical Education and Training Standards*. General Medical Council meeting, 2 June 2015.
15 Newton, B. W., Barber, L., Clardy, J., Cleveland, E. & O'Sullivan, P. 2008. Is there hardening of the heart during medical school? *Academic Medicine* 83(3): 244–249.
16 Neumann, M., Edelhäuser, F., Tauschel, D., Fischer, M. R., Wirtz, M., Woopen, C., Haramati, A. & Scheffer, C. 2011. Empathy decline and its reasons: a systematic review of studies with medical students and residents. *Academic Medicine* 86(8): 996–1009.
17 Neumann, M., Edelhäuser, F., Tauschel, D., Fischer, M. R., Wirtz, M., Woopen, C., Haramati, A. & Scheffer, C. 2011. Empathy decline and its reasons: a systematic review of studies with medical students and residents. *Academic Medicine* 86(8): 996–1009.
18 Hojat, M., Vergare, M. J., Maxwell, K., Brainard, G., Herrine, S. K., Isenberg, G. A., Veloski, J. & Gonnella, J. S. 2009. The devil is in the third year: a longitudinal study of erosion of empathy in medical school. *Academic Medicine* 84(9): 1182–1191.
19 Mirani, S. H., Shaikh, N. A. & Tahir, A. 2019. Assessment of clinical empathy among medical students using the Jefferson Scale of Empathy – student version. *Cureus* 11(2).
20 Mostafa, A., Hoque, R., Mostafa, M., Rana, M. M. & Mostafa, F. 2014. Empathy in undergraduate medical students of Bangladesh: psychometric analysis and differences by gender, academic year and specialty preferences. *ISRN Psychiatry* 375439.
21 Triffaux, J. M., Tisseron, S. & Nasello, J. A. 2019. Decline of empathy among medical students: dehumanization or useful coping process?. *L'Encephale* 45(1): 3–8.
22 Pagano, A., Robinson, K., Ricketts, C., Cundy Jones, J., Henderson, L., Cartwright, W. & Batt, A. M. 2019. *Empathy levels in Canadian paramedic students: a longitudinal study.*
23 Ameh, P. O., Uti, O. G. & Daramola, O. O. 2019. Empathy among dental students in a Nigerian institution. *European Journal of Dental Education* 23(2): 135–142.
24 Devi, N. A., Eapen, A. A. & Manickam, L. S. S. 2018. A comparative cross-sectional study on the level of empathy between the freshmen to senior undergraduate student nurses. *International Journal for Advance Research and Development* 3(9): 10–14.
25 Nunes, P., Williams, S., Sa, B. & Stevenson, K., 2011. A study of empathy decline in students from five health disciplines during their first year of training. *International Journal of Medical Education* 2: 12–17.
26 Singh, S. 2005. Empathy:

lost or found in medical education?. *Medscape General Medicine* 7(3): 74.
27 すなわち、前帯状皮質、前島皮質、水道周囲灰白質。
28 Newton, B. W., Barber, L., Clardy, J., Cleveland, E. & O'Sullivan, P. 2008. Is there hardening of the heart during medical school?. *Academic Medicine* 83(3): 244–249.
29 Bauer J. 2005. *Why I Feel What You Feel. Communication and the Mystery of Mirror Neurons* [in German]. Hoffmann und Campe; Hamburg, Germany.
30 Nielsen, H. G. & Tulinius, C. 2009. Preventing burnout among general practitioners: is there a possible route?. *Education for Primary Care* 20(5): 353–359.
31 Thirioux, B., Birault, F. & Jaafari, N. 2016. Empathy is a protective factor of burnout in physicians: new neuro-phenomenological hypotheses regarding empathy and sympathy in care relationship. *Frontiers in Psychology* 7: 763.
32 Goldman, A. I. 2011. Two routes to empathy: insights from cognitive neuroscience *Empathy: Philosophical and Psychological Perspectives*, eds A. Coplan and P. Goldie. Oxford University Press, 31–44.
33 Heyes, C. 2018. Empathy is not in our genes. *Neuroscience & Biobehavioral Reviews* 95: 499–507.
34 こうした脳の機能について神経科学者の理解が深まるにつれて、はっきりと分けられるものではないのかもしれないと考えられつつある。例として Christov-Moore, L., Reggente, N., Douglas, P. K., Feusner, J. & Iacoboni, M. 2019, Predicting empathy from resting brain connectivity: a multivariate approach *bioRxiv*: 539551. を参照されたい。しかしながら、機能の説明としてはこの方法がよいということで意見の一致が見られる。
35 Greimel, E., Schulte-Rüther, M., Fink, G. R., Piefke, M., Herpertz-Dahlmann, B. & Konrad, K. 2010. Development of neural correlates of empathy from childhood to early adulthood: an fMRI study in boys and adult men. *Journal of Neural Transmission* 117(6): 781–791.
36 Christov-Moore, L. & Iacoboni, M. 2016. Self-other resonance, its control and prosocial inclinations: brain–behavior relationships. *Human Brain Mapping* 37(4):1544–1558.
37 Benbassat, J. 2014. Role-modeling in medical education: the importance of a reflective imitation. *Academic Medicine* 89(4): 550.
38 Passi, V., Doug, M., Peile, J. T. & Johnson, N. 2010. Developing medical professionalism in future doctors: a systematic review. *International Journal of Medical Education* 1: 19–29.
39 Passi, V. & Johnson, N. 2016. The hidden process of positive doctor role modelling. *Medical Teacher* 38(7):700–707.
40 www.bma.org.uk/advice/career/progress-your-career/teaching
41 Smith, L. S. 2005. Joys of teaching nursing. *Nursing 2019* 35: 134–135.
42 Maudsley, R. F. 2001. Role models and the learning environment: essential elements in effective medical education. *Academic Medicine* 76(5): 432–434.

第 5 章

1 www.apbspeakers.com/speaker/louanne-johnson
2 www.people.com/archive/boot-camp-candy-vol-44-no-10
3 Olson, K. 2014. *The Invisible Classroom. Relationships, neuroscience and mindfulness in school.* Norton & Co, New York.
4 Johnson, S. K., Buckingham, M. H., Morris, S. L., Suzuki, S., Weiner, M. B., Hershberg, R. M. & Bowers, E. P. 2016. Adolescents' character role models: exploring who young people look up to as examples of how to be a good person. *Research in Human Development* 13(2): 126–141.
5 Jackson, C. K. 2018. What do test scores miss? The importance of teacher effects on non-test score outcomes. *Journal of Political Economy* 126(5): 2072–2107.
6 Jackson, C. K. 2018. What do test scores miss? The importance of teacher effects on non-test score outcomes. *Journal of Political Economy* 126(5): 2072–2107.
7 www.people.com/archive/boot-camp-candy-vol-44-no-10
8 Sakiz, G., Pape, S. J. &

Hoy, A. W. 2012. Does perceived teacher affective support matter for middle school students in mathematics classrooms? *Journal of School Psychology* 50(2): 235–255.

9 DuBois, D. L. & Silverthorn, N. 2005. Natural mentoring relationships and adolescent health: evidence from a national study. *American Journal of Public Health* 95(3): 518–524.

10 Allee-Smith, P. J., Im, M. H., Hughes, J. N. & Clemens, N. H. 2018. Mentor Support Provisions Scale: measure dimensionality, measurement invariance and associations with adolescent school functioning. *Journal of School Psychology* 67: 69–87.

11 Rhodes, J. E. & DuBois, D. L. 2008. Mentoring relationships and programs for youth. *Current Directions in Psychological Science* 17(4): 254–258.

12 Oberle, E. & Schonert-Reichl, K. A. 2016. Stress contagion in the classroom? The link between classroom teacher burnout and morning cortisol in elementary school students. *Social Science & Medicine* 159: 30–37.

13 Murden, F. 2018. *Defining You: How to profile yourself and unlock your full potential*. Nicholas Brealey, London.

14 Tomova, L., Majdandžić, J., Hummer, A., Windischberger, C., Heinrichs, M. & Lamm, C. 2017. Increased neural responses to empathy for pain might explain how acute stress increases prosociality. *Social Cognitive and Affective Neuroscience* 12(3): 401–408.

15 Murden, F. 2018. *Defining You: How to profile yourself and unlock your full potential*. Nicholas Brealey, London.

16 Tomova, L., Majdandžić, J., Hummer, A., Windischberger, C., Heinrichs, M. & Lamm, C. 2017. Increased neural responses to empathy for pain might explain how acute stress increases prosociality. *Social Cognitive and Affective Neuroscience* 12(3): 401–408.

17 Oberle, E. & Schonert-Reichl, K. A. 2016. Stress contagion in the classroom? The link between classroom teacher burnout and morning cortisol in elementary school students. *Social Science & Medicine* 159: 30–37.

18 DuBois, D. L. & Silverthorn, N. 2005. Natural mentoring relationships and adolescent health: evidence from a national study. *American Journal of Public Health* 95: 518.

19 Rhodes, J. E. & DuBois, D. L. 2008. Mentoring relationships and programs for youth. *Current Directions in Psychological Science* 17(4): 254–258.

20 Feinstein, L. 2015. *Social and Emotional Learning: Skills for life and work*. Early Intervention Foundation, UK.

21 わたしは感情知能ではなく感情の知恵と呼びたい。知能という言葉は不変の能力であるような印象を与えるが、社会性と情動のスキルは年齢に関係なく発達させることができる。

22 Cherniss, C., Extein, M., Goleman, D. & Weissberg, R. P. 2006. Emotional intelligence: what does the research really indicate?. *Educational Psychologist* 41(4): 239–245.

23 Feinstein, L. 2015. *Social and Emotional Learning: Skills for life and work*. Early Intervention Foundation, UK.

24 Feinstein, L. 2015. *Social and Emotional Learning: Skills for life and work*. Early Intervention Foundation, UK.

25 www.bbc.co.uk/scotland/sportscotland/asportingnation/article/0062/ page02.shtml

26 www.telegraph.co.uk/sport/rugbyunion/11099705/Scotland-rugby-legend-reveals-abuse-over-Scottish-independence-No-statement.html

27 www.bbc.co.uk/sport/live/rugby-union/31807582

28 www.telegraph.co.uk/sport/rugbyunion/11099705/Scotland-rugby-legend-reveals-abuse-over-Scottish-independence-No-statement.html

29 Bath, R. 2003. *Rugby Union: The Complete Guide*. Carlton Books, UK.

30 www.smithsonianmag.com/innovation/why-are-finlands-schools-successful-49859555

31 www.siliconrepublic.com/careers/finland-education-schools-slush
References 331

32 Lohman, M. C. 2006. Factors influencing teachers' engagement in informal learning activities. *Journal of Workplace Learning* 18: 141–156.

33 Lunenberg, M., Korthagen, F. & Swennen, A. 2007. The teacher educator as a role model. *Teaching and Teacher Education* 23(5): 586–601.
34 Eurich, T. 2017. *Insight: Why we're not as self-aware as we think, and how seeing ourselves clearly helps us succeed at work and in life*. Crown Books, US.
35 www.fionamurden.com/2018/02/12/knowing-you-knowing-me
36 Geeraerts, K., Tynjälä, P., Heikkinen, H. L., Markkanen, I., Pennanen, M. & Gijbels, D. 2015. Peer-group mentoring as a tool for teacher development. *European Journal of Teacher Education* 38(3): 358–377.
37 Geeraerts, K., Tynjälä, P., Heikkinen, H. L., Markkanen, I., Pennanen, M. & Gijbels, D. 2015. Peer-group mentoring as a tool for teacher development. *European Journal of Teacher Education* 38(3): 358–377.

第 6 章

1 www.christianheadlines.com/news/these-are-the-12-pastors-who-are-most-effective-preachers.html
2 http://content.time.com/time/specials/packages/article /0,28804,1993235_1993243_1993257,00.html
3 King Jr, M. L. 1950. *An Autobiography of Religious Development: The papers of Martin Luther King Jr* 1: 360–361.
4 http://en.wikipedia.org/wiki/Benjamin_Mays
5 Hansen, D. D. 2003. *The Dream: Martin Luther King Jr and the Speech that Inspired a Nation.* HarperCollins, New York.
6 www.nationalarchives.gov.uk/education/heroesvillains/transcript/g6cs3s4t.htm［訳文はアメリカンセンタージャパンウェブサイトより引用 https://americancenterjapan.com/aboutusa/translations/2368/］
7 *A 'Dream' Remembered.* NewsHour. August 28, 2003. Retrieved July 19, 2006
8 Decety, J. & Grezes, J. 2006. The power of simulation: imagining one's own and others' behavior. *Brain Research* 1079(1): 4–14.
9 González, J., Barros-Loscertales, A., Pulvermüller, F., Meseguer, V., Sanjuán, A., Belloch, V. & Ávila, C. 2006. Reading cinnamon activates olfactory brain regions. *Neuroimage* 32(2): 906–912.
10 Lacey, S., Stilla, R. & Sathian, K. 2012. Metaphorically feeling: comprehending textural metaphors activates somatosensory cortex. *Brain and Language* 120(3): 416–421.
11 Katuscáková, M. 2015. Sharing scientific knowledge through telling stories and digital storytelling. European Conference on Knowledge Management 408.
12 Stephens, G. J., Silbert, L. J. & Hasson, U. 2010. Speaker–listener neural coupling underlies successful communication. *Proceedings of the National Academy of Sciences* 107(32): 14425–14430.
13 Stephens, G. J., Silbert, L. J. & Hasson, U. 2010. Speaker–listener neural coupling underlies successful communication. *Proceedings of the National Academy of Sciences* 107(32): 14425–14430.
14 Hasson, U., Ghazanfar, A. A., Galantucci, B., Garrod, S. & Keysers, C. 2012. Brain-to-brain coupling: a mechanism for creating and sharing a social world. *Trends in Cognitive Sciences* 16(2): 114–121.
15 Yuan, Y., Major-Girardin, J. & Brown, S. 2018. Storytelling is intrinsically mentalistic: a functional magnetic resonance imaging study of narrative production across modalities. *Journal of Cognitive Neuroscience* 30(9): 1298–1314.
16 www.greatergood.berkeley.edu/article/item/how_stories_change_brain
17 www.greatergood.berkeley.edu/article/item/how_stories_change_brain
18 http://news.berkeley.edu/berkeley_blog/the-science-of-the-story
19 www.campaignlive.co.uk/article/case-study-always-likeagirl/1366870
20 www.adidas-group.com/en/media/news-archive/press-releases/2004/impossible-nothing-adidas-launches-new-global-brand-advertising-
21 Tyng, C. M., Amin, H. U., Saad, M. N. & Malik, A. S. 2017. The influences of emotion on learning and memory. *Frontiers in Psychology* 8: 1454.
22 McMillan, R., Kaufman, S. B. & Singer, J. L. 2013.

Ode to positive constructive daydreaming. *Frontiers in Psychology* 4: 626.
23 McMillan, R., Kaufman, S. B. & Singer, J. L. 2013. Ode to positive constructive daydreaming. *Frontiers in Psychology* 4: 626.
24 www.psycom.net/schizophrenia-hallucinations-delusions
25 Allen, K. 2015. Hallucination and imagination. *Australasian Journal of Philosophy* 93(2): 287–302.
26 McCormick, L. M., Brumm, M. C., Beadle, J. N., Paradiso, S., Yamada, T., Andreasen, N. 2012. Mirror neuron function, psychosis and empathy in schizophrenia. *Psychiatry Research* 201(3): 233–239.
27 Mehta, U. M., Thirthalli, J., Aneelraj, D., Jadhav, P., Gangadhar, B. N. & Keshavan, M. S. 2014. Mirror neuron dysfunction in schizophrenia and its functional implications: a systematic review. *Schizophrenia Research* 160(1-3): 9–19.
28 McMillan, R., Kaufman, S. B. & Singer, J. L. 2013. Ode to positive constructive daydreaming. *Frontiers in Psychology* 4: 626.
29 Hansen, D. D. 2003. *The Dream: Martin Luther King Jr and the speech that inspired a nation.* Harper-Collins, New York.
30 Beaty, R. E., Benedek, M., Silvia, P. J. & Schacter, D. L. 2016. Creative cognition and brain network dynamics. *Trends in Cognitive Sciences* 20(2): 87–95.
31 Mula, M., Hermann, B. & Trimble, M. R. 2016. Neuropsychiatry of creativity. *Epilepsy & Behavior* 57: 225–229.
32 www.web.archive.org/web/20110919034257/http://www.independent.co.uk/news/obituaries/john-nelson-729400.html
33 www.bbc.co.uk/newsbeat/article/36107807/12-incredible-andslightly-crazy-things-about-prince
34 www.bbc.co.uk/newsbeat/article/36107807/12-incredible-andslightly-crazy-things-about-prince
35 www.startribune.com/dancers-recall-prince-as-a-hard-working-darling-in-tights-and-ballet-slippers/378179261
36 Beaty, R. E., Benedek, M., Wilkins, R. W., Jauk, E., Fink, A., Silvia, P. J., Hodges, D. A., Koschutnig, K. & Neubauer, A. C. 2014. Creativity and the default network: a functional connectivity analysis of the creative brain at rest. *Neuropsychologia* 64: 92–98.
37 King, E. & Waddington, C. (Eds.). 2017. *Music and Empathy*. Taylor & Francis, London. References 333
38 Molnar-Szakacs, I. & Overy, K. 2006. Music and mirror neurons: from motion to 'e'motion. *Social Cognitive and Affective Neuroscience* 1(3): 235–241.
39 Molnar-Szakacs, I. & Overy, K. 2006. Music and mirror neurons: from motion to 'e'motion. *Social Cognitive and Affective Neuroscience* 1(3): 235–241.
40 Preiss, D. D., Ibaceta, M., Ortiz, D., Carvacho, H. & Grau, V. 2019. An exploratory study on mind wandering, metacognition and verbal creativity in Chilean high school students. *Frontiers in Psychology* 10: 1118.
41 Immordino-Yang, M. H., Christodoulou, J. A. & Singh, V. 2012. Rest is not idleness: implications of the brain's default mode for human development and education. *Perspectives on Psychological Science* 7: 352–364.
42 Dewey, J. 1933. *How We Think: A restatement of reflective thinking to the educative process*. D. C. Heath, Boston. (Original work published in 1910.)
43 www.fionamurden.com/2019/03/22/the-power-of-reflection
44 Di Stefano, G., Gino, F., Pisano, G. P. & Staats, B. R. 2016. Making experience count: the role of reflection in individual learning. *Harvard Business School NOM Unit Working Paper* 14–93.
45 Immordino-Yang, M. H., Christodoulou, J. A. & Singh, V. 2012. Rest is not idleness: implications of the brain's default mode for human development and education. *Perspectives on Psychological Science* 7: 352–364.
46 Immordino-Yang, M. H., Christodoulou, J. A. & Singh, V. 2012. Rest is not idleness: implications of the brain's default mode for human development and education. *Perspectives on Psychological Science* 7: 352–364.
47 McMillan, R., Kaufman, S. B. & Singer, J. L. 2013. Ode to positive constructive daydreaming. *Frontiers in*

Psychology 4: 626.

48 Trapnell, P. & Sinclair, L. 2012, January. *Texting frequency and the moral shallowing hypothesis*. Poster presented at the Annual Meeting of the Society for Personality and Social Psychology, San Diego, CA.

第7章

1 www.independent.co.uk/sport/general/boxing-ali-v-frazier-it-waslike-death-closest-thing-to-dyin-that-i-know-of-316051.html

2 Dower, John. *Thrilla in Manila*. 2008. HBO Documentary Films.

3 Dower, John. *Thrilla in Manila*. 2008. HBO Documentary Films.

4 www.independent.co.uk/sport/general/boxing-ali-v-frazier-it-was-like-death-closest-thing-to-dyin-that-i-know-of-316051.html

5 www.independent.co.uk/sport/general/boxing-ali-v-frazier-it-was-like-death-closest-thing-to-dyin-that-i-know-of-316051.html

6 54 Facts you probably don't know about Don King. 14 January 2008. *Boxing News 24*.

7 www.worldatlas.com/articles/what-are-the-most-popular-sports-in-theworld.html

8 Iacoboni, M. 2009. *Mirroring People: The new science of how we connect with others*. Farrar, Straus and Giroux, New York.

9 www.washingtonpost.com/sports/ali-frazier-fights-were-colossalevents-on-theradio/2011/11/08/gIQAO1c62M_story.html

10 Gazzola, V., Aziz-Zadeh, L. & Keysers, C. 2006. Empathy and the somatotopic auditory mirror system in humans. *Current Biology* 16: 1824–1829.

11 Cannon, E. N. & Woodward, A. L. 2008. Action anticipation and interference: a test of prospective gaze. CogSci Annual Conference of the Cognitive Science Society. Vol. 2008: 981.

12 Kumar, A., Killingsworth, M. A. & Gilovich, T. 2014. Waiting for merlot: anticipatory consumption of experiential and material purchases. *Psychological Science* 25(10): 1924–1931.

13 Mukamel, R., Ekstrom, A. D., Kaplan, J., Iacoboni, M. & Fried, I. 2010. Single-neuron responses in humans during execution and observation of actions. *Current Biology* 20(8): 750–756.

14 www.tenniscompanion.org/serve-toss

15 Zetou, E., Tzetzis, G., Vernadakis, N. & Kioumourtzoglou, E. 2002. Modeling in learning two volleyball skills. *Perceptual and Motor Skills* 94(3): 1131–1142.

16 Hendriks, M., & Treur, J. (November 2010). Modeling super-mirroring functionality in action execution, imagination, mirroring and imitation. *International Conference on Computational Collective Intelligence* 330–342.

17 Fryling, M. J., Johnston, C. & Hayes, L. J. 2011. Understanding observational learning: an interbehavioral approach. *The Analysis of Verbal Behavior* 27(1): 191–203.

18 Raiola, G., Tafuri, D. & Gomez Paloma, F. 2014. Physical activity and sport skills and its relation to mind theory on motor control. *Sport Science* 7(1): 52–56.

19 Raiola, G., Tafuri, D. & Gomez Paloma, F. 2014. Physical activity and sport skills and its relation to mind theory on motor control. *Sport Science* 7(1): 52–56.

20 Zhang, L., Pi, Y., Zhu, H., Shen, C., Zhang, J. & Wu, Y. 2018. Motor experience with a sport-specific implement affects motor imagery. *PeerJ* 6:e4687.

21 www.telegraph.co.uk/men/active/10568898/Sports-visualisation-how-to-imagine-your-way-to-success.html

22 www.telegraph.co.uk/men/active/10568898/Sports-visualisation-how-to-imagine-your-way-to-success.html

23 www.smithsonianmag.com/history/phineas-gage-neurosciences-most-famous-patient-11390067

24 Harlow, J. M. 1993. Recovery from the passage of an iron bar through the head. *History of Psychiatry* 4(14): 274–281.

25 Harlow, J. M. 1993. Recovery from the passage of an iron bar through the head. *History of Psychiatry* 4(14): 274–281.

26 Lamm, C., Bukowski, H. & Silani, G. 2016. From shared to distinct self-other representations

in empathy: evidence from neurotypical function and socio-cognitive disorders. *Philosophical Transactions of the Royal Society B: Biological Sciences* 371(1686): 20150083.

27 Decety, J., Chen, C., Harenski, C. & Kiehl, K. A. 2013. An fMRI study of affective perspective taking in individuals with psychopathy: imagining another in pain does not evoke empathy. *Frontiers in Human Neuroscience* (7): 489.

28 Knight, M. 2014. Psychopaths' broken empathy circuit. *SA Mind* 25,1,19.

29 Iacoboni, M. 2009. *Mirroring People: The new science of how we connect with others*. Farrar, Straus and Giroux, New York. [『ミラーニューロンの発見：「物まね細胞」が明かす驚きの脳科学』塩原通緒訳、早川書房、2009年]

30 Kahl, S., & Kopp, S. 2018. A predictive processing model of perception and action for self-other distinction. *Frontiers in Psychology* 9: 2421. References 335

31 Christov-Moore, L., Sugiyama, T., Grigaityte, K. & Iacoboni, M. 2017. Increasing generosity by disrupting prefrontal cortex. *Social Neuroscience* 12(2): 174–181.

32 Christov-Moore, L., Sugiyama, T., Grigaityte, K. & Iacoboni, M. 2017. Increasing generosity by disrupting prefrontal cortex. *Social Neuroscience* 12(2): 174–181.

33 Hamlin, J. K., Wynn, K. & Bloom, P. 2007. Social evaluation by preverbal infants. *Nature* 450(7169): 557.

34 Hare, B. 2017. Survival of the friendliest: Homo sapiens evolved via selection for prosociality. *Annual Review of Psychology* 68: 155–186.

35 Singer, T. & Fehr, E. 2005. The neuroeconomics of mind reading and empathy. *American Economic Review* 95(2): 340–345.

36 Rand, D. G., Greene, J. D. & Nowak, M. A. 2012. Spontaneous giving and calculated greed. *Nature* 489(7416): 427.

37 Christov-Moore, L., Sugiyama, T., Grigaityte, K. & Iacoboni, M. 2017. Increasing generosity by disrupting prefrontal cortex. *Social Neuroscience* 12(2): 174–181.

第 8 章

1 www.theguardian.com/world/2007/nov/10/schools.schoolsworldwide

2 Langman, P. 2012. Two Finnish school shooters. www.schoolshooters.info.

3 www.theguardian.com/world/2007/nov/10/schools.schoolsworldwide

4 www.theguardian.com/world/2007/nov/10/schools.schoolsworldwide

5 http://news.bbc.co.uk/1/hi/world/europe/7082795.stm

6 Langman, P. 2012. Two Finnish school shooters. www.schoolshooters.info.

7 Strenziok, M., Krueger, F., Deshpande, G., Lenroot, R. K., van der Meer, E. & Grafman, J. 2010. Fronto-parietal regulation of media violence exposure in adolescents: a multi-method study. *Social Cognitive and Affective Neuroscience* 6(5): 537–547.

8 Koolhaas, J. M., Coppens, C. M., de Boer, S. F., Buwalda, B., Meerlo, P. & Timmermans, P. J. 2013. The resident-intruder paradigm: a standardized test for aggression, violence and social stress. *Journal of Visualized Experiments* (77): e4367.

9 Langman, P. (2013). Thirty-five rampage school shooters: Trends, patterns, and typology. In School shootings (pp. 131–156). Springer, New York, NY.

10 Langman, P. (2013). Thirty-five rampage school shooters: Trends, patterns, and typology. In School shootings (pp. 131–156). Springer, New York, NY.

11 Langman, P. 2018. Different types of role model influence and fame seeking among mass killers and copycat offenders. *American Behavioral Scientist* 62(2): 210–228.

12 Langman, P. 2018. Different types of role model influence and fame seeking among mass killers and copycat offenders. *American Behavioral Scientist* 62(2): 210–228.

13 Björkqvist, K. 2015. White rage: bullying as an antecedent of school shootings. *Journal of Child Adolescent Behavior* 3(175): 2–6.

14 Iacoboni, M. 2009. *Mirroring People: The new science of how we connect with others*. Farrar, Straus and Giroux, New York.

15 Comstock, G. 2005. Media violence and aggression,

properly considered. *Perspectives on imitation: from neuroscience to social science* 2: 371–380.

16 Guadagno, R. E., Lankford, A., Muscanell, N. L., Okdie, B. M. & McCallum, D. M. 2010. Social influence in the online recruitment of terrorists and terrorist sympathizers: implications for social psychology research. *Revue Internationale de Psychologie Sociale* 23(1): 25–56.

17 Decety, J., Pape, R. & Workman, C. I. 2018. A multi-level social neuroscience perspective on radicalization and terrorism. *Social Neuroscience* 13(5): 511–529.

18 Guadagno, R. E., Lankford, A., Muscanell, N. L., Okdie, B. M. & McCallum, D. M. 2010. Social influence in the online recruitment of terrorists and terrorist sympathizers: implications for social psychology research. *Revue Internationale de Psychologie Sociale* 23(1): 25–56.

19 Iacoboni, M. 2009. *Mirroring People: The new science of how we connect with others*. Farrar, Straus and Giroux, New York. 147.（『ミラーニューロンの発見：「物まね細胞」が明かす驚きの脳科学』[塩原通緒訳、早川書房、2009年]）

20 Nagle, A. 2017. *Kill All Normies: Online culture wars from 4chan and Tumblr to Trump and the alt-right*. John Hunt Publishing, UK.

21 www.economist.com/open-future/2018/08/03/how-the-grotesque-online-culture-wars-fuel-populism

22 www.revealnews.org/article/they-spewed-hate-then-they-punctuated-it-with-the-presidents-name

23 Rushin, S., & Edwards, G. S. 2018. The effect of President Trump's election on hate crimes. www.ssrn.com 3102652.

24 From @realDonaldTrump Twitter feed, 14 July 2019, 12: 27pm

25 https://time.com/3923128/donald-trump-announcement-speech

26 Wilson, R. A. 2019. HATE: Why we should resist it with free speech, not censorship by Nadine Strossen. *Human Rights Quarterly* 41(1): 213–217.

27 Losin, E. A. R., Iacoboni, M., Martin, A., Cross, K. A. & Dapretto, M. 2012. Race modulates neural activity during imitation. *Neuroimage* 59(4): 3594–3603.

28 Losin, E. A. R., Iacoboni, M., Martin, A., Cross, K. A. & Dapretto, M. 2012. Race modulates neural activity during imitation. *Neuroimage* 59(4): 3594–3603.

29 www.revealnews.org/blog/hate-report-the-presidents-inspiring-schoolyard-bullies

30 Forster, M., Grigsby, T. J., Unger, J. B. & Sussman, S. 2015. Associations between gun violence exposure, gang associations and youth aggression: implications for prevention and intervention programs. *Journal of Criminology*: 1-8.

31 Lenzi, M., Sharkey, J., Vieno, A., Mayworm, A., Dougherty, D. & Nylund-Gibson, K. 2015. Adolescent gang involvement: the role of individual, family, peer and school factors in a multi-level perspective. *Aggressive Behavior* 41(4): 386–397.

32 Lenzi, M., Sharkey, J., Vieno, A., Mayworm, A., Dougherty, D. & Nylund-Gibson, K. 2015. Adolescent gang involvement: the role of individual, family, peer and school factors in a multi-level perspective. *Aggressive Behavior* 41(4): 386–397.

33 Lenzi, M., Sharkey, J., Vieno, A., Mayworm, A., Dougherty, D. & Nylund-Gibson, K. 2015. Adolescent gang involvement: the role of individual, family, peer and school factors in a multi-level perspective. *Aggressive Behavior* 41(4): 386–397. References 337

34 Rush, E. & La Nauze, A. 2006. Corporate paedophilia: sexualisation of children in Australia. www.tai.org.au/documents/downloads/DP90.pdf.

35 Jackson, S. & Vares, T. 2015. Too many bad role models for us girls: girls, female pop celebrities and sexualization. *Sexualities* 18(4): 480–498.

36 www.elle.com/uk/life-and-culture/culture/news/a39643/miley-cyrus-psychological-damage-of-playing-hannah-montana

37 Dijksterhuis, A. 2005. Why we are social animals: the high road to imitation as social glue. *Perspectives on Imitation: From neuroscience to social science* 2: 207–220.

38 Dijksterhuis, A. 2005. Why we are social animals: the

high road to imitation as social glue. *Perspectives on Imitation: From neuroscience to social science* 2: 207–220.
39 Kilford, E. J., Garrett, E. & Blakemore, S. J. 2016. The development of social cognition in adolescence: an integrated perspective. *Neuroscience & Biobehavioral Reviews* 70: 106–120.
40 Rosen, M. L., Sheridan, M. A., Sambrook, K. A., Dennison, M. J., Jenness, J. L., Askren, M. K., Meltzoff, A. N. & McLaughlin, K. A. 2018. Salience network response to changes in emotional expressions of others is heightened during early adolescence: relevance for social functioning. *Developmental Science* 21(3): p. 12571.
41 Rosen, M. L., Sheridan, M. A., Sambrook, K. A., Dennison, M. J., Jenness, J. L., Askren, M. K., Meltzoff, A. N. & McLaughlin, K. A. 2018. Salience network response to changes in emotional expressions of others is heightened during early adolescence: relevance for social functioning. *Developmental Science* 21(3): p.e12571.
42 www.nypost.com/2017/09/23/how-a-decade-of-the-kardashians-radically-changed-america
43 Ingham, H. 1995. The portrayal of women on television. Lawrence Erlbaum Associates, Mahwah, New Jersey.
44 Michael, N. 2013. Is feminism keeping up with the Kardashians? Female celebrities' portrayal of beauty and its influence on young females today. Doctoral dissertation, University of Pretoria.
45 www.cbsnews.com/news/parents-need-to-drastical ly-cut-kids-screen-time-evices-american-heart-association
46 Juarez, L., Soto, E. & Pritchard, M. E. 2012. Drive for muscularity and drive for thinness: the impact of pro-anorexia websites. *Eating Disorders* 20(2): 99–112.
47 Cheng, H. & Mallinckrodt, B. 2009. Parental bonds, anxious attachment, media internalization and body image dissatisfaction: exploring a mediation model. *Journal of Counseling Psychology* 56: 365–375.
48 Lokken, K. L., Worthy, S. & Trautmann, J. 2004. Examining the links among magazine preference, levels of awareness and internalization of sociocultural appearance standards, and presence of eating-disordered symptoms in college women. *Family and Consumer Sciences Research Journal* 32: 361–381.
49 Giles, D. C. & Close, J. 2008. Exposure to 'lad magazines' and drive for muscularity in dating and non-dating young men. *Personality and Individual Differences* 44: 1610–1616.
50 www.bbc.co.uk/news/magazine-23046602
51 www.bbc.co.uk/news/magazine-23046602
52 www.bbc.co.uk/news/magazine-23046602

第 9 章

1 www.sbs.com.au/topics/life/culture/article/2018/10/23/jameela-jamil-i-wasbeaten-senseless-kids-being-pakistani-family
2 www.sbs.com.au/topics/voices/culture/article/2018/10/23/jameela-jamil-i-wasbeaten-senseless-kids-being-pakistani-family
3 www.ozy.com/provocateurs/jameela-jamil-is-not-afraid-to-go-there/95338
4 www.medium.com/@petersonestee/the-good-place-actress-jameela-jamil-is-not-here-for-the-kardashians-antics-169864c86aa3
5 www.telegraph.co.uk/triathlon/2016/10/18/meet-john-mcavoy-theformer-criminal-who-is-aiming--to-become-th
6 www.youtube.com/watch?v=4gqk4WPnrpM
7 Johnson, S. K., Buckingham, M. H., Morris, S. L., Suzuki, S., Weiner, M. B., Hershberg, R. M., Fremont, E. R., Batanova, M., Aymong, C. C., Hunter, C. J. & Bowers, E. P. 2016. Adolescents' character role models: exploring who young people look up to as examples of how to be a good person. *Research in Human Development* 13(2): 126–141.
8 Bricheno, P. & Thornton, M. 2007. Role-model, hero or champion? Children's views concerning role-models. *Educational Research* 49(4): 383–396.
9 www.bbc.co.uk/sport/football/46897512
10 http://blog.nationalgeographic.org/2013/12/06/nelson-mandela-and-the-power-of-for-

giveness
11 www.time.com/2865972/angelina-jolie-humanitarian
12 www.unhcr.org/541ad18c9.html
13 Hilmert, C. J., Kulik, J. A. & Christenfeld, N. J. 2006. Positive and negative opinion modeling: the influence of another's similarity and dissimilarity. *Journal of personality and social psychology* 90(3): 440.
14 www.harvardpolitics.com/united-states/youth-demand-climate-action-in-global-school-strike
15 www.independent.co.uk/environment/greta-thunberg-trump-latest-threat-climate-change-un-summit-speech-a9121111.html
16 www.bbc.co.uk/newsbeat/article/40580286/stormzy-chosen-as-person-of-the-year-by-university-of-oxfords-afro-caribbean-society
17 www.theguardian.com/music/2019/oct/10/stormzy-makes-cover-of-time-magazine-as-next-generation-leadergreat-thunberg-annual-list
18 Owen, D. & Davidson, J. 2009. Hubris syndrome: an acquired personality disorder? A study of US Presidents and UK Prime Ministers over the last 100 years. *Brain* 132(5): 1396.
19 Owen, D. & Davidson, J. 2009. Hubris syndrome: an acquired personality disorder? A study of US Presidents and UK Prime Ministers over the last 100 years. *Brain* 132(5): 1396.
20 Mandela, N. 2011. *Conversations with Myself*. Anchor, Canada. [『ネルソン・マンデラ：私自身との対話』[長田雅子訳、明石書店、2012 年]
21 Frankl, V. E. 1985. *Man's search for meaning*. Simon and Schuster, New York
22 Murden, F. 2018. *Defining You: How to profile yourself and unlock your full potential*. Nicholas Brealey, London.
23 Błażek, M., Kaźmierczak, M. & Besta, T, 2015. Sense of purpose in life and escape from self as the predictors of quality of life in clinical samples. *Journal of Religion and Health* 54(2): 517–523. References 339
24 Westerhof, G. J., Bohlmeijer, E. T., Van Beljouw, I. M. & Pot, A. M. 2010. Improvement in personal meaning mediates the effects of a life review intervention on depressive symptoms in a randomized controlled trial. *The Gerontologist* 50(4): 541–549.
25 Smith, B. W., Tooley, E. M., Montague, E. Q., Robinson, A. E., Cosper, C. J. & Mullins, P. G. 2009. The role of resilience and purpose in life in habituation to heat and cold pain. *The Journal of Pain* 10(5): 493–500.
26 Koizumi, M., Ito, H., Kaneko, Y. & Motohashi, Y. 2008. Effect of having a sense of purpose in life on the risk of death from cardiovascular diseases. *Journal of Epidemiology*: 0808270028–0808270028.
27 Boyle, P. A., Buchman, A. S., Wilson, R. S., Yu, L., Schneider, J. A. & Bennett, D. A. 2012. Effect of purpose in life on the relation between Alzheimer disease pathologic changes on cognitive function in advanced age. *Archives of General Psychiatry* 69(5): 499–504.
28 Bamia, C., Trichopoulou, A. & Trichopoulos, D. 2008. Age at retirement and mortality in a general population sample: the Greek EPIC study. *American Journal of Epidemiology* 167(5): 561–569.
29 Murden, F. 2018. *Defining You: How to profile yourself and unlock your full potential*. Nicholas Brealey, London.
30 @jameelajamil official Twitter handle

第 10 章

1 www.bbc.co.uk/news/world-asia-49968836
2 www.bbc.co.uk/news/world-asia-50009944
3 www.bbc.co.uk/news/world-asia-50009944
4 www.nytimes.com/2006/01/10/science/cells-that-read-minds.html
5 Vos, T., Barber, R. M., Bell, B., Bertozzi-Villa, A., Biryukov, S., Bolliger, I., Charlson, F., Davis, A., Degenhardt, L., Dicker, D. & Duan, L. 2015. Global, regional and national incidence, prevalence and years lived with disability for 301 acute and chronic diseases and injuries in 188 countries, 1990–2013: a systematic analysis for the Global Burden of Disease Study 2013. *The Lancet* 386(9995): 743–800.
6 www.psychiatrictimes.com/mental-health/mental-illness-will-cost-world-16-usd-trillion-2030
7 www.mentalhealth.org.uk/blog/what-new-statistics-show-about-childrens-

mental-health
8 www.headstogether.org.uk/about
9 www.telegraph.co.uk/news/2017/04/16/prince-harry-sought-counselling-death-mother-led-two-years-total
10 Iacoboni, M. 2009. *Mirroring People: The new science of how we connect with others*. Farrar, Straus and Giroux, New York. 267.（『ミラーニューロンの発見：「物まね細胞」が明かす驚きの脳科学』[塩原通緒訳、早川書房、2009年]）
11 Mesoudi, A. & Thornton, A. 2018. What is cumulative cultural evolution? *Proceedings of the Royal Society B: Biological Sciences* 285(1880): 20180712.
12 Eaude, T. 2009. Happiness, emotional well-being and mental health – what has children's spirituality to offer?. *International Journal of Children's Spirituality* 14(3): 185–196.
13 www.nytimes.com/2013/05/14/opinion/my-medical-choice.html
14 www.sciencedaily.com/releases/2016/12/161214213749.htm
15 Evans, D. G. R., Barwell, J., Eccles, D. M., Collins, A., Izatt, L., Jacobs, C., Donaldson, A., Brady, A. F., Cuthbert, A., Harrison, R. & Thomas, S. 2014. The Angelina Jolie effect: how high celebrity profile can have a major impact on provision of cancer related services. *Breast Cancer Research* 16(5): 442.
16 Roberts, H., Liabo, K., Lucas, P., DuBois, D. & Sheldon, T. A. 2004. Mentoring to reduce antisocial behaviour in childhood. *BMJ* 328(7438): 512–514.
17 http://archive.nytimes.com/www.nytimes.com/learning/teachers/featured_articles/19990505wednesday.html
18 http://users.nber.org/~rdehejia/!@$devo/Lecture%2009%20Gender/ gender%20and%20politics/HKS763-PDF-ENG2.pdf
19 http://censusindia.gov.in/2011-prov-results/paper2/data_files/india/Rural_Urban_2011.pdf
20 Kaul, S. & Sahni, S. 2009. Study on the participation of women in Panchayati Raj Institution. *Studies on Home and Community Science* 3(1): 29–38.
21 http://archive.nytimes.com/www.nytimes.com/learning/teachers/featured_articles/19990505wednesday.html
22 Beaman, L., Duflo, E., Pande, R. & Topalova, P. 2012. Female leadership raises aspirations and educational attainment for girls: a policy experiment in India. *Science* 335(6068): 582–586.
23 http://archive.nytimes.com/www.nytimes.com/learning/teachers/featured_articles/19990505wednesday.html
24 www.arlingtoncemetery.net/ekcoulter.htm
25 Freedman, M. 1999. *The kindness of strangers: adult mentors, urban youth, and the new voluntarism*. Cambridge University Press, UK.
26 www.arlingtoncemetery.net/ekcoulter.htm
27 www.evidencebased-programs.org/document/big-brothers-big-sisters-evidence-summary
28 www.bbbs.org/2017/07/meet-2017-big-brother-year-terence-cincinnati
29 www.bbbs.org/2017/07/meet-2017-big-brother-year-terence-cincinnati
30 Grossman, J. B. & Tierney, J. P. 1998. Does mentoring work? An impact study of the Big Brothers Big Sisters program. *Evaluation Review* 22(3): 403–426.
31 DuBois, D. L., Holloway, B. E., Valentine, J. C. & Cooper, H. 2002. Effectiveness of mentoring programs for youth: a meta-analytic review. *American Journal of Community Psychology* 30(2): 157–197.
32 Bird, J. D., Kuhns, L. & Garofalo, R. 2012. The impact of role-models on health outcomes for lesbian, gay, bisexual, and transgender youth. *Journal of Adolescent Health* 50(4): 353–357.
33 Bird, J. D., Kuhns, L. & Garofalo, R. 2012. The impact of role-models on health outcomes for lesbian, gay, bisexual, and transgender youth. *Journal of Adolescent Health* 50(4): 353–357.
34 Craig, S. L. & McInroy, L. 2014. You can form a part of yourself online: the influence of new media on identity development and coming out for LGBTQ youth. *Journal of Gay & Lesbian Mental Health* 18(1): 95–109.
35 www.bbc.co.uk/news/uk-48742850
36 Lines, G. 2001. Villains,

fools or heroes? Sports stars as role-models for young people. *Leisure Studies* 20(4): 285–303.
37 Saunders, J., Hume, C., Timperio, A. & Salmon, J. 2012. Cross-sectional and longitudinal associations between parenting style and adolescent girls' References 341 physical activity. *International Journal of Behavioral Nutrition and Physical Activity* 9(1): 141.
38 Young, J. A., Symons, C. M., Pain, M. D., Harvey, J. T., Eime, R. M., Craike, M. J. & Payne, W. R. 2015. Role-models of Australian female adolescents: a longitudinal study to inform programmes designed to increase physical activity and sport participation. *European Physical Education Review* 21(4): 451–466.
39 Vescio, J. A. & Crosswhite, J. J. 2002. Sharing good practices: teenage girls, sport and physical Activities. *ICHPER-SD Journal* 38(3): 47–52.
40 Stronach, M., Maxwell, H. & Taylor, T. 2016. 'Sistas' and aunties: sport, physical activity, and indigenous Australian women. *Annals of Leisure Research* 19(1): 7–26.
41 Meier, M. 2013. Sporting role models as potential catalysts to facilitate empowerment and tackle gender issues. Doctoral dissertation, Technische Universität München.
42 Biskup, C. & Pfister, G. 1999. I would like to be like her/him: are athletes role models for boys and girls? *European Physical Education Review* 5(3): 199–218.
43 www.ft.com/content/70e92e3c-e38b-11e8-a6e5-792428919cee
44 Cheng, A., Kopotic, K. & Zamarro, G. 2017. Can Parents' Growth Mindset and Role-modelling Address STEM Gender Gaps? *EDRE Working Paper* 2017–07.
45 ついでながら、クリエイティブ思考、問題解決、交渉などのソフトなスキルは、ミラーシステムの十分な発達に大きく依存している。
46 www.weforum.org/agenda/2018/02/does-gender-equality-result-infewer-female-stem-grads
47 Stoet, G. & Geary, D. C. 2018. The gender-equality paradox in science, technology, engineering, and mathematics education. *Psychological Science* 29(4): 581–593.
48 http://news.microsoft.com/europe/features/girls-in-stem-the-importance-of-role-models
49 Amy Cuddy と Fiona Murden の個人的なインタビュー、2019 年 11 月。

第 11 章

1 www.theguardian.com/uk-news/2019/mar/08/how-a-survivor-of-knife-crime-became-a-role-model-for-children
2 www.theguardian.com/uk-news/2019/mar/08/how-a-survivor-of-knife-crime-became-a-role-model-for-children
3 www.bbbs.org/2017/09/big-motivated-mistakes
4 Meier, M. 2013. Sporting role models as potential catalysts to facilitate empowerment and tackle gender issues. Doctoral dissertation, Technische Universität München.
5 Nelson, S. K., Layous, K., Cole, S. W. & Lyubomirsky, S. 2016. Do unto others or treat yourself? The effects of prosocial and self-focused behavior on psychological flourishing. *Emotion* 16(6): 850.
6 Nelson, S. K., Della Porta, M. D., Jacobs Bao, K., Lee, H. C., Choi, I. & Lyubomirsky, S. 2015. It's up to you: experimentally manipulated autonomy support for prosocial behavior improves well-being in two cultures over six weeks. *The Journal of Positive Psychology* 10(5): 463–476.
7 Crocker, J., Canevello, A. & Brown, A. A. 2017. Social motivation: costs and benefits of selfishness and otherishness. *Annual Review of Psychology* 68: 299–325.
8 Crocker, J., Canevello, A. & Brown, A. A. 2017. Social motivation: costs and benefits of selfishness and otherishness. *Annual Review of Psychology* 68: 299–325.
9 Whitbourne, S., Sneed, J. R. & Skultety, K. M. 2002. Identity processes in adulthood: theoretical and methodological challenges. *Identity: An International Journal of Theory And Research 2*(1): 29–45.
10 www.psychologytoday.com/us/blog/fulfillment-any-age/201003/mentoring-and-being-mentored-win-win-situation
11 Greenfield, E. A. & Marks,

N. F. 2004. Formal volunteering as a protective factor for older adults' psychological well-being. *The Journals of Gerontology Series B: Psychological Sciences and Social Sciences* 59(5): S258–S264.
12 www.dur.ac.uk/hr/mentoring/mentoringguidelines/mentoringbenefits
13 Bayley, H., Chambers, R. & Donovan, C. 2018. *The Good Mentoring Toolkit for Healthcare*. CRC Press, Florida, US.
14 MacCallum, J. & Beltman, S. 2002. Role-models for young people: What makes an effective role-model program. The National Youth Affairs Research Scheme.
15 Meier, M. 2013. Sporting role models as potential catalysts to facilitate empowerment and tackle gender issues. Doctoral dissertation, Technische Universität München.
16 Murden, F. 2018. *Defining You: How to profile yourself and unlock your full potential*. Nicholas Brealey, London.
17 Fineman, S. 1993. *Organizations as Emotional Arenas*. Sage Publications, California.
18 Murden, F. 2018. *Defining You: How to profile yourself and unlock your full potential*. Nicholas Brealey, London.
19 www.bbbs.org/2017/09/big-motivated-mistakes
20 www.episcenter.psu.edu/sites/default/files/ebp/Implementation%20Manual%20BBBS%20Sec7%20Aug2013%20TL-RLS.pdf
21 Benard, B. & Marshall, K. 2001. Big Brothers/Big Sisters mentoring: the power of developmental relationship. National Resilience Resource Center, University of Minnesota.
22 www.hbr.org/2014/10/a-refresh-on-storytelling-101
23 www.nationalarchives.gov.uk/education/heroesvillains/transcript/g6cs3s4t.htm［訳文はアメリカンセンタージャパンウェブサイトより引用　https://americancenterjapan.com/aboutusa/translations/2368/］
24 Martela, F. & Ryan, R. M. 2016. Prosocial behavior increases well-being and vitality even without contact with the beneficiary: causal and behavioral evidence. *Motivation and Emotion* 40(3): 351–357.

第 12 章

1 実行するにあたっては（わたしがそうした領域を探る人役立ててもらいたいと書き上げた）『Defining You』などの本を参考にするか、講習を受けるか、手助けをしてくれる個人のコーチやロールモデルを見つけることをお勧めする。

2 https://www.cnbc.com/2017/06/23/4-ways-comic-books-shaped-elon-musks-vision-of-the-future.html References 343
3 https://www.cnbc.com/2017/06/23/4-ways-comic-books-shaped-elon-musks-vision-of-the-future.html
4 https://www.cnbc.com/2017/06/23/4-ways-comic-books-shaped-elon-musks-vision-of-the-future.html

結び

1 Christian, D. 2012. Collective learning. *Berkshire Encyclopaedia of Sustainability.* Berkshire. 10: 49–56. Great Barrington, MA, US.
2 https://2019.spaceappschallenge.org/locations/larisa
3 Konrath, S. H., O'Brien, E. H. & Hsing, C. 2011. Changes in dispositional empathy in American college students over time: a meta-analysis. *Personality and Social Psychology Review* 15(2): 180–198.
4 www.nami.org/learn-more/mental-health-by-the-numbers

◆著者
フィオナ・マーデン（Fiona Murden）
英国心理学会アソシエイツ・フェロー。ウォーリック大学で心理科学を専攻、大学院で修士号取得。18年にわたって企業、医療、スポーツ、政治などさまざまな分野でアドバイザーとして関わり、コーチングを行った。著書に*Defining You*がある。

◆訳者
大槻敦子（おおつき あつこ）
慶應義塾大学卒。訳書に『歴史を変えた自然災害：ポンペイから東日本大震災まで』『骨が語る人類史』『人が自分をだます理由：自己欺瞞の進化心理学』『監視大国アメリカ』『人間VSテクノロジー：人は先端科学の暴走を止められるのか』『世界伝説歴史地図』『ネイビー・シールズ最強の狙撃手』『傭兵：狼たちの戦場』『図説狙撃手大全』『ヒトラーのスパイたち』『フランス外人部隊：史上最強の勇士たち』などがある。

◆カバー画像
persalius / 123RF

ミラーリングの心理学《しんりがく》
人《ひと》は模倣《もほう》して進化《しんか》する

●

2021年8月12日　第1刷

著者……………フィオナ・マーデン
訳者……………大槻敦子《おおつきあつこ》
装幀……………川島進
発行者……………成瀬雅人
発行所……………株式会社原書房
〒160-0022 東京都新宿区新宿1-25-13
電話・代表　03(3354)0685
http://www.harashobo.co.jp/
振替・00150-6-151594
印刷・製本……………シナノ印刷株式会社

ISBN 978-4-562-05939-3, printed in Japan